Die Programmierung des kindlichen und jugendlichen Gehirns

Die Programmierung des kindlichen und jugendlichen Gehirns
Menschsein zwischen neuro-biologischer Steuerung und Ebenbild des Schöpfers

3. Symposium des Professorenforums
25./26. März 2000 in Frankfurt/Main

Herausgegeben von:
  Eberhard Beckers
  Hans-Joachim Hahn
  Professor Dr. Hermes A. Kick
  Professorin Dr. Herta Schlosser

Verlag des
PROFESSORENforums

CIP-Kurztitelaufnahme der Deutschen Bibliothek:

Die Programmierung des kindlichen und jugendlichen Gehirns
3. Symposium d. Professorenforums.
Hrsg. von E. Beckers, H.-J. Hahn, Prof. Dr. H.A. Kick, Prof. Dr. H. Schlosser
Gießen: Verlag des Professorenforums, 2002 (Pluralismus und Ethos, Bd. 3)

Lektorat: Hauke Burgarth, Eberhard Beckers, Abstracts Martha Conrad
Umschlaggestaltung: medienteam AV/Ralf Thomas
Gesamtherstellung: Ebner & Spiegel, Ulm

Das Werk, einschließlich aller seiner Teile, ist urheberrechtlich geschützt. Jede Verwertung außerhalb der engen Grenzen des Urheberrechtsgesetzes ist ohne Zustimmung des Verlages unzulässig und strafbar. Das gilt insbesondere für Vervielfältigungen, Übersetzungen, Mikroverfilmungen und die Einspeicherung und Verarbeitung in elektronischen Systemen. Alle Rechte vorbehalten. Die Rechte an den Abbildungen verbleiben bei den Autoren.

©2002 Professorenforum
Alle Rechte beim Professorenforum

Verlag des Professorenforums, Am unteren Rain 2, 35394 Gießen
Fax: 0641 - 9 75 18 40, E-Mail: ProfVerlag@Professorenforum.de

ISBN 3 - 88404 - 302 - 1

Printed in Germany   1. Auflage

Von dem, was man heute an den Universitäten denkt, hängt ab, was morgen auf den Plätzen und Straßen gelebt wird.
Ortega y Gasset

Inhalt

Vorwort 11

I. Angelegte Programme und soziale Programmierung 13

Zur Entwicklung des menschlichen Gehirns aus
neurobiologischer Sicht 15
Biographie: Professor Dr. Hinrich Rahmann, Hohenheim 16
Zusammenfassung Deutsch 17
Abstract English 18
Vortrag 19

Direkterfahrung oder virtuelle Programmierung der Welt?
Wider den virtuellen Angriff auf Kindlichkeit und
Jugendlichkeit des Menschen 41
Biographie: Professor Dr. Wolfgang Hinrichs, Siegen 42
Zusammenfassung Deutsch 43
Abstract English 44
Vortrag 45

Die seelischen Strukturen unserer Beziehungsfähigkeit
aus psychologischer und spiritueller Sicht 65
Biographie: Professor Dr. Rudolf Seiß, Kiel 66
Zusammenfassung Deutsch 67
Abstract English 68
Vortrag 69

Eine freiere Mensch-Gott Beziehung und komplexeres
Denken – Zwei ungleiche Seiten derselben Entwicklung 77
Biographie: Dr. K. Helmut Reich, Freiburg, CH 79
Biographie: Professor Dr. Fritz Oser, Freiburg, CH 80
Zusammenfassung Deutsch 81
Abstract English 82
Vortrag 83

II. Programmierung durch Science, Culture und Religion 97

The Forgotten Factor in Cutting Youth Crime and
Saving At-Risk Urban Youth – Faith Factor Research
in Crime and Delinquency 99
Biographie: Professor Dr. Byron Johnson, Nashville, USA 100
Zusammenfassung Deutsch 101
Abstract English 105
Lecture 107

Interview: Ist Erfolg programmierbar? 121
Biographie: Jürgen Höller 122
Einführung der Herausgeber 123
Abstract English 124
Interview 125

Kinder und Jugendliche als Konsumenten –
Konsequenzen für die Vermarktung christlicher Angebote 129
Biographie: Professor Stefan Busch, Reutlingen 130
Zusammenfassung Deutsch 131
Abstract English 132
Vortrag 133

Komponieren zwischen Improvisation und ausnotierter Musik	153
Biographie: Professorin Violeta Dinescu, Oldenburg	154
Zusammenfassung Deutsch	155
Abstract English	156
Vortrag	157

III. Programmierung und Prägung durch das Umfeld — 165

Wenn der Vater fehlt – Spätfolgen einer vaterlosen Gesellschaft	167
Biographie: Professor Dr. Matthias Franz, Düsseldorf	168
Zusammenfassung Deutsch	169
Abstract English	170
Vortrag	171

Praeambula fidei irrationabilia – Die Bedeutung der Vorerlebnisse aus der Sicht Josef Kentenichs	183
Biographie: Professorin Dr. Herta Schlosser, Koblenz	184
Zusammenfassung Deutsch	185
Abstract English	186
Vortrag	187

Weisheit im Kindesalter: Das Kind als Denker	205
Biographie: Professor Dr. Theodor Bartmann	206
Zusammenfassung Deutsch	207
Abstract English	208
Vortrag	209

IV. Programmierung und christlicher Glaube   227

Indoktrinierung contra christlicher Glaube:
Gott der Geschichte – Gott der Überraschungen   229
Biographie: Professor Dr. Hans-Theo Wrege, Kiel   230
Zusammenfassung Deutsch   231
Abstract English   232
Vortrag   233

Bericht über die Professoren-Initiative in Berlin
als Modell für die Forumsarbeit   239
Biographie: Professor Dr. Andreas Solymosi, Berlin   240
Bericht   241

Kontaktadresse   245
Kontaktseite   247

Vorwort

Sehr geehrte Leserin, sehr geehrter Leser[1],

Wer erzieht eigentlich unsere Kinder? Angesichts wachsenden Medienkonsums schon im frühen Kindesalter und immer gezielterer Zugriffe der Werbe- und Unterhaltungsindustrie bereits auf die allerjüngsten Konsumenten fragen sich Eltern zunehmend, welchen Einfluss sie noch auf ihren Nachwuchs haben – oder anders, wer die ausschlaggebende Rolle im Leben ihrer Kinder spielt.

Auf der wissenschaftlichen Seite werfen unterschiedliche Menschenbilder und Denkvoraussetzungen verschiedene Fragestellungen auf. Ist der Mensch eine biochemische Maschine oder ein auf Verantwortung hin angelegtes Geschöpf? Gibt es Varianten zwischen diesen beiden Gegenpolen?

Mit diesen Fragen setzt sich der vorliegende Berichtsband „Die Programmierung des kindlichen und jugendlichen Gehirns" auseinander. Beim dritten Symposium des PROFESSORENforums beleuchteten Wissenschaftler dieses Thema aus der Perspektive ihrer jeweiligen Fachrichtungen. Es überrascht, dass dabei nicht nur Pädagogik und Marketing zu Wort kommen, sondern genauso auch Musik und Kriminologie. Welche Konsequenzen ergeben sich für Eltern, Erzieher und Hochschullehrer aus den gewonnenen Erkenntnissen?

Der vorliegende Berichtsband zeichnet die Symposiums-Vorträge auf. Die komplexe und vielschichtige Diskussion über die interdisziplinären und interkonfessionellen Beiträge, die ja ihrerseits Gesprächsanlass und Diskussionsgrundlage waren, kann hier naturgemäß nicht wiedergegeben werden.

---

[1] Wir lehnen jede Form der Diskriminierung der Geschlechter ab. Bei allen weiteren geschlechter-spezifischen Angaben haben wir jedoch aus Gründen der Lesbarkeit auf eine umständliche Aufzählung aller Möglichkeiten - zum Beispiel LeserInnen - verzichtet.

Auch in Zukunft nimmt das PROFESSORENforum zu weltanschaulichen Themen und Fragen Stellung. Der Berichtsband zum vierten Symposium vom März 2001 mit dem Thema „Der Professor als Vorbild" ist in Vorbereitung. Im April 2002 folgt bereits das fünfte Symposium in Frankfurt mit dem Thema „Erreicht oder reicht uns die Demokratie?"

Mit dem vorliegenden dritten Band der Reihe „Pluralismus und Ethos" stellen wir uns der immer komplexer erscheinenden Aufgabe, wie wir die nächste Generation auf das Leben vorbereiten, ja mehr noch, zum Überleben anleiten können. Diesem Anspruch wollen wir dadurch gerecht werden, dass die Themen zwar eine hohe wissenschaftliche Qualität haben, aber auch für den interessierten Laien verständlich sind. Wir hoffen, mit diesem Band wieder einen konstruktiven Beitrag zur aktuellen Diskussion zu leisten.

Wir wünschen Ihnen eine anregende und Gewinn bringende Lektüre.

Die Herausgeber

I.

Angelegte Programme und soziale Programmierung

Professor Dr. Hinrich Rahmann, Hohenheim

Zur Entwicklung des menschlichen Gehirns aus neurobiologischer Sicht

Korrespondenzadresse:

Universität Hohenheim
Institut für Zoologie
Garbenstrasse 30
70593 Stuttgart
rahmann@uni-hohenheim

Professor Dr. Hinrich Rahmann, Hohenheim

geb. 1935 in Bentheim (Niedersachsen)

1956-60	Studium der Naturwissenschaften (Zoologie, Botanik, Chemie, Physiologische Chemie, Geographie) an der Universität Münster
1960	Promotion Dr. rer. nat. im Fach Zoologie
1966	Associate Professor, Michigan State University, USA
1967	Habilitation für das Fach Zoologie, Universität Münster
1970	Professor und Leiter der Abteilung für Neurobiologie, Universität Münster
seit 1973	Lehrstuhl für Allgemeine und Systematische Zoologie der Universität Hohenheim in Stuttgart, Geschäftsführender Direktor des Instituts für Zoologie, Studiendekan

Zahlreiche Forschungs- und Lehraufenthalte an ausländischen Universitäten, vor allem in Japan, USA, China

Publikationen: Fachwissenschaftliche Arbeiten auf den Gebieten der Neurobiologie (Verhaltensforschung, Neurochemie, Strukturforschung etc.) und der Ökologie (Limnologie, Bioindikationsforschung)

Bücher: u.a. Die Entstehung des Lebendigen: Vom Atomgas zur Zelle (1966, 1980); Neurobiologie (1976); Das Gedächtnis – Neurobiologische Grundlagen (1988, engl. 1992), Bioindikationsverfahren zur Gewässerversauerung (1992)

Forschungsschwerpunkte: Neurobiologie (Neuronale Plastizität; Lernen und Gedächtnis; Neurochemie der Synapse), Ökologie (Renaturierung/Sanierung von Oberflächengewässer-Systemen; Bioindikationsforschung), Evolution (Präbiotische Evolution des Lebendigen; Leben unter Extrembedingungen im Weltraum bzw. in Polarmeeren; Chemotaxonomie der Hirn-Ganglioside)

Zur Entwicklung des menschlichen Gehirns aus neurobiologischer Sicht

Zusammenfassung   Deutsch

Der moderne Mensch ist mit all seinen Wesenheiten eingefügt in die physikalisch-chemische Determiniertheit des Evolutionsgeschehens in der belebten Materie. Seine Sonderstellung gegenüber seiner Mitnatur erlangt er auf Grund der besonderen Differenzierung seines Gehirns, das ihn zur Ausprägung einer verbalisierten Sprache und damit zur Traditionsbildung und Kulturentfaltung befähigt.

Die Fähigkeit des Menschen, sich seiner Existenz bewusst zu werden und sein Leben selbst mit Hilfe seines Verstandes zukunftsorientiert und planvoll zu gestalten, basiert letztlich auf dem hohen Komplexationsgrad sowie der neuronalen Plastizität seines Gehirns. Dieses ermöglicht es ihm auch, seine individuell erwerbbaren Informationen an „extracerebrale Informationsspeicher" (Printmedien, EDV, Expertensysteme, multimediale Datenträger etc.) zu delegieren. Hierdurch eröffnen sich dem Menschen erweiterte Möglichkeiten für kreative Betätigungen.

Neuere Erkenntnisse der Neurobiologie (Nachweis von der Bewusstseinskontrolle nicht unterliegenden so genannten Bereitschaftspotentialen im Hirn, welche einer Willkürhandlung vorausgehen) ergeben, dass das Hirngeschehen streng determiniert abläuft. Hieraus leitet sich ab, die Willensfreiheit des Menschen als Phänomen einer Selbsttäuschung, – zwar ausgestattet mit einem gewissen Freiheitsgrad an Reaktionsalternativen – anzusehen ist.

Vor dem Hintergrund der Determiniertheit neuronaler Prozesse und auch der prinzipiellen Abhängigkeit des menschlichen Verhaltens von Einflüssen durch Genetik, Umwelt sowie Epigenetik (Lernen, Gedächtnisausprägung etc.) ergibt sich hinsichtlich der Programmierbarkeit des Hirns – speziell von Kindern und Jugendlichen – die Notwendigkeit zu Wahlentscheidungen der Menschheit zwischen einem „Weg nach außen" zur Erlangung einer noch weitergehenden Unabhängigkeit von der Umwelt, oder einem „Weg nach innen" zur Stärkung innerer kreativer Fähigkeiten oder gar einem „fremdgesteuerten Weg von außen" mit der Möglichkeit einer konsequenten Bewusstseinskontrolle. Hierbei gilt es, die bisherigen Ethik- und Normvorstellungen der Menschheit zur Erstellung neuartiger Leitbilder weiter zu entwickeln etwa im Sinne eines „biologischen Altruismus". Bei diesem ist den Geboten zur „Ehrfurcht vor allem Lebendigen" sowie zur „Subordination der Interessen des Individuums unter die Belange der Allgemeinheit" (vergleiche hier auch das Gebot zur christlichen Nächstenliebe) höchste Priorität einzuräumen.

Development of Human Brain: A Neurobiologist's View

Abstract   English

The modern man with all his essence is strongly inserted in the physico-chemical determinateness of the evolution of living matter. His particular position in nature is achieved due to the special differentiation of his brain, which enables him to develop a verbalised language allowing the formation of traditions and cultural expansion.

The ability of man to become aware of his existence and to use his intellect to plan and control his future life is based on the high degree of complexity and on the neuronal plasticity of his brain. This enables him to hand over his individually achieved information to "extracerebral memory carriers" (printed media, EDP, expert systems, artificial intelligence etc.), which releases new possibilities for creative actions.

Recent findings of neurobiology (proofing readiness potentials in the brain which precede a conscious action but are not under the control of consciousness) tell us that the actions of our brain are strictly determined. From this, it has to be concluded that our "freedom of will" – although equipped with a certain range of alternatives in its reactions – must be regarded as a phenomenon of self-deception.

On the background of the determinateness of the neuronal actions, in light of the basic dependence of human behaviour on genetical, environmental and empirical influences (learning, memory formation etc.) and with respect to the ability to programme the brain it results the necessity to choose between an "outbound path", leading to a yet further independence from its abiotic environment, an "inbound path", leading to a strengthening of inner normative and creative capabilities, or even an "externally controlled path" with the possibility of a consequent control of consciousness.

Thereby, it is mandatory to further develop the ethical and normative ideas of mankind in order to build up new guidelines, for instance in terms of a "biological altruism". Within this process, the commandments of "respect towards all life" and "subordination of the individual interest under the concern of the community" (see also the Christian commandment of charity) must receive highest priority.

Der Homo sapiens sapiens – und mit ihm die Menschheit – stellt vor dem Hintergrund der etwa 4,5 Milliarden Jahre dauernden Evolutionsgeschichte des Lebendigen auf der Erde mit einem Alter von nur etwa 250.000 Jahren zweifelsfrei eine der jüngsten Entwicklungen überhaupt dar.

Mit seinem Eintritt in das digitale oder Computer-Zeitalter, das derzeit gerade an die Vorgänger-Zeitalter (Steinzeitalter, Bronzezeitalter, Eisenzeitalter, Industriezeitalter und Kunststoffzeitalter) anschließt, sowie in Anbetracht des exponentiellen Wachstums seiner Bevölkerung steht der moderne Mensch vor der Notwendigkeit, seine künftige Entwicklung wesentlich planvoller und zukunftsorientierter als bisher zu gestalten. Aufgrund seiner Fähigkeit, sich seines Daseins bewusst zu sein, erlangte der Mensch die Erkenntnis, dass er es selbst in der Hand hat, kreativ neue Strategien zur Sicherung seines Fortbestandes zu entwickeln. Dabei hat er zu berücksichtigen, dass er gegenüber seiner Mitnatur die einzige Spezies darstellt, die sich aus dem Prozess der natürlichen Selektion herauslöste und statt dessen eine Art künstlicher Zuchtwahl betreibt, und dieses weitestgehend nur zum eigenen Vorteil.

Das menschliche Verhalten gründet sich – wie auch das der Tiere – auf drei Komponenten: zum Ersten auf das über die Genetik (DNA) von den Vorfahren übernommene Artgedächtnis, das unter anderem den geregelten Ablauf von angeborenen Reflexen, Automatismen und Instinkten gewährleistet; zum Zweiten auf die jeweiligen Umweltkonstellationen (Klima, Ernährungsweisen, Sozialstrukturen etc.); zum Dritten auf epigenetische, das heißt individuell durch Lernen und Gedächtnis erworbene Informationsmuster. Die Frage nach dem jeweiligen Anteil dieser drei Komponenten am Gesamtverhalten eines einzelnen Menschen kann derzeit noch nicht schlüssig beantwortet werden.

Es stellt sich nun für die Menschheit die letztlich alles entscheidende Frage, ob und inwieweit es ihr gelingen wird, ihre Nachkommenschaft so zu leiten, dass auch die nächsten Generationen noch eine Chance für eine humane Zukunft haben, eine Zukunft, die des Menschen insofern würdig ist, als sie in Respektierung der Naturgesetzlichkeiten und in Ehrfurcht vor allem Leben auch der Mitnatur eine Überlebenschance einräumt.

Vor diesem Hintergrund vermag unter den Naturwissenschaften die Biologie, speziell die Evolutionsbiologie und noch mehr die Neurobiologie, auf Grund ihres hohen Kenntnisstandes über die Herkunft des Menschen, über seine Sonderstellung innerhalb der Mitnatur sowie über die neuronalen Grundlagen des menschlichen Bewusstseins einen Beitrag zur Beantwortung der Frage nach den künftigen Entwicklungsmöglichkeiten für die Menschheit zu liefern. Diesbezüglich vermag insbesondere die Neurobiologie hinsichtlich einer möglichen Programmierbarkeit des menschlichen Gehirns und damit der Fremdbestimmbarkeit des Menschen überzeugende Ergebnisse aufzuzeigen. Die aus diesen Erkenntnissen ableitbaren Perspektiven dürften künftig auch für die Geistes- und Sozialwissenschaften, im Speziellen für Philosophie, Psychologie, Soziologie, Religions- und Politikwissenschaften, außerordentliche Bedeutung erlangen.

Speziell für die Behandlung der Frage „Programmierung des kindlichen und jugendlichen Gehirns?" ergibt sich aus neurobiologischer Sicht folgende Gliederung:

1. Woher stammt der Mensch und worin besteht eigentlich seine Sonderstellung innerhalb seiner Mitnatur?
2. Wie erklärt sich das Phänomen des menschlichen Bewusstseins aus neurobiologischer Sicht? und
3. Welche erkenntnistheoretischen Ableitungen vermag die Neurobiologie hinsichtlich künftiger Wegrichtungsmöglichkeiten für die Menschheit, speziell für unsere Jugend, zu treffen, entweder für einen

„Weg nach außen", das heißt einen Weg zu noch weiter gehender Unabhängigkeit von den Einflüssen abiotischer Umweltfaktoren als bisher, oder für einen

„Weg nach innen", das bedeutet, einen Weg zur Erschließung des Unterbewusstseins, des Spirituellen, oder gar für einen

„von außen fremdgesteuerten Weg", der aus einem Menschen ein fremdbestimmtes, bewusstseinskontrolliertes Wesen macht?

Die Herkunft des Menschen und seine Sonderstellung innerhalb seiner Mitnatur

Um die Frage nach den möglichen künftigen Entwicklungsmöglichkeiten der Menschheit – und damit auch verbunden nach einer eventuellen Programmierbarkeit seines Gehirns – sinnvoll angehen zu können, erscheint aus naturwissenschaftlicher Sicht die Erörterung der Frage nach der Herkunft der Menschheit sowie nach deren Sonderstellung innerhalb ihrer Mitnatur unverzichtbar.

Hinsichtlich seiner materiellen Beschaffenheit ist der Mensch unlösbar verankert in der generellen Gefügegesetzlichkeit des Universums (Abb.1). Universalkonstanten, Erhaltungssätze, Symmetrieprinzipien, Kausal- und logische Gesetzmäßigkeiten sowie Wahrscheinlichkeitsgesetze determinieren letztlich seine Existenz. Somit ist seine gesamte Entwicklungsgeschichte eingebunden in die Gesamtkosmologie des unserer Beobachtung zugänglichen Universums, beginnend mit dem Urknall bis hin zur Entstehung von Galaxien mit ihren Sonnensystemen und letztlich Planeten wie unserer Erde. Im Verlauf des seit zirka 4,5 Milliarden Jahren andauernden Evolutionsgeschehens erfolgte das Auftreten des Homo sapiens erst im allerletzten Augenblick des Zeitgeschehens, nämlich vor etwa 250.000 Jahren. Naturgeschichtlich betrachtet stellt er eine (vorläufige?) Endstufe der Selbstorganisation der Materie im Sinne einer Höherentwicklung (Anagenese) der Organismen dar, die sich auf folgende Entwicklungsstrategien zurückführen lässt:

- Zunahme an Menge und Komplexität der biologischen Informationsmoleküle (DNA) vom Niveau der Bakterien bis hinauf zu den Vertebraten, darunter besonders der Primaten;

- Zunahme der Zellzahl und Zelldifferenzierung mit der sich darauf gründenden Möglichkeit zur Arbeitsteilung von Geweben und Organen, darunter insbesondere des Gehirns;
- Zentralisierung und Intensivierung von Funktionen;
- relative Bedeutungsverlagerung von angeborenem Verhalten (Reflexe, Automatismen, Instinkte) zu erworbenem Verhalten (Lernen, Gedächtnis, planvolles Handeln etc.).

Eingebundenheit des Homo sapiens in die generelle Gefügegesetzlichkeit des Universalgeschehens

Universalkonstanten
- Lichtgeschwindigkeit (300.000 km/sec)
- Gravitationskonstante (6.7×10^{-11} Nm² x kg⁻²)
- Elementarladung (e = 1.6×10^{-19} Coulomb)
- Plancksches Wirkungsquantum (h = 6.6×10^{-34} Jsec)

Erhaltungssätze
- Erhaltung von Energie
- Erhaltung des Drehimpulses (Spin)
- Erhaltung von Ladung der Teilchen

Symmetrieprinzipien
Partikel - Antipartikel

Kausalgesetzlichkeit
= temporale Beziehungen zwischen Ursache und Wirkung

logische Gesetzlichkeit
= simultane Beziehungen zwischen Prämisse und Schlußfolgerung ("wenn - dann ...")

Wahrscheinlichkeitsgesetzlichkeit
im subelementaren, mikrophysikalischen Bereich; (im psychischen Bereich?); Chaos-Gesetzlichkeit

---

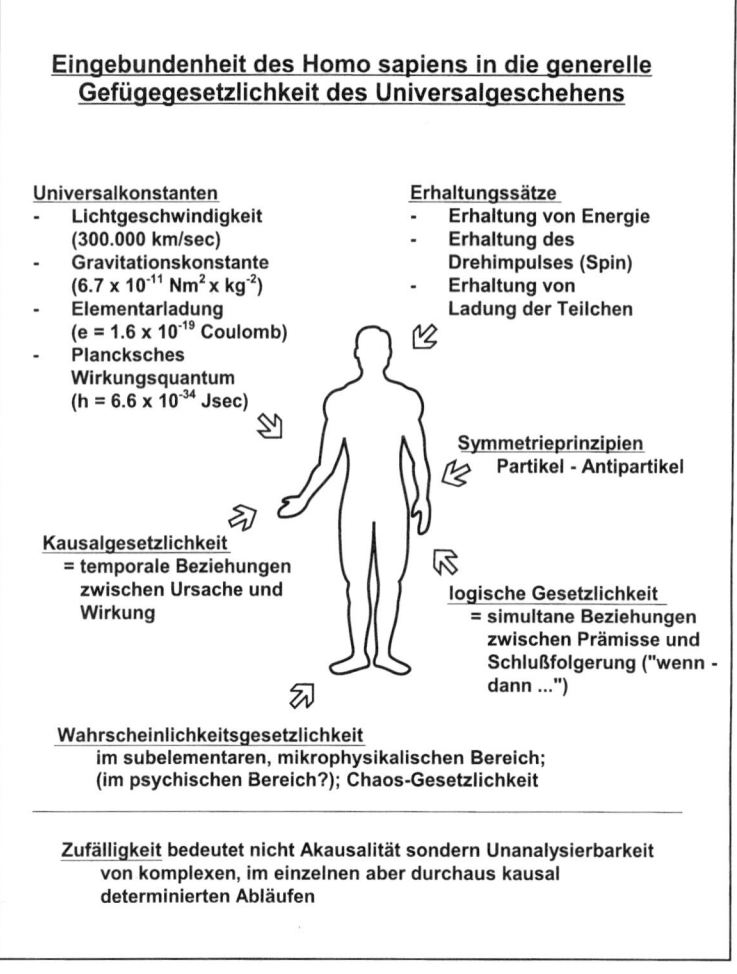

Zufälligkeit bedeutet nicht Akausalität sondern Unanalysierbarkeit von komplexen, im einzelnen aber durchaus kausal determinierten Abläufen

Abb.1. Einbindung des Menschen in die Gefügegesetzlichkeit des Universums

Die engere Abstammungsgeschichte der Menschheit (Abb.2) leitet sich her von einer Abzweigung der Hominiden (der Menschenähnlichen) von den Australopithecinen (Südaffen, Austalopithecus afarensis) vor etwa 2,7 Millionen Jahren, dem anschließenden Auftreten der Gattung Homo (H. habilis, H. erectus, H. rudolfensis) mit aufrechtem Gang und Werkzeugherstellung vor zirka 1-1,5 Millionen Jahren und letztlich dem Auftreten des Homo sapiens (H. sapiens sapiens, H. s. neanderthalensis) mit Feuerbeherrschung, Bestattungsriten und Kunstausübung vor zirka 250.000 Jahren.

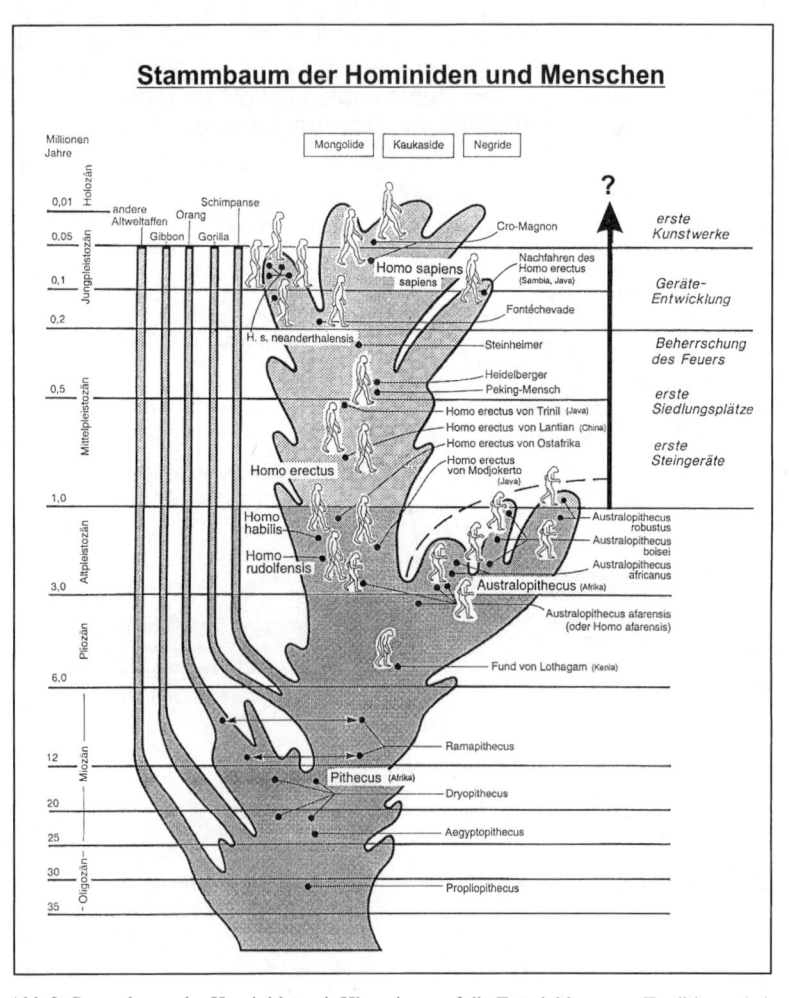

Abb.2. Stammbaum der Hominiden mit Hinweisen auf die Entwicklung von Traditionen bei der Menschwerdung

Von den Menschenaffen (Schimpanse, Orang Utan, Gorilla) unterscheidet sich der heutige Mensch hinsichtlich seiner morphologischen und funktionellen Merkmale nicht prinzipiell, sondern nur graduell. Dabei erweisen sich einerseits spezielle Differenzierungen der anatomischen und physiologischen Strukturen des Sprachapparates (Ausformung des Gaumendaches, des Kehlkopfes, der Zunge, Lippen, Wangen etc.) sowie andererseits zusätzliche Ausprägungen von sensorischen und motorischen Regionen in der Vorderhirnrinde (Wernicke'sche beziehungsweise Broca'sche Sprachzentren, Abb.3) als Besonderheiten von bahnbrechender Bedeutung. Denn hierdurch wurde für den Menschen die Ausbildung seiner verbalen Sprache als Kommunikationsmittel gegenüber der bei Tieren dominierenden averbalen Kommunikation durch Lautgebung, Gestik oder Duftsprache erst möglich.

Funktionsmorphologische Strukturen des Sprachapparates

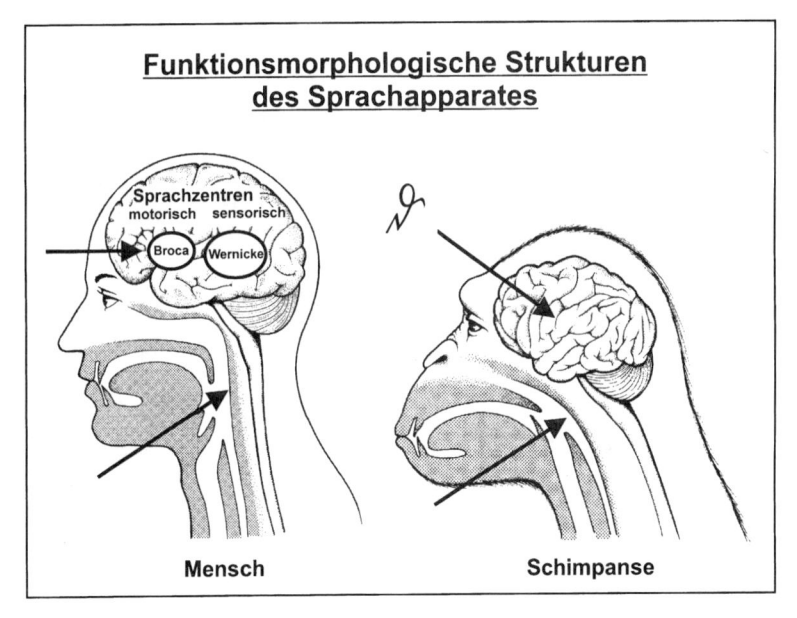

Mensch   **Schimpanse**

Abb.3. Anatomisch-funktionelle Ausprägungen von Sprachapparat und Sprachzentren im Gehirn von Mensch gegenüber Menschenaffe

Bei diesen Sonderstrukturen handelt es sich um erbliche Merkmale. Zu deren Auslese waren langfristige Selektionsprozesse notwendig, damit sich unter den richtungslos auftretenden erblichen Varianten (Mutanten) die jeweils vorteilhaftesten durchsetzen konnten. So dürfte bei den ersten primitiven Menschen der Homo habilis- und Homo-erectus-Stufe wahrscheinlich parallel zur Entwicklung einer primitiven Sprache allmählich eine Kulturentwicklung eingesetzt haben, die sich in der Fertigung und zunehmenden Verfeinerung von Werkzeugen aus Holz, Knochen, Elfenbein und Stein äußerte (Abb. 4), was einen Evolutionsvorteil im Überlebenskampf darstellte.

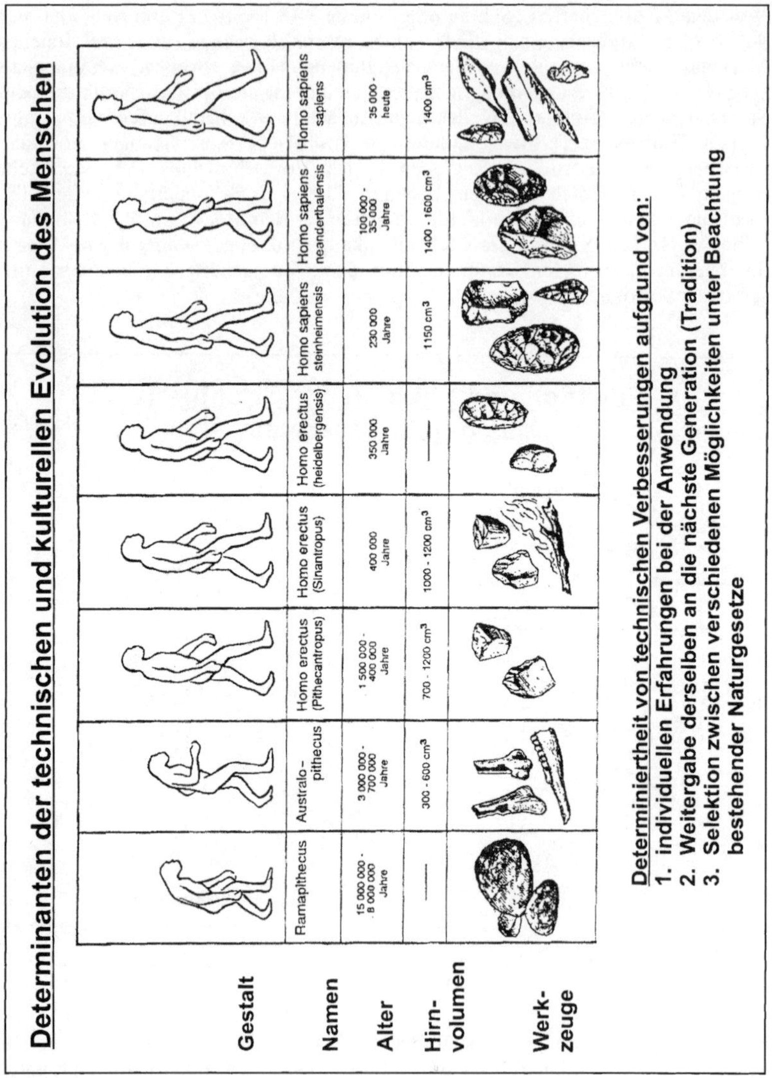

Determinanten der technischen und kulturellen Evolution des Menschen								
Gestalt								
Namen	Ramapithecus	Australo-pithecus	Homo erectus (Pithecantropus)	Homo erectus (Sinantropus)	Homo erectus (heidelbergensis)	Homo sapiens steinheimensis	Homo sapiens neanderthalensis	Homo sapiens sapiens
Alter	15.000.000 - 8.000.000 Jahre	3.000.000 - 700.000 Jahre	1.500.000 - 400.000 Jahre	400.000 Jahre	350.000 Jahre	230.000 Jahre	100.000 - 35.000 Jahre	35.000 - heute
Hirn-volumen	—	300 - 600 cm³	700 - 1200 cm³	1000 - 1200 cm³	—	1150 cm³	1400 - 1600 cm³	1400 cm³
Werk-zeuge								

Determiniertheit von technischen Verbesserungen aufgrund von:
1. individuellen Erfahrungen bei der Anwendung
2. Weitergabe derselben an die nächste Generation (Tradition)
3. Selektion zwischen verschiedenen Möglichkeiten unter Beachtung bestehender Naturgesetze

Abb.4. Morphogenese und kulturelle Entwicklung der Menschheit

Eine weitere Besonderheit des Menschen gegenüber den äffischen Verwandten war die sich allmählich herausbildende Verlängerung der Kindheits- und Jugendperiode, also jener Phase, in der ganz besonders viel gelernt werden kann und muss, wodurch die Traditionsbildung von Generation zu Generation erleichtert wurde.

Die verbalisierte Sprache ermöglichte es dem Menschen letztlich, sich mit seinen Artgenossen nicht nur über konkrete Sachbelange auszutauschen, sondern auch über Gefühle, Empfindungen, Vorstellungen, Willensabsichten, also letztlich über geistig-psychische Phänomene. Gleichbedeutend hiermit dürfte sein, dass der Mensch sich seiner Situation und auch seiner Selbst bewusst wurde, dass er Bewusstsein entwickelte im Sinne eines Sich-selbst-Erlebens.

Genau diesen Vorgang der Herausbildung von Bewusstsein gilt es im folgenden speziell aus der Sicht der Evolutionsbiologie sowie der Neurobiologie genauer zu beleuchten.

Neurobiologische Grundlagen des Bewusstseins

Neuroanatomische Gegebenheiten

Für die Fähigkeit des Menschen, Bewusstsein zu empfinden, das heißt, abgespeicherte Informationen in Form von Erlebnissen durch Wahrnehmen, Sich-Vorstellen und Denken zu vergegenwärtigen, dürften im Verlauf seiner Stammesgeschichte folgende Entwicklungen von ausschlaggebender Bedeutung gewesen sein:

- progressive Größenzunahme des Gehirns vom Niveau der niederen Vertebraten (Fische, Amphibien mit 0,12% Hirn- gegenüber Körpergewicht) über das der Säuger (z.b. Katze 0,8%) bis hin zum Menschen mit 2,2%;
- Abweichen des relativen Hirngewichts (Encephalisationsquotient) des Menschen um das 7,6-fache von dem der übrigen Säuger;
- exzessive Größenzunahme der Vorderhirnrinde (= Cortex; Progressionskoeffizient) beim Menschen um das 156-fache gegenüber dem Wert eines Ur-Primaten (Spitzhörnchen Tupaia-Wert = 1; Schimpansen-Wert = 58-fach);
- Ausbildung von Wülsten und Einsenkungen (Gyri und Sulci) im Cortex und dabei Herausbildung eines zusätzlichen Vorderhirnlappens, des so genannten Temporallappens (= Temporalisation; Abb.5 a);
- exzessive Ausprägung des Assoziationscortex mit Befähigung zu erwerbbarem Verhalten (Lernen, Gedächtnis, Abstraktions-, Generalisations- und Extrapolationsvermögen sowie kreativem Denken und planvollem Handeln; Abb. 5 b);
- genetisch fixierte Ausprägung der Wernicke'schen bzw. Broca'schen Sprachzentren, mit Festlegung von Regelsystemen für eine Universalgrammatik;
- genetisch festgelegte Lateralisation der Großhirnhemisphären, das heißt ungleiche morphologische Ausprägung der rechten gegenüber der linken Vorderhirnhälfte (Abb.6); damit einhergehend unterschiedliche Steuerungsfunktionen der beiden Hemisphären.

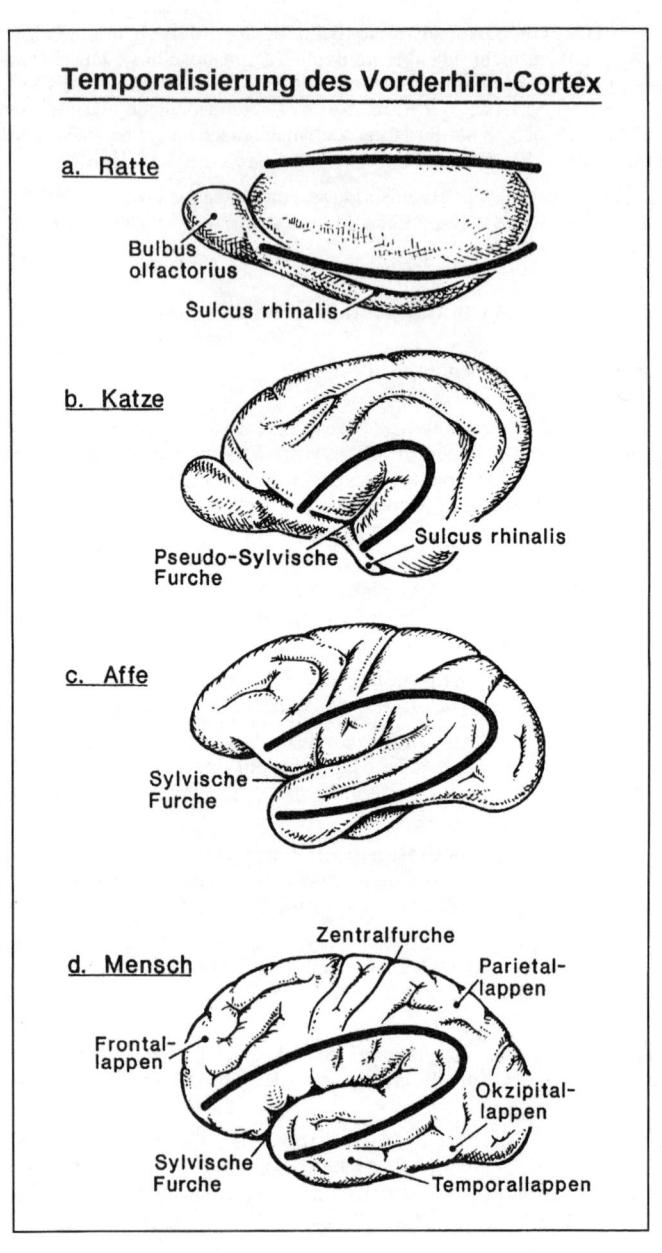

Abb.5 a. Temporalisation der Vorderhirnrinde, das heißt stammesgeschichtliche Größenzunahme des Vorderhirns durch Hinzufügung des Temporallappens

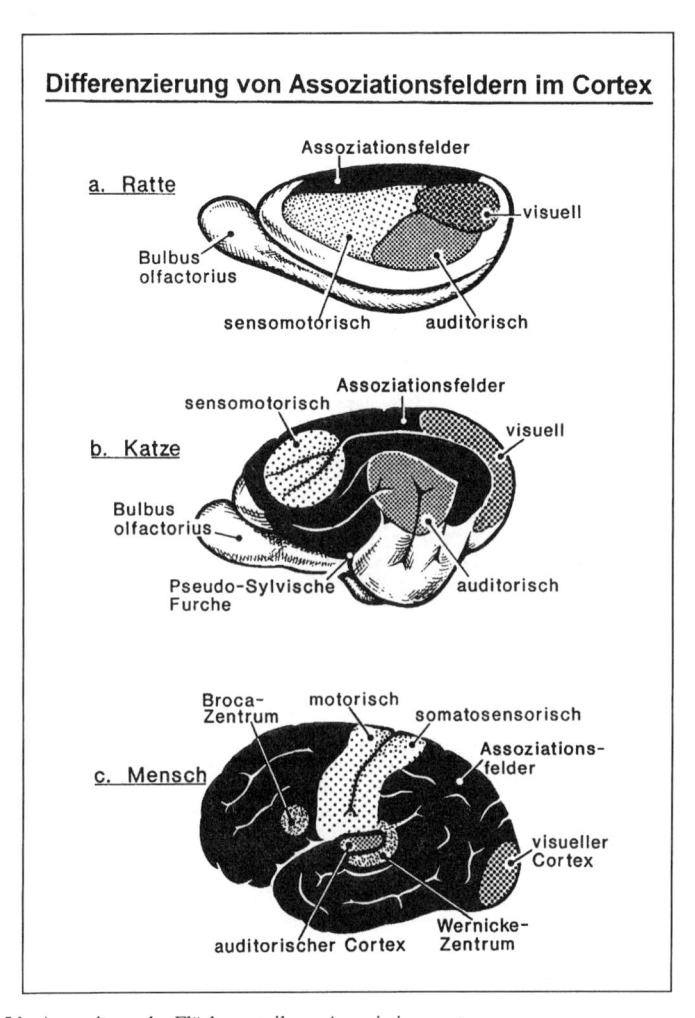

Abb.5 b. Ausweitung der Flächenanteile an Assoziationscortex

Neurophysiologische Gegebenheiten

Die Ausprägung von Bewusstsein ist also bei uns Menschen zweifelsfrei an unser Gehirn gebunden. Dieses menschliche Gehirn besteht aus mehreren hundert Milliarden Nervenzellen (Neuronen), die ihrerseits von einer zehnfach höheren Anzahl von Hilfs- (Glia-) Zellen versorgt werden. Jede Nervenzelle entsendet bis zu 1000 Faserausläufer (Neuriten und Dendriten), durch die elektrisch codierte Signalimpulse mit Geschwindigkeiten von bis zu 100 m/sec (= 360 km/h) geleitet werden, und deren Endigungen – als so genannte Synapsen – die einzelnen Zellen miteinander in Kontakt bringen (Abb.7 a).

Lateralisation der Großhirnhemisphären

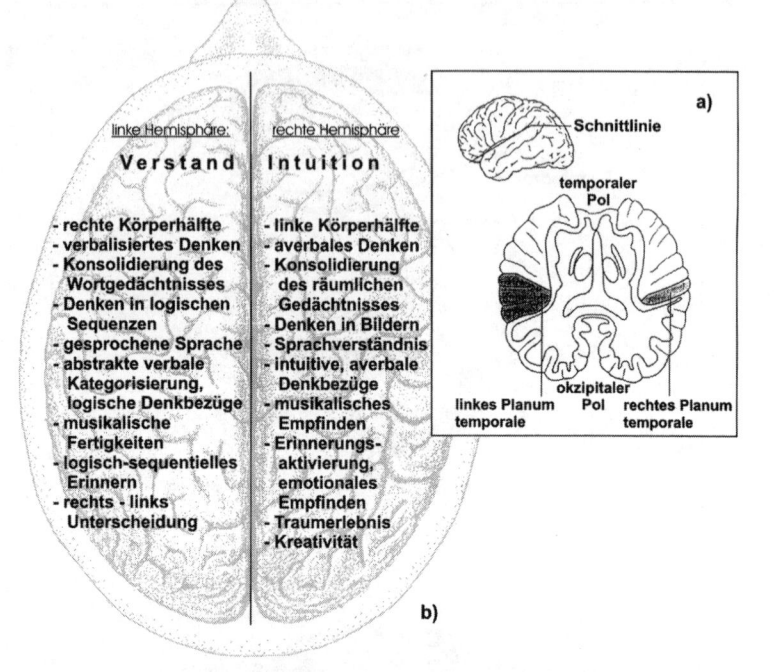

linke Hemisphäre: Verstand
- rechte Körperhälfte
- verbalisiertes Denken
- Konsolidierung des Wortgedächtnisses
- Denken in logischen Sequenzen
- gesprochene Sprache
- abstrakte verbale Kategorisierung, logische Denkbezüge
- musikalische Fertigkeiten
- logisch-sequentielles Erinnern
- rechts - links Unterscheidung

rechte Hemisphäre: Intuition
- linke Körperhälfte
- averbales Denken
- Konsolidierung des räumlichen Gedächtnisses
- Denken in Bildern
- Sprachverständnis
- intuitive, averbale Denkbezüge
- musikalisches Empfinden
- Erinnerungsaktivierung, emotionales Empfinden
- Traumerlebnis
- Kreativität

a) Schnittlinie, temporaler Pol, okzipitaler Pol, linkes Planum temporale, rechtes Planum temporale

b)

Abb.6. Lateralisation der Großhirnhemisphären des Menschen: Neben einer unterschiedlichen morphogenetischen Ausprägung (a) der rechten gegenüber linken Hemisphäre im Bereich des so genannten Planum laterale differenzierte sich die linke Hirnhälfte funktionell (b) zur Steuerung von Verstandesfunktionen, die rechte dagegen zu der von Intuition und Kreativität.
(Bei etwa 80 % der Menschen übernimmt die linke Hemisphäre vornehmlich logisch-analytische Aufgaben und ist damit zuständig für Ordnungs-, Zuordnungs- und Problemsteuerungsprozesse; die rechte Hälfte ist hingegen zuständig für die Verarbeitung von bildhaften, räumlichen Informationen, sie arbeitet ganzheitlich, emotional und kreativ. Anders ausgedrückt steuert die linke Hirnhälfte mehrheitlich per Ratio, also mit dem Verstand, die rechte dagegen per Intuition)

Besonders hervorzuheben ist eine außerordentlich hohe synaptische Plastizität an den Nervenzellen insofern, als Synapsen zeitlebens neu gebildet werden können, bei erhöhter nervöser Beanspruchung verstärkt werden, bei Nichtgebrauch dagegen atrophieren (Abb.7 b). Für die Aufrechterhaltung der Versorgung der Nervenendigungen sorgt ein kontinuierlicher Stofftransport zwischen dem Nervenzellkörper, in dem neue Substanzen gebildet werden, und den Synapsen mit Transportgeschwindigkeiten zwischen 1-3 mm beziehungsweise 100 mm/Tag. Dieser sorgt auch – im Falle von Nervenfaser-Verletzungen – für deren Regeneration.

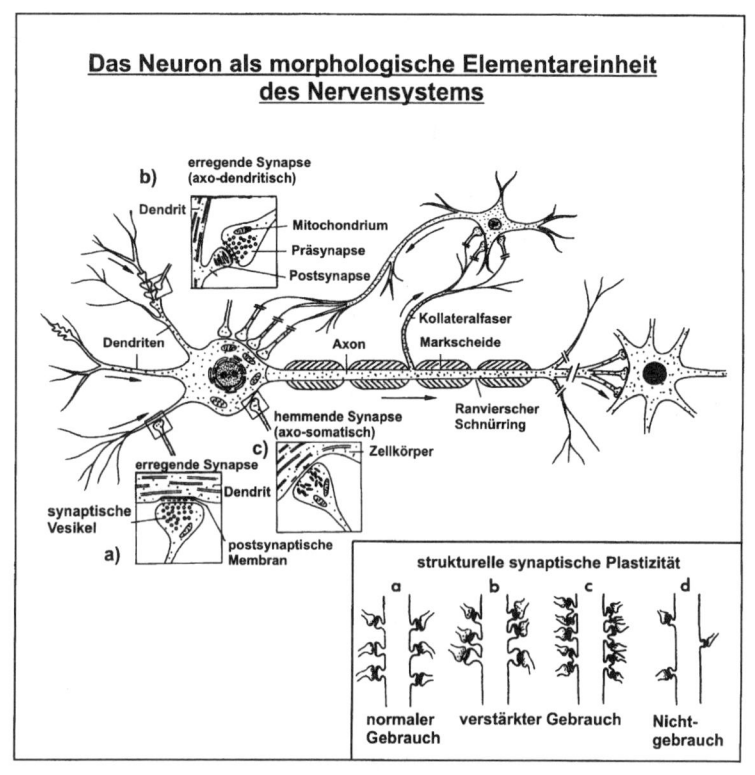

Abb. 7: Das Neuron als morphologisch-trophische Elementareinheit des Nervensystems (a) sowie Veranschaulichung der strukturellen synaptischen Plastizität von Nervenendigungen (b) in Abhängigkeit von der neuronalen Funktionalität

Die Nervenzelle ist nun aber nicht nur die strukturell-trophische, sondern gleichzeitig auch die funktionelle Elementareinheit des Nervensystems, in dem auf elektrische Übermittlungsweise Erregungsmuster (= Informationen) über zum Teil beträchtlich lange Wegstrecken (>1m) sehr schnell (siehe oben) nachgeschalteten Zellen zugeleitet werden. Dabei lässt sich nachweisen, dass die Effizienz der Informationsübermittlung bei wiederholter Benutzung derselben synaptischen Kontaktstellen immer mehr steigt. Diese elektrophysiologisch registrierbaren Bahnungsprozesse in den Synapsen werden als Ausdruck von Lern- und Gedächtnisvorgängen und damit von höheren assoziativen Hirnleistungen angesehen.

Die höhere assoziative Hirntätigkeit lässt sich nun auch mit andern Methoden recht eindrucksvoll darstellen: So können zum einen mit Hilfe der so genannten Positronen-Emissions-Computer-Tomographie (PET) Intensitätsunterschiede im Verbrauch an (vorher speziell markierter) Glukose – als dem Hauptnährstoff des Nervensystems – in einzelnen Hirnregionen in Abhängigkeit von der neuronalen Aktivität der darin aktiven Nervenzellen sichtbar gemacht werden.

Zusammengefasst: physiologische Prozesse im Nervengewebe, wie Bildung, Fortleitung und Übertragung von Erregungen, verbunden mit Intensitätsänderungen von Stoffwechselleistungen in definierten Hirnregionen laufen parallel mit psychischen Vorgängen (Sinneseindrücke, Empfindungen, Gefühle, Gedankenkonstrukte etc.).

Aus PET-Analysen sowie nach Auswertung zahlloser Befunde aus der Neuropathologie von Patienten mit Hirnleistungsschäden lässt sich ferner schließen, dass unter anderem für die Steuerung speziell von Willkürhandlungen, das heißt für die Steuerung von dem Bewusstsein unterliegenden Planhandlungen, eng umgrenzte Hirnbereiche zuständig sind, die in komplexer Weise untereinander verbunden sind (Abb.8). Für die Steuerung der Willkürmotorik eines Fingers werden beispielsweise nacheinander Neuronennetzwerke in verschiedenen Arealen der Großhirnrinde, wie dem so genannten präfrontalen Cortex, dem supplementären Cortex, dem prämotorischen Cortex, dem motorischen Cortex und schließlich im System der Pyramidenbahnen aktiviert, bevor es zu einer Reaktion der Fingermuskulatur kommen kann. (Zusätzlich erfolgen noch Rückkopplungsinformationen in subcorticalen Bereichen des Vorder- und des Zwischenhirns; Abb.8).

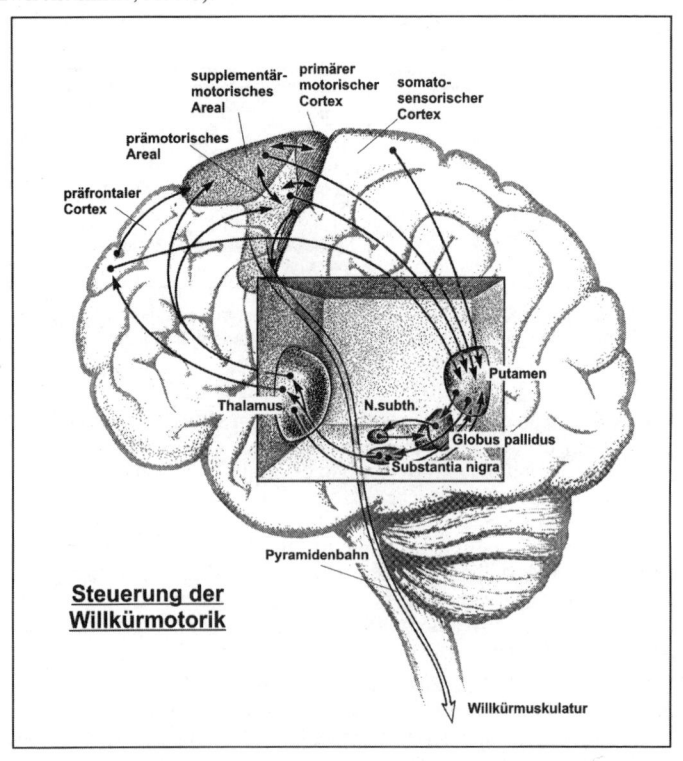

Abb.8. Steuerung der willkürlichen, das heißt der Bewusstseinskontrolle unterliegenden Motorik, mit Angabe der Rückkopplungsleitbahnen zwischen Großhirn, Basalganglien und Zwischenhirn

Mit Hilfe elektrophysiologischer Ableitungen von in diesem System beteiligten Einzelneuronen-Ketten gelang es nun kürzlich, die zeitliche Abfolge des Erregungsflusses in den einzelnen Hirnregionen aufzuzeigen (Abb.9): Etwa eine Sekunde vor Registrierung einer willkürlich beabsichtigten Muskelkontraktion (zum Beispiel Drücken der Computer-Maus-Taste) beziehungsweise eine halbe Sekunde vor einer nicht vorgeplanten, also spontan erfolgenden Bewegung, werden Neuronen bereits aktiviert, das heißt es lassen sich so genannte Bereitschaftspotentiale nachweisen. Das subjektive Erleben des Willensaktes, das „Sich-dessen-bewusst-Werden", erfolgte eine fünftel Sekunde vor der eigentlichen Bewegung, also deutlich nach dem Einsetzen der beiden Typen von Bereitschaftspotentialen.

Diese Befunde führen zu der Erkenntnis, dass im menschlichen Hirn zwar streng voneinander abgrenzbare Areale bestehen, die der Steuerung von willkürlichen, das heißt der Bewusstseinskontrolle unterliegenden motorischen Handlungen dienen und die in gerichteter Weise nacheinander aktiviert werden. Bereits vorher werden jedoch andere vorgeschaltete Areale erregt, deren Aktivierung nicht der Bewusstseinskontrolle unterliegen. Mit andern Worten: Ein subjektiv erlebter Willensprozess findet offenbar erst dann statt, wenn Hirnareale, die dem Bewusstsein nicht unterliegen, schon längst die Weichen für die Aktivierung einer anderen Neuronenkette gestellt haben.

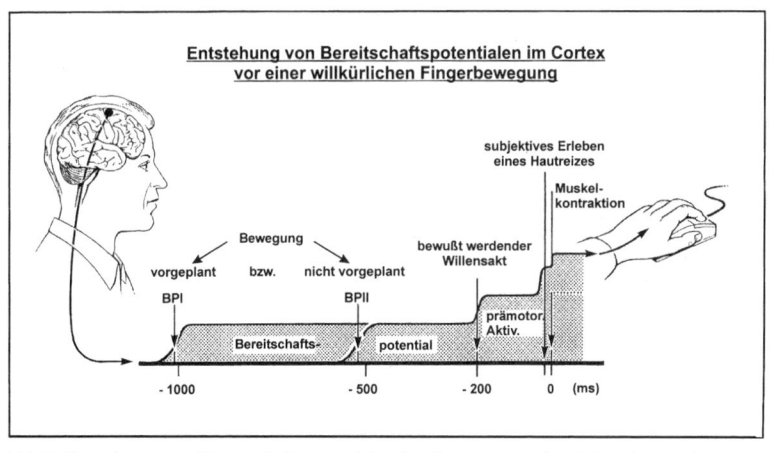

Abb.9. Entstehung von Bereitschaftspotentialen im Cortex etwa eine Sekunde vor einer willkürlichen Fingerbewegung; diejenigen Motoneurone, welche die beabsichtigte Bewegung steuern, werden etwa 1/10 Sekunde vor Bewegungsbeginn aktiviert

Erkenntnistheoretische Ableitungen aus den neurobiologischen Befunden

Die zuvor beschriebenen Befunde über das Auftreten von den im Hirn der Bewusstseinskontrolle nicht unterliegenden Bereitschaftspotenzialen vor Aktivierung von den der Bewusstseinskontrolle unterliegenden Willkürzentren berühren die Frage nach einer Determiniertheit oder Indeterminiertheit von Willensentscheidungen ganz unmittelbar:

Eine absolute Willensfreiheit als die Fähigkeit des Menschen, sich ohne äußeren oder inneren Zwang zwischen Handlungsalternativen zu entscheiden, gibt es auf Grund dieser neurobiologischen Befunde also nicht. Der Mensch verfügt allenfalls über eine durch die Genetik (DNA), Epigenetik (Prägung, Lernen, Gedächtnis, Tradition etc.) sowie jeweilige Umwelteinflüsse (Klima, Ernährung, soziales Umfeld usw.) determinierte „Rahmenfreiheit des Willens" mit einem Freiheitsgrad, der abhängig ist vom jeweiligen „input" in seinem Gehirn, dem Ausmaß an zuvor im Hirn gespeicherten Informationen. Die im Hirn vorbewusst ablaufenden Vorgänge sind mit unseren Sinnen nicht persönlich erfahrbar. Sie sind unserem Verstand nur auf Umwegen unter Verwendung spezifischer Forschungsmethoden als logische, aus den Forschungsergebnissen abzuleitende Schlussfolgerungen zugänglich.

Die Annahme einer „persönlichen Willensfreiheit" muss diesen zufolge mangels der Erfahrungsmöglichkeit der eigenen Hirnvorgänge als ein Phänomen der Selbsttäuschung angesehen werden. Zusammenfassen lassen sich diese Vorstellungen in Anlehnung an ALBERT EINSTEIN etwa folgendermaßen: *„Ich kann zwar tun, was ich will; aber ich kann nicht wollen, was ich will!"*

Die durch die Neurobiologie gewonnene neue Erkenntnis, wonach es nur eine durch Genetik, Epigenetik/Erfahrung sowie Umwelteinflüsse determinierte Rahmenfreiheit des Willens gibt, steht im Widerspruch zu den meisten unserer bisherigen gesellschaftlich-kulturellen Auffassungen (Religion, Ethik, Recht, ...). Die neue Erkenntnis wird letztlich jedoch zu einer Wende in der künftigen Entwicklung der menschlichen Gesellschaftsordnungen führen müssen.

Konsequenzen aus den neurobiologischen Erkenntnissen für künftige Gestaltungsmöglichkeiten menschlicher Gesellschaftsordnungen

Welche Konsequenzen lassen sich nun aus den zuvor gewonnenen Erkenntnissen der Neurobiologie über die offenkundige Determiniertheit von menschlichen Willensentscheidungen durch bestehende genetische, epigenetische und Umwelteinflüsse für die künftige Entwicklung der Menschheit ableiten? Hier gilt es zwischen drei Richtungsmöglichkeiten der Wegführung zu entscheiden, nämlich zwischen einem

- „Weg nach außen", das heißt einem Weg, der zu einer noch weiter gehenden Unabhängigkeit der Lebensführung des Einzelnen von den Einflüssen abiotischer Umweltfaktoren als bisher führt, oder einem
- „Weg nach innen", das heißt einem Weg zur Erschließung des Unterbewussten, des Spirituellen, oder einem
- „von außen fremdgesteuerten Weg", der aus dem Menschen ein fremdbestimmtes, bewusstseinskontrolliertes Wesen macht.

Der Weg nach außen

Es hat den Anschein, dass sich der überwiegende Teil der Menschheit derzeit für eine strikte Weiterverfolgung des bislang so erfolgreich eingeschlagenen „Weges nach außen" entschieden hat. Unter konsequenter Anwendung der Erkenntnisse von Naturwissenschaft und Technik setzt die Menschheit alles daran, sich zum

Beispiel Lebensräume zu erschließen, die für sie ursprünglich lebensfeindlich waren (Weltraum, Meeresboden, Polargebiete, Wüsten, ...). Neurobiologisch gesehen verlässt sich speziell der industrialisierte Mensch bei diesem „Weg nach außen" vor allem auf die hohe Leistungsfähigkeit seiner linken Hirnhemisphäre, die insbesondere seine rationalen und logischen Funktionsweisen steuert.

Kritisch muss an dieser Stelle jedoch darauf aufmerksam gemacht werden, dass die Menschheit in ihren Hochleistungszivilisationen in zunehmendem Maße große Teile der Bevölkerung aus ihrer bisherigen Verpflichtung zu einem intensiven „Hirntraining" als Voraussetzung für die Erbringung höherer rationaler Leistungen entlässt. Die Menschheit delegiert vielmehr wichtige geistige Funktionen immer mehr an „extracerebrale Assoziationsspeicher" (diverse Datenträger, künstliche Intelligenzsysteme, multimediale Informationsträger; Abb.10).

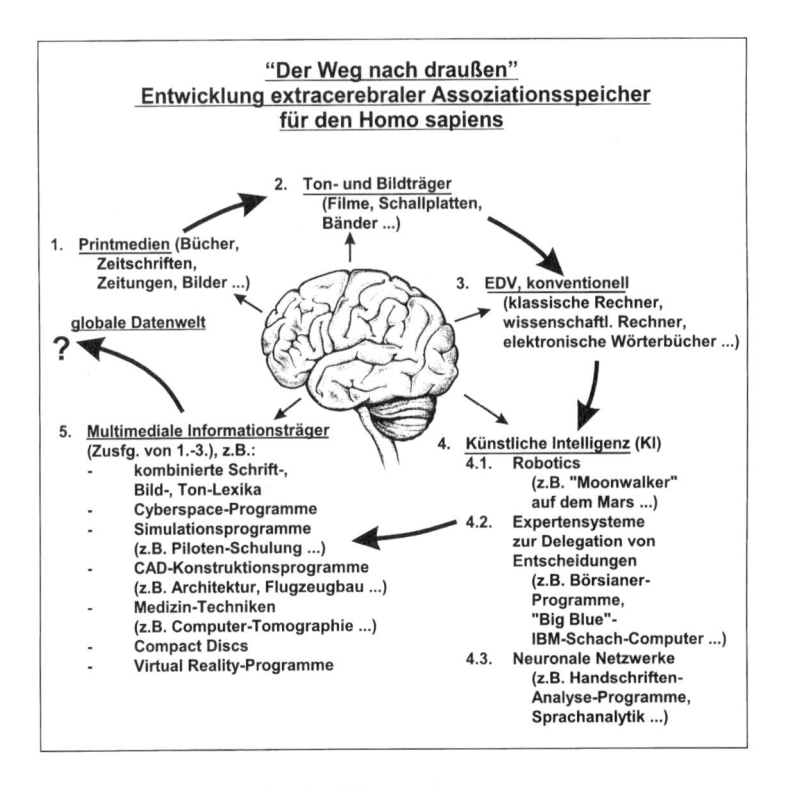

"Der Weg nach draußen"
Entwicklung extracerebraler Assoziationsspeicher
für den Homo sapiens

1. Printmedien (Bücher, Zeitschriften, Zeitungen, Bilder ...)
   globale Datenwelt
   ?

2. Ton- und Bildträger (Filme, Schallplatten, Bänder ...)

3. EDV, konventionell (klassische Rechner, wissenschaftl. Rechner, elektronische Wörterbücher ...)

4. Künstliche Intelligenz (KI)
   4.1. Robotics (z.B. "Moonwalker" auf dem Mars ...)
   4.2. Expertensysteme zur Delegation von Entscheidungen (z.B. Börsianer-Programme, "Big Blue"- IBM-Schach-Computer ...)
   4.3. Neuronale Netzwerke (z.B. Handschriften-Analyse-Programme, Sprachanalytik ...)

5. Multimediale Informationsträger (Zusfg. von 1.-3.), z.B.:
   - kombinierte Schrift-, Bild-, Ton-Lexika
   - Cyberspace-Programme
   - Simulationsprogramme (z.B. Piloten-Schulung ...)
   - CAD-Konstruktionsprogramme (z.B. Architektur, Flugzeugbau ...)
   - Medizin-Techniken (z.B. Computer-Tomographie ...)
   - Compact Discs
   - Virtual Reality-Programme

Befürchtung von negativen Entwicklungen:
- geistig-intellektuelle Unterforderung von großen Teilen der Bevölkerung wegen mangelnden Hirn-Trainings
- Regression der Fortentwicklung von Hochleistungszivilisationen im Falle der Störung bzw. Zerstörung ihrer künstlichen Datenträger-Systeme

Abb.10. Entwicklung von „extracerebralen Informationsspeichern" durch den Menschen im Verlaufe seiner kulturellen Evolution

Diesbezüglich steht zu befürchten, dass sich die Masse der zivilisierten Menschheit infolge von **intellektueller Unterforderung** geistig degenerativ fortentwickeln könnte. Im Falle von Störungen oder gar Zerstörungen der **künstlichen Informationssysteme** könnte es dann infolge zwischenzeitlich verloren gegangener Eigenerfahrungen sowie unzureichenden Hirntrainings dieser Menschheitsgruppe zu einer Regression der Entwicklung auf dem gesamten kulturellen wie auch intellektuellen Gebiet kommen – eine Entwicklung, die bereits vielseitig eingesetzt hat!

Der Weg nach innen

Infolge der zuvor angesprochenen Delegierungsmöglichkeit von geistigen Kapazitäten – vornehmlich aus dem Funktionsaufkommen der linken Großhirnhälfte – in extracerebrale Assoziationsspeicher tun sich jedoch für den modernen Menschen neue Freiräume für andersartige mentale Entfaltungsmöglichkeiten auf: Im Sinne eines „Weges nach innen" besteht nun auch die Alternative zur Effizienzsteigerung der Funktionalität der rechten Hemisphäre und damit zur Steigerung der Entfaltung von Phantasie, zur Aktivierung von intuitiven, averbalen Denkvorgängen, von emotionalen Empfindungen, von Kreativität im künstlerischen Bereich, zum Wecken von Anlagen zu kontemplativem Verhalten (Spiritualität, Erkenntnisgewinnung durch Erleuchtung wie im Buddhismus) sowie auch auf Gebieten zwischenmenschlicher Beziehungen (Neuordnung von Gesellschaftsstrukturen, Friedensforschung, Umgang mit der Mitnatur, Dritte-Welt-Problematik, ...).

Der von außen fremdgesteuerte Weg:
Die Programmierung des menschlichen Gehirns

Wie steht es nun mit der dritten Entwicklungsmöglichkeit für die Menschheit? Nämlich der Möglichkeit des Beschreitens eines von außen fremdgesteuerten Weges, bei dem Entscheidungsprozesse und/oder Willensimpulse, die der Einzelne von sich aus nicht aufzubringen vermag, von außen zugeführt werden. Ein solchermaßen fremdgesteuerter Mensch entwickelt sich zu einem fremdbestimmten Wesen. Gibt es denn überhaupt Möglichkeiten, das menschliche Gehirn von außen her zu programmieren? Und wenn ja: Zu welchem Zeitpunkt der Entwicklung – im Kindes- oder im Jugendlichenalter – könnte eine Hirnprogrammierung am zweckmäßigsten erfolgen?

Ansätze für ein reales Ausüben von Fremdbestimmung der Menschen über eine Programmierung ihres Hirns, sowohl von Seiten der linken Hemisphäre (Beeinflussung der Verstandesebene), als auch von Seiten der rechten Hemisphäre (Beeinflussung von Intuition und Kreativität), lassen sich für verschiedene Ebenen belegen, nämlich zum einen vom psychologischen Ansatz her, sowie zum anderen ausgehend von der experimental-neurobiologischen Ebene.

Psychologische Ansätze zur Programmierung des menschlichen Gehirns

Zunächst einige Angaben zu bestehenden psychologischen Möglichkeiten der Programmierung des menschlichen Gehirns:

a) **Prägung**: Psychologische Analysen des Verhaltens der höheren Tiere, einschließlich dem des Menschen, belegen nachhaltig die große Bedeutung der Möglichkeit einer Fremdsteuerung von Lebewesen durch Prägung auf individuell zu erwerbende Lerninhaltsmuster, und zwar während sensibler Entwicklungsphasen (perinatale Phase, Vorschulalter, spätere intellektuelle Prägung auf Ausbildungssysteme, Gesellschaftsstrukturen, Moral, Ethik, Religion, ...).

Für den Menschen hat zweifelsfrei die Prägung auf die Muttersprache den höchsten Stellenwert für die Erlangung der Sonderstellung innerhalb seiner Mitnatur. Aus Erfahrungsberichten über soziale Deprivation von Kindern während früher kritischer Entwicklungsphasen (Abb.11) sowie über sprachlichen Prägungsausfall (so genannte „wilde Kinder", „Kaspar-Hauser-Fälle", Sprachdeprivations-Experimente von FRIEDRICH II. an Kleinkindern) kann gefolgert werden, dass die gesamte Kulturgeschichte der Menschheit essentiell an die Tradierung von Sprache gebunden war und heute noch ist.

	Entwicklung von Kindern	
	im Waisenhaus Versorgung durch Krankenschwester, die für je 7 Babys verantwortlich war	**in der Pflegeheimstation im Gefängnis** Versorgung durch eigene Mütter
Kontakt mit anderen Menschen	gering	täglich, jedoch begrenzte Zeit
Umwelt	sensorische und soziale Deprivation: Betten mit Tüchern verhängt: dadurch extrem reduzierte Umwelt	stimulierend/anregend: offene Betten, Babys konnten Umgebung beobachten
Entwicklungstests nach		
4 Monaten:	Kinder zunächst besser als Pflegeheimkinder (d.h. es lagen keine genetischen Defekte vor)	normale Entwicklung (wie im häuslichen Familienverband)
1 Jahr:	Zurückbleiben der motorischen und intellektuellen Fähigkeiten, Hospitalismus-Syndrom, geringe Neugier und Fröhlichkeit, Anfälligkeit gegenüber Infektionen	dto.
2 Jahren:	retardierte Entwicklung, nur 2 von 26 Kindern konnten laufen und dürftig sprechen	dto.
Zusammenfassung: Die starke soziale und sensorische Deprivation in früher Kindheit hat katastrophale Auswirkungen auf die spätere Gesamtentwicklung.		

Abb.11: Frühe kritische Phase bei der Entwicklung sozialer Fähigkeiten (nach KANDEL et al., 1996)

Somit kommt der Überlegung, wie künftige Generationen mit ihrem „Naturgut, Kulturgut Sprache" umzugehen gedenken, höchste Bedeutung zu. Die folgende Abbildung (Abb.12) bringt diesbezüglich in Erinnerung, dass der Spracherwerb beim sich entwickelnden Menschen ein komplexer, langwieriger Prozess ist, der sich – parallel zum Erwerb motorischer Fähigkeiten – bis in das Vorschulalter erstreckt.

	Spracherwerb	
durchschnittliches Alter	motorische Errungenschaften	sprachliche Errungenschaften
6 Monate	einseitiges Greifen, Sitzen	Gurren, Plappern durch Verwendung von Konsonanten
1 Jahr	Stehen, an Hand Laufen	Ein-Wort-Äußerungen, anfängliches Sprachverständnis
1,5 Jahre	Greifen und Loslassen, Laufen, Treppe rückwärts Herunterkrabbeln	Einzelwort-Verwendung, Repertoire 30 -50 Wörter; noch keine Sätze, da noch keine Bindewörter und Artikel!
1,5 - 2 Jahre	Rennen (mit Hinfallen), Treppensteigen mit dem selben Fuß	Zwei-Wort-Sätze (Telegrammsprache), Vokabular aus 50 bis mehreren hundert Wörtern, Verstehen von logischen Beziehungen
2 (- 5) Jahre	Springen mit beiden Beinen, Turmbauen aus Würfeln	Erweiterung des Vokabulars, Drei- und Mehr-Wort-Kombinationen mit Bindeworten, Artikeln, Hilfsverben; noch grammatikalische Fehler
3 Jahre	Schleichen, Treppensteigen mit beiden Beinen	vollständige Sätze, wenig Fehler, Vokabular umfasst 1000 Wörter
4 Jahre	Seilspringen, an Linie Entlanglaufen	Näherung an Sprachkompetenz von Erwachsenen
nach Pubertät	komplett	Verringerung der Sprachkapazität (= Fähigkeit, eine Zweitsprache zu erlernen) „Kaspar-Hauser-Kinder" können nicht mehr sprechen lernen

Abb.12: Entwicklungsstadien beim Spracherwerb des Menschen (nach LENNEBERG 1967)

Neurobiologische Untersuchungen über die Reifung des Gehirns in der nachgeburtlichen Phase belegen nun, dass während dieser kritischen Entwicklungsphase zwar kaum noch neue Nervenzellen angelegt werden, dass diese jedoch ein Höchstmaß an Fasern für die Knüpfung neuer synaptischer

Kontakte bereitstellen (Abb.13). Dadurch, dass das Hirn während dieser Phase gleichzeitig auch besonders gut durchblutet und mit Nährstoffen versorgt wird, sind optimale Voraussetzungen für bestmögliche Leistungen geschaffen. Diese können nun auch insofern genutzt werden, als im Vorschulalter zum Beispiel möglichst intensiv Grundprogramme des Wissens (Basisrechnen, Grammatik, Sprachen, ...) trainiert werden und in der anschließenden Berufs- und/oder akademischen Ausbildung höheres assoziatives Leistungsvermögen erworben wird.

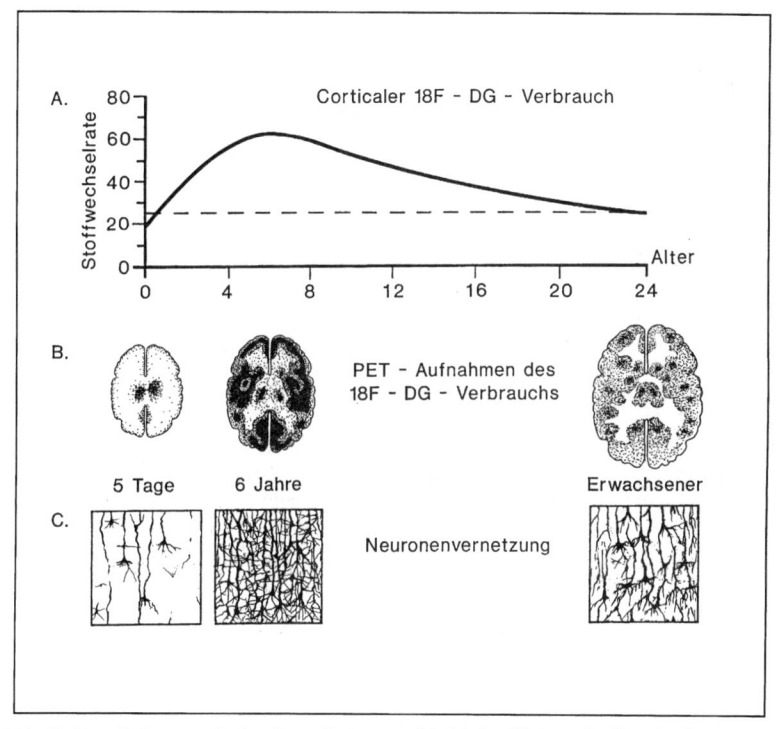

Abb.13. Korrelationen zwischen Intensitätsunterschieden im Glukose-Stoffwechsel (PET-Analyse des F18-D-Glukose-Einbaus) und der Bildung neuronaler Netzwerke im Hirn während der Kindheits- und Jugendphase des Menschen

Bis hierher zusammenfassend betrachtet ist das Hinterfragen einer Programmierung des kindlichen und jugendlichen Gehirns auf der Grundlage von Prägung vor dem Hintergrund der neurobiologischen Befunde als eine unverzichtbare Notwendigkeit für den Bestandserhalt der menschlichen Hochleistungsgesellschaft anzusehen. Bei der vorschulischen und späteren beruflichen/akademischen Prägung ist zu beachten, dass Schädigungen eines heranreifenden jungen Menschen durch Überforderungen des Hirnleistungsvermögens weit weniger zu erwarten sind als durch Unterforderungen.

Die Ausstattung unseres Gehirns mit überschüssigem assoziativem Vorderhirncortex stellt uns in unserem Bio-Computer von Natur aus weit mehr Speichervolumen zur Verfügung als wir im Verlauf des individuellen Lebens jemals ausfüllen könnten. Nichtgebrauch von neuronalen Strukturen führt jedoch zur Regression derselben. Die dadurch ausgelösten Inaktivitätsatrophien des Nervengewebes bedingen letztlich irreversiblen Verlust an höherem assoziativen Hirnleistungsvermögen (Lern-, Gedächtnis-, Generalisations-, Abstraktionsvermögen, Intuition und Kreativität, ...).

Eine Fremdsteuerung beziehungsweise -programmierung des menschlichen Gehirns mittels eines psychologischen Ansatzes kann auch noch auf andere Weise als durch Prägung erfolgen, nämlich durch Hypnose sowie auch durch (subliminale) Suggestion.

b. Die Hypnose, ein schlafähnlicher Zustand, in den ein Mensch einen anderen durch besondere suggestive Beeinflussung versetzen kann, stellt ebenfalls eine Form der Fremdsteuerung dar. Denn in Hypnose ist das Bewusstsein und der Wille des hypnotisierten Menschen weitgehend ausgeschaltet, so dass der Hypnotiseur seinen Willen auf ihn übertragen kann.

c. Die so genannte subliminale Suggestion, eine von den Medien oftmals praktizierte Magie und Herrschaft über unsere Sinne, stellt eine verfeinerte Art der Prägung dar. Hierbei lässt sich eine unterschwellige Persönlichkeitssteuerung dadurch erzielen, dass unterhalb der Bewusstseinsschwelle erfolgende Mitteilungen direkt in das Unterbewusstsein geschleust werden, ohne dass die kritische Instanz unseres Wachbewusstseins irgendetwas davon wahrzunehmen vermag. So können Menschen beispielsweise durch unhörbare Worte, die in eine Klangkulisse eingebaut wurden, in ihren affektiven Reaktionen signifikant beeinflusst werden (Beispiel ist subliminale Hintergrundmusik in Kaufhäusern mit unhörbaren Werbeinhalten oder Botschaften wie zum Beispiel die Aufforderung, nicht zu stehlen, ...).

Neurobiologische Experimentalbefunde zur Programmierung des menschlichen Gehirns

Neben den bisher beschriebenen psychologischen Ansätzen für eine Programmierung des menschlichen Gehirns seien im Folgenden diesbezügliche neurobiologische Experimentalbefunde der letzten Jahrzehnte angeführt. Sie lassen erahnen, dass die Möglichkeiten der Fremdbestimmung des einzelnen Menschen – und damit im Prinzip auch der Menschheit – bereits bisher ungeahnte Dimensionen haben annehmen können:

Es ist keineswegs Science-Fiction, sondern es sind Tatsachen-Berichte, die darüber Auskunft geben, dass bei Testpersonen durch Verabreichung von psychogenen Drogen, sowie besonders durch direkte elektrische Hirnstimulationen verschiedenartigste Verhaltensreaktionen ausgelöst werden können, angefangen von motorischen Effekten, über emotionale Reaktionen bis hin zu intellektuellen Äußerungen. In naher Zukunft werden in das Gehirn von Menschen implantierte telemetrische Stimulations-Empfänger-Systeme (Stimoreceiver) oder der Einsatz von Elektromagnetik Verbindungen zwischen Mensch und Computer und Computer und Mensch herstellen können. Dies wird also eine reziproke Rückkopplung zwischen Nervenzellen und Instrumenten ermöglichen.

Dieses Instrumentarium ermöglicht nicht nur eine Neuorientierung für die medizinische Kontrolle neurophysiologischer Funktionen, sondern genauso gut eine Beeinflussung von solchen Hirnmechanismen, die an gewolltem Verhalten und damit am Prozess der Entscheidungsfindung eines Menschen beteiligt sind.

Bewusstseinskontroll-Implantate und gesendete elektromagnetische Wellen könnten also die Menschheit dazu befähigen, nicht nur steuernde Botschaften in das Gehirn eines Einzelnen zu senden, sondern Gehirne mit Computern zu verbinden. Damit könnte das Bewusstsein des einzelnen Menschen ein digitalisierbarer Teil eines übergeordneten, größeren, computerisierten Systems eines Weltgehirns werden.

Quo vadis, homo? – Wer liefert das Leitbild?

Vor dem Hintergrund des zuvor ausgeführten Szenarios zu den verschiedenen Wegmöglichkeiten für die Menschheit stellen sich abschließend folgende Fragen: „Quo vadis, homo? – Wohin gehst du, Mensch(heit)?" Wählst du – wie bisher zumeist – den „Weg nach außen"? Oder wirst du künftig den „Weg nach innen" intensivieren? Oder entscheidest du dich gar für den „von außen fremdgesteuerten Weg"?

Wer wird diesbezüglich die als unverzichtbar zu fordernden Leitbilder für den jeweiligen Weg erstellen? Der Politiker? Der Wissenschaftler? Der Philosoph? Der Moraltheologe? Der Technokrat? Oder, oder...? Etwa alle gemeinsam? Oder überlässt die Menschheit ihre künftige Entwicklung sich selbst im Sinne einer Hinwendung zu einer wieder mehr natürlichen Selektion, nachdem sie sich einer solchen seit kurzem erst durch das Praktizieren der kulturellen (R)Evolution entzog? Oder stellt die Entwicklung hin zu einer epigenetisch sich entfaltenden Kulturgesellschaft gar ein Resultat genetischer Entwicklungspotenzen dar?

Die Menschheit nimmt für sich in Anspruch, ihre Zukunft selbst gestalten zu können und auch zu wollen, und zwar unter Einsatz der ihr eigenen Vernunft. Wird sie diesem Anspruch gerecht werden können? Wird sie sich im Sinne der naturwissenschaftlichen Interpretation von Vernunft verhalten, nämlich stets und in allem nur unter strikter Beachtung der Naturgesetzlichkeiten zu handeln?

Im Sinne welcher der drei aufgezeigten Wegmöglichkeiten wollen wir das Gehirn unserer Kinder und Jugendlichen künftig programmieren?

Die Zeit ist überreif für ein prinzipielles Überdenken dessen, ob und inwieweit unsere bisherigen Ethik- und Moralbegriffe den sich ständig ändernden Norm- und Wertevorstellungen der menschlichen Gesellschaft entsprechen. Hier gilt es, die zuvor ausgeführten Möglichkeiten für eine intensivere Nutzung der Steuerungsfunktionen der rechten Hirnhälfte zur Aktivierung von intuitiven Denkbezügen, speziell von Kreativität, in gezielterer Weise als bisher in Betracht zu ziehen. Pädagogen, Psychologen und Sozialwissenschaftler sollten sich herausgefordert fühlen, entsprechende Leitbilder für eine Neuorientierung zu entwerfen und zu erproben.

Wäre es nicht auch an der Zeit, die grundlegende Erkenntnis des Christentums, nämlich die der Nächstenliebe, im Sinne einer modernen evolutionsbiologischen Interpretation dahingehend umzusetzen und danach zu handeln, dass sich die Interessen des Individuums stets den Interessen der Population (der Allgemeinheit) unterzuordnen haben?

Ich persönlich befürchte, dass die Menschen, speziell die der modernen industriellen Hochleistungsgesellschaften, in Anbetracht der für sie derzeit noch bestehenden Möglichkeiten zu einem Luxurieren ihrer persönlichen Lebensführung noch nicht reif sind für einen derartigen biologischen Altruismus. Bei diesem Altruismus ist den Geboten zur „Ehrfurcht vor allem Lebendigen" sowie zur „Subordination der Interessen des Individuums unter die Belange der Allgemeinheit" (vergleiche hier auch das Gebot der christlichen Nächstenliebe) höchste Priorität einzuräumen.

Professor Dr. Wolfgang Hinrichs, Siegen

Direkterfahrung oder virtuelle Programmierung der Welt?
Wider den virtuellen Angriff auf Kindlichkeit und Jugendlichkeit des Menschen

Korrespondenzadresse:

Hölderlinstr. 2
57076 Siegen
Fax: 0271 – 7 97 58

Professor Dr. Wolfgang Hinrichs, Siegen

geb. 1929 in Georgsmarienhütte (Kreis Osnabrück)

	Studium der Philosophie, Pädagogik und Germanistik in Tübingen und Stuttgart
	10 Jahre Volksschullehrer (zuletzt Konrektor) in Baden-Württemberg
1966	Promotion in Tübingen
seit 1966	Dozent in Siegen
1969-87	Ständiger Mitarbeiter der Zeitung „Universitas"
seit 1970	Professor
seit 1972	an der Universität-Gesamthochschule Siegen
seit 1974	Leitendes Mitglied der Humboldt-Gesellschaft (im Akademischen Rat)
seit 1992	Leiter des Arbeitskreises Grundschulpädagogik im Deutschen Institut für Bildung und Wissen
seit 1999	im Vorstand dieses Instituts
seit 2000	Vorstandsmitglied der Humboldt-Gesellschaft

Über 80 Publikationen zu Fragen der Lehrplanprinzipien und -ziele, des fächerübergreifenden Unterrichts, des Sachunterrichts, der Heimatkundetheorie, der politischen Bildung und Kulturpolitik, der Schulreform, der akademischen und nichtakademischen Bildung, der Theorie der Hauptschule, der Lehrerbildung (auch der schulpraktischen Studien), der Gesamthochschule, der Universitätsidee, der Wissenschaftstheorie, insbesondere der Dialektik und Hermeneutik, der philosophisch-pädagogischen Schleiermacherforschung, des Pluralismus

Direkterfahrung oder virtuelle Programmierung der Welt? Wider den virtuellen Angriff auf Kindlichkeit und Jugendlichkeit des Menschen

Zusammenfassung Deutsch

Das 20. Jahrhundert wurde beherrscht von gegensätzlichen Meinungen der Machbarkeit – Programmierbarkeit – des Menschen in Gestalt zweier Ideologien. Einerseits die Ideologie der Machbarkeit im Kommunismus durch gesellschaftspolitische „Veränderung" oder Programmierung der politökonomischen Welt-Verhältnisse, andererseits die Ideologie der genetischen Machbarkeit des Menschen durch „Züchtung" und Rassenreinigungspolitik der Nationalsozialisten. Das Spannungsfeld zwischen den Grundvorstellungen hinter diesen Ideologien zieht sich bis heute durch die pädagogische Landschaft hindurch.

Erweitert wird es durch die vermehrte Virtualität der Datenvermittlung, Programmierung durch die Massenmedien. Diese virtuellen Welten können

- reale Welten abbilden
- Selbstzweck sein oder
- reale Welten vortäuschen.

Doch bei allem Nutzen dieser Virtualität gilt es, die Direkterfahrung, wie sie unter anderem ROUSSEAU, PESTALOZZI und SPRANGER forderten, wieder in den Mittelpunkt zu rücken. Dem Vorgang der virtuellen Programmierung des kindlichen und jugendlichen Gehirns im Sinn einer Manipulation wird der Kernvorgang echter Erziehung zur Selbstständigkeit und Selbstbestimmung entgegengestellt, wie ROUSSEAU es ausdrückte: *„Zu den Sachen selbst!"*

Direct Experience or Virtual Programming of the World?
Against the Virtual Attack on Childlike and Youthful Characteristics of Humanity

Abstract   English

The 20th century was dominated by contrary opinions on the possibility to manipulate or program people. Two ideologies were prevailing: on the one hand in communism the ideology of manipulating people by socio-politically „changing" the politico-economic world conditions; on the other hand the ideology of genetically manipulating people by National Socialist „race breeding" policy („Züchtung"). The field of tension between the fundamental ideas behind of these ideologies infuses the pedagogical landscape up to the present day.

An extension of this is the increased virtuality of electronic data transfer, of programming by mass media. This virtuality can

- depict real worlds
- be an end in itself
- simulate real worlds.

But in spite of all practical use of virtuality, the focus should be placed once again on direct experience, as already demanded by ROUSSEAU, PESTALOZZI and SPRANGER among others. This process of mental programming of children and youths in the sense of manipulation is confronted with the essential procedure of authentic education: towards independence and self-determination – as ROUSSEAU put it: „*Back to the things themselves!*"

Programmierung

Man kann sich den Menschen in seiner Entwicklung und Bildung geprägt oder programmiert vorstellen von der Welt um ihn her. Im Kulturbereich könnten wir dann die Erfahrungswelt des jungen Menschen vorprogrammieren und damit ihn programmieren. In der Biologie war diese Meinung als die These von der Milieubedingtheit verbreitet – die Anpassungsthese. Später unterschied man Umweltbedingtheit und Anlagebedingtheit. Letzteres wäre die Programmierung durch Vererbung, von den Genen her.

In den populären Vorstellungen werden diese gegensätzlichen Auffassungen oft verallgemeinert, über die Welt des biotisch Lebendigen hinaus werden sie auch auf das humane Leben, die menschliche Erziehung, Bildung und Kultur übertragen. Der Vortrag von Herrn Kollegen RAHMANN[1] hat gezeigt, dass in der Biologie die Frage der Willensfreiheit immer noch ungelöst ist. Wir wissen nicht, wie groß genau der Bereich der Willensfreiheit innerhalb des biologisch vorgegebenen Rahmens ist, wie stark unsere angebliche Freiheit von Fremdsteuerungsfaktoren konkret in Praxis und Wirklichkeit beherrscht ist. Ein Aspekt dieses großen Themas ist das Problem: Programmierung des Menschen durch virtuelle Welten und die Funktion der Direkterfahrung für die Konturierung seiner Erfahrungsstruktur, die ihn dann weitgehend – bewusst und unterbewusst – determiniert.

Das 20. Jahrhundert wurde beherrscht von den angedeuteten gegensätzlichen Meinungen der Machbarkeit des Menschen in Gestalt zweier Ideologien.

Einerseits: Machbarkeit im Kommunismus durch gesellschaftspolitische „Veränderung" oder Programmierung der politökonomischen Welt-Verhältnisse: Als Programm lag solcher bloßen Gesellschafts-Klassen-Programmierung der Historische Materialismus zu Grunde, worin dieser Ideologie die Rolle des Vollenders der Geschichte zukam; Kommunisten sahen sich als die ausschließlich legitimen und herrschenden Programmierer der Menschheit.

Andererseits: Genetische Machbarkeit des Menschen (damals „Züchtung") durch politische Herrschaft allein unter dem Rassengesichtspunkt. Die Ideologie des Nationalsozialismus sollte so und durch die tödliche Rassenreinigungspolitik der Menschheit aufgeprägt werden.

So einschneidend und grausam unsere Erfahrungen mit solchen totalitären Programmierungskonzepten sind: Wir verabscheuen sie zwar überwiegend in

---

[1] HINRICH RAHMANN (2000): „Zur Entwicklung des menschlichen Gehirns aus neurobiologischer Sicht." Der erste Beitrag des vorliegenden Bandes, S. 19-40

unseren liberalen demokratischen Systemen, aber auch wir sind davon nicht frei. Der Nährboden für neuen Totalitarismus ist reich und fruchtbar. Die populären Meinungen von der Machbarkeit des Menschen sind noch verbreitet. Dieser Gedanke ist Leitmotiv meiner Überlegungen.

Haben wir zum Beispiel in der Wissenschaft den Gedanken der Machbarkeit des Menschen durch Menschen überwunden? Man kann eine Linie ziehen von dem Russen PAWLOW, der in Experimenten mit Hunden die Konditionierbarkeit von deren Verhalten zeigte, bis zur Lerntheorie von SKINNER in Amerika und den von dort beeinflussten verwandten Lerntheorien. In der Sowjetunion war alles auf die manipulative Konditionierbarkeit menschlichen Verhaltens bis hin zur Gehirnwäsche wie bei Tierversuchen aufgebaut. In Amerika hat der Lerntheoretiker SKINNER Tauben und Ratten konditioniert. Man definierte daraufhin alles Lernen als (programmierbare, machbare) Verhaltensänderung, auch das menschliche Lernen, und manche Experimente mit Menschen scheinen die Machbarkeit des Menschen sogar bis zu verbrecherischem Verhalten in erschreckendem Maße zu bestätigen (bekannt geworden ist das „MILGRAM-Experiment"[2]). Die USA haben glücklicherweise kein kontinentales Experiment und totalitäres System daraus gemacht wie die Sowjetunion.

In den 1960er Jahren lebte auch in Deutschland dieser Glaube an die Programmierbarkeit des Menschen auf. Programmierbarkeit durch Verhaltenskonditionierung war die einflussreiche These, Gehirnprogrammierung in diesem Sinn. Nicht mehr Programmierbarkeit durch Gene, durch Züchtung und durch eine Vernichtungspolitik sogenannter Reinigung wie beim Nationalsozialismus, sondern Lernkonditionierung war gemeint. HEINRICH ROTH vertrat gegen Ende der 1960er Jahre die Auffassung, man könnte prinzipiell alle normal veranlagten Kinder intellektuell zur Abitur- und Studierfähigkeit „be-gaben".[3]

Zehn Jahre früher, das heißt noch in den 50er Jahren, konnten (west)deutsche Pädagogen von Rang sich in der Regel nur vorstellen, dass letztlich hinter der determinierenden Natur und Kultur Gott es ist, dem die Menschen ihre ihnen verbleibenden Spielräume, ihre individuell verschiedenen Fähigkeiten oder „Gaben" zu verdanken haben – ein Pfund, mit dem man wuchern solle, woraus man durch Erziehung, Bildung und eigene Anstrengung das Bestmögliche zu entwickeln habe. Dann aber, in den 60er und 70er Jahren war fast die gesamte westdeutsche Erziehungswissenschaft, soweit sie bildungspolitisch wirksam wurde, beherrscht von dem Glauben: Es ist der Mensch, der den Menschen durch verhaltensändernde Einflüsse geistig „be-gabt".

---

[2] Mit dem Milgram-Experiment wurde die Gehorsamsbereitschaft gegenüber Autorität bis zur Tötungsbereitschaft gegenüber Mitmenschen provoziert und konditioniert.
STANLEY MILGRAM(1974): Obedience in Authority. New York. Dt. Ausg (1974): Das Milgram-Experiment. Reinbek bei Hamburg
[3] Vgl. z.B. H. ROTH (1968): „Zur Diskussion um die Gesamtschule" In: Die Deutsche Schule. 60. Jg., S. 568-579, bes. S. 574f., wobei er den Weg dahin als den einzigen nach „oben" beschrieb.
Zwar sah er (S. 575f.) „Ausstiegsmöglichkeiten" vor für diejenigen, die bei solch einseitiger „Wissenschaftsorientierung" gemäß seinem Modell der Stufenschule (S. 576) auf der Strecke bleiben und nicht die höchsten Stufen erreichen. Aber auch den nicht sofort auf dem akademischen Weg Kommenden musste noch ihr Zurückbleiben deutlich werden, da sie nach ROTH später auch noch die Chance zum „Anschluss nach oben" haben (S. 575f.). Wie fühlt sich der, der verzichtet oder dem auch dies nicht gelingt?

Man kann sich den Wandel, der sich in der Pädagogik zwischen den 1950er und 60er Jahren scheinbar leise vollzog, gar nicht dramatisch und radikal genug vorstellen. An die Stelle Gottes ist in mächtigen Tendenzen der deutschen Bildungspolitik lautlos der Mensch getreten wie in den kommunistischen Systemen, und das ist bis heute noch weitgehend der Fall, ohne dass dies natürlich mit vergleichbarer grausamer totalitärer Konsequenz geschieht wie in den Systemen der roten und braunen Diktatoren.

Der Glaube an die Beglückung der Menschheit durch Hinführen aller oder der meisten zum Abitur ist auch heute verbreitet. Noch bis 1970, als die Kulturrevolution begonnen hatte, waren in Westdeutschland rund 70% eines schulpflichtigen Jahrganges Volksschüler. Heute sind es etwa zwischen 10 und 30% in Deutschland, die den Hauptschulabschluss anstreben. Tatsächlich ist heute fast ein ganzes Volk auf die akademische Laufbahn programmiert, wobei viele unterwegs zurückbleiben.

Internationale Vergleichsstudien zeigen trotzdem, dass die deutschen Schulleistungen, die früher als Weltspitze galten, wider Erwarten auf durchschnittliches bis unterdurchschnittliches Niveau gesunken sind. Wir klagen heute genau wie vor 30 Jahren über mangelnde Motivation und Frequenz in den mathematisch-naturwissenschaftlich-technischen Studiengängen und im Gegensatz zu den 60er Jahren über den enormen Studenten-Überschuss in den geistes- und sozialwissenschaftlichen Studienfächern. Viele meinen, die letzteren seien zu *„Laberfächern"* heruntergekommen.

Das pädagogische Ideal der Reformpädagogik seit etwa 1900 dagegen, das nach dem HITLER-Regime in den 50er Jahren neu wirksam wurde, gebot es, dem jungen Menschen die Initiative zu lassen, zu sich selbst zu kommen über die selbsttätige Erfahrung der Welt unter zurückhaltender Anleitung des Erziehers. Die Erfahrung der Welt sollte direkt erfolgen. Der Erzieher sollte sich nicht zwischen die jungen Menschen und die Welt stellen, um ihm die Welt zu „erklären". Vielmehr sollte er sich hinter den jungen Menschen stellen und ihn darin unterstützen und ermutigen, sich selbst mit der Welt auseinanderzusetzen (unter angeleiteter Vermeidung und Erkenntnis der schlimmsten Gefahren).

Dieses Ideal wurde in den 60er Jahren abgelöst durch die Utopie des Programmierens. Die sprunghafte Entwicklung der Technik kam der pädagogischen Programmierungsdoktrin sehr entgegen. Man erfand die „Lernmaschine" und den „programmierten Unterricht", einige wollten damit den Lehrer überflüssig machen und das Lernen wie auf Schienen garantiert zum Ziel führen, eine Extrem-Parole lautete: Taschenrechner statt Kopfrechnen. Aber die Erfahrungen waren ernüchternd.

Durch die Möglichkeit elektronischer Datenverarbeitung (EDV) ist jetzt eine umwälzende Technik der Datenvermittlung, benannt mit dem irreführenden Wort Information, entstanden (Informationstechnologie = IT). Information als reine wertneutrale Datenvermittlung ist etwas anderes als das Wort ursprünglich bedeutete, nämlich: Vorstellung; Bildung, Unterrichtung (lateinisch: informatio). Über die Technik elektronisch ermöglichter Datenvermittlung und die dadurch eröffneten neuen Horizonte gesellschaftlicher Einflussmöglichkeiten müssen wir nachdenken, wenn wir die Folgen virtueller Programmierung ermessen wollen.

Elektronisch ermöglichte Datenvermittlung

Ich formuliere hierzu einige Thesen, beginnend bei unserer gesellschaftlich-politischen Grundverfassung.

1. Thesen über die Gefahr des Pluralismus

Der Pluralismus als Basisideologie unserer gegenwärtigen Gesellschaft in den westlichen hochentwickelten Industrieländern ist in Gefahr, in der Realität zu relativistischer Beliebigkeit und im egoistischen oder gruppenegoistischen Machtstreben zur Maß- und Rücksichtslosigkeit zu verkommen. Jedoch streng genommen ist der Pluralismus als Prinzipienrahmen nichts dergleichen. Er darf nicht verwechselt werden mit Relativismus und Ellbogenrecht. Im Gegenteil! Jedoch ist die pluralistische Freiheit ständig in dieser Gefahr. Sie ist stark anfällig für den Missbrauch, so dass Freiheit zu Grenzenlosigkeit und Willkür wird. Pluralistische Toleranz wird dann von Menschen mit Ellbogenmentalität, zum Beispiel von einem Raubtierkapitalismus, von doktrinären und intoleranten Rechthabern, Parteien, Religionsgemeinschaften oder Gruppen lediglich benutzt zur Selbstverabsolutierung, um diese Toleranz damit zu zerstören. So viel zu den allgemeinen Voraussetzungen unserer Art zu leben. Für unser Thema speziell wichtig sind, darauf aufbauend, die nächsten Thesen.

2. These: Elektronisch ermöglichte Datenvermittlung in Massenmedien gestattet den mühelosen Genuss des Zaubers virtueller Welten

Als Folge elektronisch ermöglichter Datenvermittlungstechniken sind in den letzten Jahren die Möglichkeiten, virtuelle Welten, virtuelle Lebewesen und Handlungen in Bilder und Filme zu zaubern, ins Ungemessene gestiegen. Ferner erlaubt es diese neue Technik, solche Bilder und Filme in Massenmedien weltweit unter Konsumenten zu verbreiten (und oft gigantische Quoten von Rezipienten in Stichproben zu messen). Wir können atemberaubende, scheinbar beliebige virtuelle Weltmöglichkeiten wahrnehmen – im Sessel. Warum sollen wir noch die Anstrengungen der realen Welt auf uns nehmen?

3. Thesen von der Möglichkeit diabolischer Berauschung durch virtuelle Welten und dem Weg zum Selbst, zum eigenen Mut-Zentrum

Virtuelle Welten können

- den Zweck haben, reale Welten abzubilden und damit Hinweis sein auf die jeweils abgebildete Welt selbst. Sie können aber auch
- Selbstzweck sein, das heißt in Spiel und Kunst eine höhere Welt in der Phantasie aufscheinen lassen und den Menschen ideal verwandeln und erheben, wie SCHILLER es sah.[4] Sie können jedoch schließlich
- reale Welten scheinbar hinzaubern und vortäuschen – eine neue Form der Magie, gefährlich an der Grenze zum real Unmöglichen, bloß Träumbaren, ja über diese Grenze hinaus jonglierend, so dass man unmerklich entrückt,

---

[4] FRIEDRICH SCHILLER: Briefe „Über die ästhetische Erziehung des Menschen", 27. Brief

ver-rückt wird und sich derart berauscht oder berauschen lässt – ein Vorgang, der wie jeder Rausch den Reiz zur Sucht enthalten kann. Gegenüber dieser neuen Art von Traumfabriken erscheint die alte Kino-"Traumfabrik" im Stil von Hollywood als hoffnungslos harmlos, naiv und zurückgeblieben. Die neue Rausch-Wirkung mit dem Keim zur Sucht kann besonders leicht bei Kindern erzielt werden und von dort in die Jugend- und Erwachsenenphasen hineinwirken. Hier geht es dem Thema gemäß nicht um die in Fernsehen und Film durchaus mögliche und möglicherweise wertvolle Virtualität der ersten und zweiten Version, also Abbildung oder Spiel und Kunst. Wir befassen uns vielmehr mit der für Programmierung von Menschengehirnen prädestiniert scheinenden dritten Version, die der virtuellen Welt mit strukturell zugehöriger Berauschungs- und Suchtwirkungsmöglichkeit.

These 3.1:
Rausch – Verlust des Realitätssinnes – Diabolik – Verlust des Selbst

Wir kennen heute in der Unterhaltungsindustrie die krassen virtuell vermittelten Grausamkeiten, Blutrausch, Perversitäten, welche bei Jugendlichen den Verlust des Realitätssinnes bei gewissen Gelegenheiten offenkundig werden lassen und in Einzelfällen zu erklärten Mustern wurden, nach denen Verbrechen, grausame Morde geschahen.

Doch unreflektiert und oberflächlich wäre es, das ist der Hintergrund der dritten These, wollten wir in solchen abartigen Exzessen von Film, Video und Cyberspace die Hauptgefahr sehen. Unsere Wachsamkeit müssen wir vielmehr früher konzentrieren auf jenes raffinierte Jonglieren an der Grenze, wodurch man vom Harmlosen über das scheinbar Harmlose unmerklich hinübergleitet ins Grenzenlose, Maßlose: Stück für Stück, Schritt für Schritt. Man spricht von *„kalkulierter Grenzüberschreitung der Medien"* und blendet die damit verbundenen emotionalen Abgründe aus.

Man verhöhnte in den 70er Jahren jedes Tabu und predigte „sexuelle Befreiung", indem man Takt, Zurückhaltung und christliche Tradition pauschal kurzerhand in dieselbe Schublade mit deren Verfehlungen, mit „Verklemmtheit" und Unterdrückung schob. Verharmlosung der Übertretung und Verleumdung von Grenzbewusstsein ist die Methode aller Demagogen, die Methode des diábolos, des Teufels, des Verführers. Seine Virtuosität ist es, den Menschen unmerklich hinübergleiten zu lassen ins Grenzenlose, Maßlose, absolut Perverse, ihn zu täuschen, als ob die Grenze noch nicht überschritten sei, als ob das nicht mehr ganz Harmlose noch harmlos sei, ihn die anfangs noch geahnten Gefahren, ihm sein Zögern, Innehalten und Nachdenkenwollen auszureden und es ablenkend zu überspielen, ihn derart leichtsinnig werden, ihn alle eigenen Bedenken ausschlagen zu lassen, ihn damit zum Spielball und willfährigen Opfer der Verführung zu machen, in den Sog abgründiger Erfahrung und Handlung hineintaumeln, die Lust des Verbotenen kosten und auskosten zu lassen.

Der Kern dieses Prozesses ist die Ausschaltung des Denkens, des Abwägens und Prüfens des Menschen aus seinem eigenen Innersten heraus, damit das Ablenken des Menschen von seinen Grundsätzen und Lebensprinzipien, so dass er seine Grundhaltung aufgibt und seine Grund-Orientierung verliert. Das Verführen eines Opfers geschieht immer, ob es vom verführenden Subjekt gewollt oder ob es ungewollt nur als Effekt erzielt wird, auf der Ebene des Unbewussten.

Die Bewusstseinsebene des Opfers wird dabei immer unterlaufen. Unterschwelliges Einwirken ist der eigentliche Trick alles Verführens. Wird die Bewusstseinsebene angesprochen, so nur mit sophistischen Überredungskünsten, mit rabulistischen Scheinargumenten – je feiner und klüger, desto gefährlicher – um konsequentes Denken vorzutäuschen und von denkend besonnener eigener Bemühung abzulenken, das Bewusstsein auszuschalten und Affekte zu wecken, Affizierbarkeit, Beeinflussbarkeit zu bewirken. Hauptziel der Verführung ist es, den Menschen von sich selbst wegzuführen, ihn unter die Schwelle seines Bewusstseins zu locken, vollkommen sorglos zu machen, in Sicherheit zu wiegen. Wichtig ist es für den Verführer, den Eindruck zu verstärken, alles ginge vollkommen mit rechten Dingen zu, es sei alles bereits geprüft, man brauche sich also keine Sorgen zu machen und könne sich vertrauensvoll den Vorgängen blindlings überlassen, die einem in lichten Momenten nicht ganz geheuer vorkommen.

These 3.2:
Fremdbestimmung und Täuschung – Selbstbestimmung im Verhalten und in der Einstellung (Standpunkt)

Zum Verlieren seiner selbst, zur Selbstzerstörung, zum Verbrechen lässt sich der junge, bildsame Mensch wohl eher manipulieren, programmieren, fremdbestimmen, wenn man ihn in einer dafür günstigen Lebensphase erwischt. Humanität jedoch lässt sich nicht programmieren, nicht fremdbestimmen. Zur Humanität ist es notwendig, dass, oft über viele Irrungen und Wirrungen hinweg, letztlich ein doch unbeirrbarer eigener Wille und ein unbeirrbares eigenes Bemühen um Nächstenliebe, Selbstachtung und Achtung der Würde anderer entwickelt wird.

Das fremdbestimmende Täuschen besteht darin, dass empirische Daten, also das äußere Verhalten und die wahrnehmbaren Worte etwas anderes glauben machen als das verborgene, das nicht nach außen tretende Gewollte, das eigentliche Motiv des Täuschenden, womit er wirkt. Der blind Glaubende meint dann, sich auf das nur äußerlich Vorgetäuschte als das Wahre hin selbst prüfend auszurichten und sein Handeln dem Prüfungsergebnis gemäß selbst bestimmen zu können, wird aber in Wirklichkeit hinters Licht geführt. Er wird manipuliert.

Wichtig ist dabei der Unterschied von Innen und Außen, dem eigentlichen und dem vermeintlichen Selbst. Ohne ein inneres wahres, Richtung gebendes höheres Selbst anzunehmen, gibt es keine Täuschung gegenüber dem irrenden empirischen Ich, das sich täuschen lässt und jenes Selbst beschwichtigt. Ohne die Zweiheit, die Dualität seiner Person, könnte der Mensch nicht irgendwann sagen: „Ich habe mich getäuscht" oder „täuschen lassen". Wollen wir das Phänomen Täuschung verstehen, so setzen wir diese Dualität voraus.

Nun sehen wir die Selbstbestimmung in Denken und Wollen heute allgemein als notwendige Bedingung zum Humanwerden an. Sie ist aber nicht hinreichende Bedingung, wenn darunter die bloß operationalisierbare, durch Test oder Experiment empirisch nachweisbare Selbstlenkung der Verhaltensweise durch den Sich-Verhaltenden verstanden wird. Dieses bloße Verhalten kann auf der human-ethischen Ebene täuschen. Es kann dem sich Verhaltenden selbst und anderen das Humanseinwollen, das Humansein aus eigenem Willen äußerlich vortäuschen. Harmloses Beispiel: Der Schüler täuscht Aufmerksamkeit vor.

Jedoch kommt es darauf an, die innersten Motive auf Humanität hin zu bündeln, die eigene Einstellung und Grund-Haltung, den eigenen Standpunkt denkend zu prüfen, ob das Handeln daraufhin ausgerichtet ist, und es entsprechend zu korrigieren. Das geht bekanntlich nicht so einfach wie das Einmaleins, sondern darin vereinigt sich denkende Konsequenz mit einem unbeirrbar wie nach einem Kompass gesteuerten in sich Hineinhorchen, dem Gewissen.

These 3.3:
Gewissen – Gemüt (Mut-Zentrum)

EDUARD SPRANGER nennt das Gewissen den *„inneren Regulator"*, wonach sich Denken und Tun zu richten haben.[5] Im Bereich des Gewissens, das heißt zwischen der inneren Motivschicht, dem Denken und dem äußeren Handeln, gibt es viel Selbsttäuschung und Selbstbeschwichtigung, da ist es ungeheuer schwer, den Kompass festzuhalten, der die Richtung des höheren Selbst in uns zeigt, wonach wir uns regulieren.

Idealismus verkennt oft den mitbeteiligten Realismus. Das Nichterreichen, das Zurückbleiben (hinter dem eigenen Selbst), führt bei weltfernem Perfektionismus zum Missmut. Man verkennt die Unerreichbarkeit des Ideals und meint kurzschlüssig und herablassend, man solle doch auf ein weltfernes Ideal verzichten und *„auf dem Boden bleiben"*. Die Normativität des Faktischen führt aber bekanntlich zur Faulheit. Scheitern wir einmal in der Welt, wo können wir **Zentrum und Quelle des Mutes** finden, wenn nicht in unserem Selbst? Dieses Ge-müt ist die aktive Kehrseite des Gewissens. Der Mut zum immer neuen Aufschwung und entschiedenen Festhalten am Regulator und inneren Kompass (Gewissen), den wir ja haben, scheint praktisch unverzichtbar, wie theoretisch angenommen und vorausgesetzt, auch und gerade dann, wenn wir nicht genug daran festhalten, danebengreifen, uns etwas vormachen oder zurückbleiben hinter den selbstgesetzten Zielen. Woher sonst kommt Richtung und Dynamik, wenn nicht vom ideal gesonnenen Selbst?

Zum Realismus gehört das Bewusstsein, dass das Letzte, Innerste stets unerreichbar ist, dass jedoch ohne darauf gerichtete Ideale, ohne dieses Zentrale nur vordergründige, disparate Ziele blieben und dem Leben das Sich-Aufrichten und Sich-Ausrichten, kurz: Mut und Standhaftigkeit, Identität und Konsequenz, fehlen würden.

These 3.4:
Der Weg zum Mut-Zentrum

Wie erreicht der Mensch diesen standhaften Mut? PESTALOZZI meint in seiner Schrift „Die Abendstunde eines Einsiedlers" zu dieser anthropologisch-pädagogischen Kardinalfrage: durch *„Kenntnis seiner nähesten Verhältnisse und der ausgebildeten Behandlungsfähigkeit seiner nähesten Angelegenheiten"*.

Er nennt diese Sach-Kunde, ausgehend vom engsten Lebenskreis, auch *„Realkenntnis wirklicher Gegenstände"*, die erst zu *„vollendeter Sacherkenntnis"* führt. Anderenfalls, wenn die Menschen *„eher als ... durch Realkenntnis*

---

[5] EDUARD SPRANGER (1958): Der geborene Erzieher. Heidelberg, S. 64 u. 72-74

wirklicher Gegenstände ... sich in das tausendfache Gewirre von Wortlehren und Meinungen hineinwagen ...", ist das besonders für die Schule verderblich. *„Diese künstliche Bahn der Schule, die allenthalben die Ordnung der Worte ... vordrängt, bildet den Menschen zu künstlichem Schimmer, der den Mangel ... bedeckt (verdeckt), und Zeiten, wie unser Jahrhundert befriedigt."*[6]

Man meint, diese Worte von 1779/80 seien auch für das 20. Jahrhundert geschrieben und für den Beginn des 21. Die Virtualität wirrer und widerstreitender Wortlehren, Meinungen, Ideologien, die sich auch heute noch oft bei redseligen Lehrern zwischen die Kinder und deren Erfahrung der Welt drängt und Direkterfahrung verhindert, ist um eine gigantische Dimension technisch vermittelter und erzeugter Töne und Bilder erweitert worden.

Direkterfahrung also und damit *„Realkenntnis wirklicher Gegenstände"*, die zu *„vollendeter Sacherkenntnis"* führt, kann heute im großen Stil verhindert werden und wird bereits im großen Stil verstellt durch Datenübertragung auf Grund technischer, elektronischer so genannter Datenverarbeitung: Auf dem Bildschirm wird das vom Produzenten der Sendung gewollte Bild sichtbar. Es besteht aus elektronisch übertragenen Daten. Weil dies ein Massenprodukt werden konnte und geworden ist, besteht auch die Gefahr der Programmierung der Massen zu süchtigen Konsumenten der Produkte moderner elektronischer Traumfabriken. Demnach sollten wir uns die Bedeutung des Wortes „Datum" vergegenwärtigen und die virtuelle Art elektronischer Vermittlung dabei berücksichtigen.

4. These über den Begriff „Datum" (das Gegebene) und über den Geber

„Datum" heißt „das Gegebene"[7]. Zunächst denkt der Laie bei elektronischer Datenverarbeitung und -vermittlung (u.a. durch Übertragung) an die analoge Übertragung und Sendung von Nachrichten, Informationen im vordergründigen Sinn. Inzwischen gelingt es, auch Bilder und Filme eines tatsächlichen Geschehens durch das Fernsehen über große Entfernungen hinweg zu senden, audiovisuell wahrnehmbar zu machen. Doch erst mit der zukunftweisenden digitalen Technik gelang eine hohe Perfektionsstufe der Übertragung und der Satellitenübertragung.[8] Was und wie wird auf diese digitale Weise gesendet? Audiovisuell wahrnehmbare Ereignisse oder Aufzeichnungen, Sprache, stehende oder auch bewegte Bilder werden gleichsam mit einem Liniennetz überdeckt (Raster) und in Teile, das heißt hier in lauter örtlich und gegebenenfalls zeitlich bestimmbare „Rasterpunkte"[9] zerlegt. Daher gebrauche ich jetzt den Ausdruck

---

[6] JOHANN HEINRICH PESTALOZZI: „Die Abendstunde eines Einsiedlers" In: ders.: SW, Krit. Ausg., Bd. 1, S. 266f. (Klammerzusatz von W.H.)
[7] Lateinisch *dare* = geben.
[8]Im herkömmlichen Fernsehen und Hörfunk werden (ein-)g e g e b e n e Signale (z.B. Worte oder Melodien aber auch schon Morsezeichen) akustisch (Hörfunk) und audiovisuell (Fernsehen) „gesendet". Wir nennen sie „Daten". Sie werden technisch über Elektrizität so umgewandelt und verarbeitet, dass sie über große Entfernungen empfangen, weiterverarbeitet und wieder wahrnehmbar werden: analoge Datenverarbeitung. Man kann heute senden mit traditioneller (analoger) und digitaler Technik, über kreisförmig rundum („Rund-Funk") ausstrahlende elektromagnetische Wellen oder mittels (diese Strahlen „spiegelnder") Satelliten auch über die Erdkrümmung hinweg, an alle Stellen der Erde und in den Weltraum.
[9] siehe DUDEN(1991[20]): „Raster"

punktuelle Daten. Derartige Teile des (für uns) Ganzen, derartige „Daten" werden also in bestimmter (audiovisuell vorgegebener) Anordnung oder Zusammensetzung aufgenommen und in eine andere, einfachste Sprache mit den einzigen beiden „Buchstaben" 0 und 1 (binäres System, bi = zwei) übertragen, in die „digitale" Sprache. Sie werden umgesetzt, umgewandelt in digitale Daten, derart elektromagnetisch sendbar gemacht und ausgesandt und in geeigneten Empfangsgeräten wieder verarbeitet zu der vom Sender für den Empfänger gewünschten Zusammensetzung.

Als (punktuelle) Daten, die elektronisch verarbeitet werden, gelten also zunächst Teil-Gegebenheiten, das sind hier physikalische Phänomene, die sich durch elektromagnetische Wellen übertragen lassen und nachher wieder zurückübertragen werden in ein für den Empfänger vom Sender gewolltes wahrnehmbares Ganzes[10].

Durch digitale Technik kann (eher als durch analoge) alles Audiovisuelle vermittelt werden, das scheinbar oder wirklich, in realen oder irrealen Gegenständen und Vorgängen existiert, auch Traumbilder, Phantasiebilder und -geschehnisse und Computersimulationen, soweit sie derart audiovisuell wahrnehmbar gemacht werden. Somit kann über den Fernsehbildschirm und Hörfunk Realität abgebildet, gezeigt, aber auch im höchsten Maße vorgetäuscht werden.

Daran sollten wir mit unseren zweifelnden und prüfenden Fragen ansetzen. Daten können sinnlich wahrnehmbar wirklich Existierendes direkt durch unsere Sinne vermitteln im konkreten Gegenüber (Sinnesdaten). Oder sie können virtuell etwas nicht direkt Wahrnehmbares für unsere Sinne abbilden. Oder sie können wirklich existierende Kunst darstellen. Oder sie können nicht nur den „Schein" der Kunst (ästhetisch), sondern jede beliebige Art von audiovisuell umsetzbarer Phantasie und Realitätsvortäuschung vermitteln: ästhetische, widerliche, verabscheuungswürdige, unmenschliche, hinters Licht führende, verführende. Wir sollten also fragen, wer jeweils die Daten schafft. Wer gibt? Wer ist der Geber? Ein Nachrichten auswählender und formulierender Redakteur oder Reporter, der dies mit begleitendem Bild und Originalton illustriert? Ein Unterhaltungsfilmautor und -produzent, ein Fernsehproduzent, der eine Theateraufführung sendet, ein Kommentator, ein Fernsehproduzent, der eine angebliche technische Katastrophe scheinbar unmittelbar am Geschehen aufnimmt, in Wirklichkeit nur simuliert, sendet und so Panik und Sensation „zum Spaß" erzeugt, ein Horrorfilmproduzent, ein Kindermissbrauchs-Videoproduzent, ein Produzent von Videobändern mit brutalen, blutigen Menschenschlachtungsszenen? – Alle diese als „Geber" in Frage Kommenden haben wir hier mit den personellen, sächlichen und apparativen Zutaten für das Senden zusammengenommen und als „Sender" bezeichnet.

---

[10] Die Daten oder „Teile" sind Signale, wie beschrieben, die sich z.B. zur Rede oder Musik fügen, oder „punktuelle Daten", die digital verarbeitbar sind. Letztere sind zum Beispiel abgestufte Laute in bestimmter Anordnung und Reihenfolge oder/und abgestufte Grau- oder Farbpunkte, die sich zum bewegten oder unbewegten Bild fügen. Die Abstufung betrifft physikalische Wertigkeiten: laut-leise, Tonhöhe, schwarz-weiß, Farbigkeit usw.
Ausführliche Gespräche mit PROF. DR. WOLFGANG MERZENICH (Informatik) und PROF. DR. HANS WOJTKOWIAK (Elektrotechnik/Informatik), beide: Univ.-Gesamthochschule Siegen, halfen zur Präzisierung der Formulierungen. Dafür sei diesen Kollegen hier besonders gedankt.

Alle Daten sind für uns nur möglich durch das Gegebensein unserer Naturwelt, in die auf der Erde und im nahen Weltraum der Mensch inzwischen gestaltend oder verunstaltend eingreift (Kultur). Auch Daten unserer Seele (Gedanken, Träume, ...) können wir als solche nur kraft unserer leiblichen Ausstattung identifizieren und objektivieren. Wir sollten die Kette zurückverfolgen vom Datum, der Gegebenheit, zum Geber: dem Menschen oder den daran arbeitenden Menschen, den Ideen gebenden Menschen für eine Sendung bis hin zu der Quelle, die uns die Daten unseres äußeren und inneren Kosmos gibt. Wir Menschen können wiederum diese Daten verwerten: künstlerisch, handwerklich-technisch, wirtschaftlich, wissenschaftlich, im sozialen, im politischen Leben, in religiöser Andacht. Wer ist also der Geber? Gott? Die Natur? Also eine anonyme, nicht ansprechbare, vielleicht seelenlose und mechanistische oder sinnlos chaotisch „spielende" Instanz? Der Mensch? – Oder der Verführer zu jenem scheinbar völlig harmlosen Hinübergleiten?

Können wir Menschen wie PROMETHEUS beliebige Welten, virtuelle Welten, selbst „geben", unseresgleichen selbst be-gaben, und uns be-gaben lassen von unseresgleichen, ohne Schaden zu nehmen an unserer Seele?

Das Wort Datum (Gegebenes) in der elektronisch ermöglichten Datenvermittlung durch Massenmedien gelangt auf der Suche nach dem Geber in einen Zusammenhang mit dem Wort Be-gabung, der je nach Annahme über den Geber dermaßen unheimlich werden kann, dass dagegen die Begabungsprogrammierung der 60er und 70er Jahre im westdeutschen Schulsystem noch harmlos erscheint, als man meinte, alle normalen Schüler vor allem kognitiv be-gaben, unter Umständen mit programmiertem Unterricht beglücken, jedenfalls auf das Abitur und wissenschaftliche Studium hin be-gaben zu können.

Wie wir uns zu dieser Entwicklung stellen, das hängt ab von unserem Begriff von Datum, das heißt davon, wen oder was wir als Geber oder Quelle des Gegebenen annehmen.

Menschen können einander durchaus etwas geben. Sind die Gegenstände, die sie schenken, also Gegenstände materieller oder geistiger Art, aber nicht letztlich alle aus vorgegebenem stofflichen oder gedanklichen Material? Können Menschen aber auch die wesentlichen Daten unserer – vorgegebenen! – faktischen, realen Welt noch selbst geben, oder können sie nur dieses doch Gegebene, die Natur, verändern, sogar umkrempeln bis zur Unkenntlichkeit, bis zur Verkehrung, bis zur Perversität? Ja, ist nicht sogar alles Materielle und sinnlich Wahrnehmbare gegeben, wozu wir selbst gehören, letztlich entstanden aus einer großen kosmischen, ordnenden Planung, das heißt aus göttlichen Gedanken, Ideen des Höchsten, des einen Gebers? PLATON war dieser Überzeugung.

Und hier scheiden sich die Geister: Derer, die Gott spielen und den Menschen in einseitiger, bloßer S e l b s t b e s t i m m u n g zum Maß aller Dinge, somit die Welt zum gleichgültigen Material machen – und derer, welche die weltlichen und geistlichen Gaben als Geschenk und Begabung des Höchsten und als ihre individuelle B e s t i m m u n g u n d B e r u f u n g im Universum betrachten, als Pfund, das uns gegeben ist, um mit ihm zu wuchern, in Ehrfurcht und Bescheidenheit.

Es dürfte deutlich sein, auf welche Seite mein Gedankengang mit dieser vierten These hinzielt. Es dürfte auch klar sein, dass sich die Problematik erst zu höchster Schärfe zuspitzt, wenn wir an das Verständnis von Daten denken, die wir Kindern und Jugendlichen vermitteln. Erwachsene sollten gelernt haben, sich gegen

Übergriffe zu wehren, Jugendliche müssen es erst noch lernen. So ist es ganz und gar nicht gleichgültig, unter welchen Vorzeichen wir ihnen etwas geben, Daten vermitteln. Ob wir zum Beispiel nicht Bewährtes oder ob wir Bewährtes über-liefern, als Tradition[11] wie ein Vermächtnis, das neu und noch besser zu verstehen und sinnvoll zum Besseren hin weiterführend zu erfüllen ist – ob wir die Tradition unlebendig weiterführen oder willkürlich auslegen, verfälschen, Verfehltes mit technischer Perfektion vermitteln, folglich manipulieren und programmieren.

Den Kinder- und Jugendwelten verpflichtet: Tradition zwischen virtueller und Direkt-Erfahrung

Im Begriff Tradition steckt das Gegenteil vom Begriff programmierenden Begabens. Letzterer Begriff steht im Gegensatz zum herkömmlichen Begriff der durch Anlage und Umwelt bewirkten, letztlich gottgewirkten Begabung, die durch Menschen gefördert, vernachlässigt oder unterdrückt werden kann. Das Be-gaben mag gut gemeint gewesen sein, ist aber letztlich prometheische Gehirnprogrammierung im Sinne des Nürnberger Trichters. Dieses Hineinfüllen der Gaben des Geistes wie in einen leeren Behälter oder das Aufritzen (des Programms) auf die junge Seele wie auf eine Wachstafel trifft die ursprüngliche Bedeutung des Wortes Programm[12]: vorschreiben. Es heißt Selbstübernahme der Steuerungsfunktion durch den Programmierer, Fremdsteuerung des Inneren des Kindes oder Jugendlichen – letztlich programmierendes Steuern des menschlichen Geistes eines wehrlosen Kindes bis zur Gehirnwäsche.

Im scharfen Kontrast dazu ist Tra-dieren nur ein Über-Geben, Weiter-Geben, und der junge Mensch muss selbst entscheiden, was er daraus macht, muss selbst das Steuer ergreifen, kann das Überkommene aus eigener Kraft verarbeiten, sich einverleiben oder abstoßen.

Tradieren sollte also heißen – in kürzester Formulierung: Über-antworten eines Gutes von höherem Wert oder: die hergekommene, von uns Erwachsenen verantwortlich weitergeführte und gestaltete Kultur in die Verantwortung der jungen Generation überführen. In der Weitergabe dieses Gutes von idealem Gehalt sind wir den Kinder- und Jugendwelten verpflichtet.

Es wäre nun schön, wenn das so einfach wäre, sich zwischen hybridem Begaben und bescheidenem Tradieren in unserer Welt zu entscheiden. Denn was ist ideal und wert, weitergegeben und überantwortet zu werden, was gefährlich, irreführend, verderblich? Uns allen unterlaufen im Erziehenwollen zuweilen Fremdsteuerungstendenzen. Im Einzelnen würde ein großer Streit entbrennen, wenn wir Beispiele formulierten, Programmierer und allen voran Gehirnwäscher würden mitmischen, jeder würde den Akzent anders setzen. Wir müssen also Kriterien, Unterscheidungsmerkmale suchen, auf die wir uns einigen können.

Und so muss die zentrale These lauten: Alles Tradieren im weitesten Sinne, auch durch Programmierung und Virtualität, hat dem einen Ziel zu dienen: die Mitmenschen, vor allem die kommende, junge Generation, stark und kritisch zu machen für die direkte Auseinandersetzung mit der gegebenen, realen Welt und dabei Ehrfurcht und Bescheidenheit zu wecken vor der realen Welt – das heißt vor dem Gesetzeszusammenhang, mit anderen Worten vor dem idealen Sinn und

---

[11] tra-dieren = über-geben, von lat. *trans-dare*
[12] Griechisch: *pro-graphein* = vor(her)-(be)zeichnen, vor-schreiben.

Wert dieser realen Welt, dem wir verpflichtet sind, indem wir uns der Gegenwart (real) und der darin (ideal) versammelten Vergangenheit, zugleich aber der Zukunft (ideal) zuwenden.

Deswegen gilt es, diesen Gesetzeszusammenhang, den idealen Sinn und Wert unserer realen Welt zu erforschen und sym-bolisch darzustellen (nicht diabolisch zu verzerren).

Wir sind in dieses Gegebene, Reale unauflöslich verflochten. Seiner und unserer inneren Struktur, also dem Idealen, sind wir geistig verbunden – ahnend und denkend. Wir haben solches Ideale weiterzugeben. Dieses Innere zu verkörpern, ihm, der Welt, uns selbst anzuverwandeln in Wechselwirkung und Auseinandersetzung mit der Realität, ist folglich unsere individuelle Bestimmung – ich wähle hierfür mit PESTALOZZI das Wort *„Individualbestimmung"*: Weltbildung und Welterforschung werden somit zu Selbsterforschung und Selbstbildung des Menschen, der Menschheit, werden subjektive und objektive Kultur und Tradition.

Die Tradition entwickelt demnach gleichsam intensiv: Pädagogik, Wissenschaft, Religion – aber auch gleichsam extensiv: Kunst, Technik und Wirtschaft, Gesellschaft, Politik; insgesamt: die Kultur – wobei etwa Gebiete wie Pädagogik und Politik in einem höchst paradoxen, komplexen und heiklen Spannungsverhältnis zueinander stehen.

Etwas Virtuelles, das lässt sich nicht leugnen, steckt in allem menschlichen (kulturellen) Vermitteln, also auch im Tradieren. Mit dem Wort Welt ist das Innere des mannigfaltigen Realen schon als Einheit virtualisiert, idealisiert. Namentlich hinter allem Erziehen steckt die Vorstellung des schonenden Hinführens von Kindern in die volle Realität der Welt, und damit des partiell direkten Wirkenlassens der realen Welt (der Kultur- und Naturwelt) auf junge Menschen. Zugleich aber geschieht mit der schonenden, selektierenden Kulturwirkung auch die partielle Virtualisierung und symbolische Darstellung der realen Welt. Sonst wäre Erziehung überflüssig, der Säugling könnte ins eiskalte Wasser der Realität geworfen werden.

Im Gegensatz zur echten Erziehung bedeutet bloßes oder dominierendes Programmieren virtueller Welten und deren Weitergabe an junge Menschen, bevor sie ausreichend eigene direkte Realerfahrungen haben (Frühfernsehen), das Einprogrammieren eines von fremder Seite vorgegebenen Weltmodells ins Gehirn des Menschen. Es bedeutet Schwächung und Ausschaltung seiner Eigeninitiative. Der programmierte Mensch kann hier nicht sein eigenes Weltbild an der Realität entwickeln, sondern trägt das Weltbild des Programmierers mit sich herum. Er ist fremdbestimmt statt selbstbestimmt. Direkte Welterfahrung wird ihm verwehrt, führt also nicht zur Selbstbildung und selbsttätigen Weltbildung.

Weil sein Hirn vorurteilsgeladen und von Fremdwelten vorgeprägt und ideologisiert ist, kommt er nie zu eigener Direkterfahrung der Welt, wenn er nicht die virtuellen Einflüsse, die programmierende Fremdbestimmung abschüttelt und abwehrt. Wie aber kann der Mensch das, wenn ihm von vornherein die Direkterfahrung abgenommen wird, die immer mühevoll ist, weil sie die Anstrengung und Stellungnahme des eigenen Selbst fordert? Wenn er bequem im Sessel bleiben kann, auf sich einwirken lassen und sich sagen lassen kann, wo's langgeht?

Wer die Welt direkt erfährt, muss die eigenen Hände, Augen und Ohren, muss eigene Intuition und eigenes Denken einsetzen, muss sich einsetzen mit ganzem Herzen (Gemüt) und selbsttätig mit seiner Hand (direkt sinnlich wahrnehmend und handelnd) agieren, um dann erst, bei und nach der Wahrnehmung und Handlung, seinem eigenen Urteil, seinem Kopf (Denken) trauen zu können, um mit PESTALOZZI zu sprechen (Stanser Brief). Denn reale Erfahrungen haben auch reale Folgen am ganzen Menschen, am realen, am leibseelischen Menschen, nicht nur in seinem Gehirn. Mit Direkterfahrung der Realität lernt er gründlich denken kraft der *„Realkenntnis"* und *„Behandlungsfähigkeit"* seiner *„Angelegenheiten"* (siehe These 3.4).

Besinnung auf die pädagogische Notwendigkeit direkter Erfahrung

Prinzipielles

Eine unüberholbare Entdeckung ROUSSEAUs äußert sich in seinem Ruf: *„Zu den Sachen selbst!"* Wir sollen das Kind die Dinge direkt erfahren lassen, wie sie ihrem Wesen nach – das heißt nach ROUSSEAU: in ihrer *„Natur"* – sind, statt abgeschirmt bloß mit Worten und Bildern über die Dinge zu lehren. (Der damalige Naturbegriff darf nicht verkürzt werden.)

Erst PESTALOZZI hat aber aus dem Gegensatz zur bloßen Wort- und Schulbuch-Pädagogik eine konsequente Pädagogik gemacht: eine Pädagogik der realen Lebens-Kreise – *„der nächsten und ferneren Verhältnisse"* – die sich bis zur vollen Kulturrealität ausdehnen vom eigenen *„Standpunkt des Lebens"* des Kindes her.

Mütter, Väter, Erzieher, Lehrerinnen und Lehrer müssen im *„Gewirr"* einer schon damals unübersichtlichen Welt, frei nach PESTALOZZI, vom persönlichen *„Standpunkt"* des jeweiligen Kindes her denken lernen, dort stehen lernen, wo dieses Kind steht, es ver-stehen lernen, wenn sie ihm gerecht werden wollen. Sie müssen also im Sinne dessen zu denken suchen, wofür dieses Kind in seinem Leben bestimmt ist aus seinem Innersten heraus, von seinem *„Standpunkt"*, seiner *„Individualbestimmung"* her, wie PESTALOZZI sagt: *„Standpunkt des Lebens, Individualbestimmung des Menschen, ... in dir liegt die Kraft und die Ordnung ..., und jede Schulbildung, die nicht auf diese Grundlage der Menschenbildung gebauet ist, führt irre."*[13]

Spätestens hier ist nun, wissenschaftlich gesehen, ein Warnsignal aufzustellen. Alles Bisherige hört sich prinzipiell schön und überzeugend an. Man mag nun von Erzieherseite her sagen: Dass wir damit nie fertig werden, dass wir das Innerste des anderen Menschen nie erschöpfend verstehen werden, spricht nicht gegen die Pflicht, sich zu bemühen. Aber wie kann man vom Innersten des anderen Menschen her überhaupt denken? Eine unlösbare Aufgabe, könnte man einwenden! Führt sie den Erzieher nicht leicht zu reiner und willkürlicher wilder Spekulation? Wir müssen an dieser Stelle vom Prinzipiellen in den empirischen Bereich übertreten. Beim Gegensatz „Fremdbestimmung einerseits – vom Innersten des Anderen her erziehen andererseits" dürfen wir nicht stehen bleiben. Es gilt, die Bemühung um Verstehen und Anregen des Anderen von dessen

---

[13] JOHANN HEINRICH PESTALOZZI: a.a.O.

Innerstem her empirisch näher einzukreisen: zumindest durch Beispielphänomene, durch Erscheinungen mit exemplarischer Beweiskraft. Vor dieser harten Bewährungsprobe steht jeder Idealismus, wenn er realistisch werden soll, statt spekulativ und in der Praxis unverbindlich zu bleiben.

Empirisches, Phänomenanalyse – Schlussfolgerungen

Es ist zunächst daran zu erinnern, dass wir auch den bisherigen prinzipiellen Gedankengang jeweils empirisch verankert haben: Erstens an dem geschichtlichen Gegensatz zweier gigantischer weltanschaulich-politischer Programmiermanöver im 20. Jahrhundert, unter deren realen Folgen des Scheiterns wir und die Welt seit 1917 und 1933 leiden. Zweitens an den realen Folgen des Machbarkeitswahns auch in pluralistischen Systemen, wo man meinte, zum Lernen und Studieren begaben zu können in Weiterführung der Lerntheorien (der Konditionierung von Versuchstieren, Hunden, Tauben, Ratten, Affen).

Die empirisch feststellbaren Folgen: Überschätzung kognitiven Lernens und des akademischen Intellekts! – Zweijährige können eben nicht lesen lernen, Sechsjährige nicht (Mengen-)Mathematik, ohne vorher Rechnen, besonders Sachrechnen zu lernen. Weitere Folgen sind die Überfüllung der Hochschulen, Geringschätzung von Arbeitern und Handwerkern, von Realerfahrungen, von Volksschülern, Hauptschülern und deren Fähigkeiten, der Mangel an Facharbeitern im Berufsleben, Mangel an realitätsnahen Berufsvertretern, wie Computerfachleuten oder Ingenieuren, Überschuss an geistes- und sozialwissenschaftlichen Akademikern und so weiter.

Was aber hat die pädagogische Notwendigkeit der Direkterfahrung, der Realerfahrung, mit dem verstehenden erzieherischen Herankommen an den Standpunkt, an das Innerste des jungen Menschen, zu tun, mit dem Befreien dieses Menschen zu sich selbst?

Der empirische Teil, der Beispielteil für solche Phänomene, könnte eine ganze Geschichte der Erziehung sein von ihren Uranfängen an. Schon bei Naturvölkern kann man die Direkterfahrung eines Jungen beobachten, der sich etwa an einen Jagdbogenschnitzer im Urwald heranschleicht und ihm bei seiner kunstvollen Arbeit zusieht. In dem Moment, da der Mann seine Arbeit unterbricht, den Jungen selbst das dünne Holz betasten und biegen, real handelnd erfahren lässt, ihm den Ansatz des Messers zeigt und des Jungen Versuche mit knappen Erklärungen begleitet, wendet der Experte sich von und mit der Sache, an der ihm gelegen ist, „... zu einer Seele", an deren direkter Sacherfahrung und Fortkommen ihm auch gelegen ist.[14] Er versucht, sich in den jungen Menschen hineinzuversetzen und von ihm her die Sach-Aufgabe zu sehen (und zu lösen).

Hier beginnt die Erziehung und hört die bloße Handarbeit auf. Alle echte handwerkliche Kunst enthält schon dieses lehrhafte Erziehungsmoment: Sie wird direkt, im Vollzug überliefert, dem jungen Menschen überantwortet; der erste Schritt dahin hat bei dem Jungen begonnen, den wir beobachten, der bloße Bogenschnitzer gewinnt etwas vom Handwerksmeister, der Junge etwas vom Lehrling.

---

[14] Das Beispiel findet sich bei E. SPRANGER (1958): Der geborene Erzieher, Heidelberg, S. 14f. Hervorhebung von W. H.

Beim genauen Hinsehen zeigt sich von vornherein schon im erzieherischen Uranfang zweierlei: ein Realitäts- und ein Virtualitätsmoment: Zuerst beobachtet der Junge direkt reale Vorgänge, sieht zu, dann handelt er – aber nur halb real, nämlich unter Anleitung versuchend. Der Junge stellt kein Werk her, sondern macht erste Versuche in einer Realität, die durch den über ihn wachenden Erwachsenen abgeschirmt ist, also innerhalb eines Schonraumes. Bilder vom Jagdbogen, seiner Herstellung, dem Schnitzen, dem Gebrauch des Messers entstehen dabei im Kopf des Jungen. Worte des Experten lassen den Jungen nachdenken – all dies folgt zwar der realen, versuchenden angeleiteten Erkundung, schiebt sich aber vor die volle Realität des Bogenschnitzens. Zweifellos hat jede Erziehung etwas Virtuelles.

Was also ist hier, nach der direkten Beobachtung, beim Anfänger-Versuch des Schnitzens die Direkterfahrung? Antwort: die Handlungsseite. Was virtuelle Erfahrung? Der innere Reflex.

Die Übergabe des Holzes und des Messers, das Schneiden, das leicht ausrutschende Messer, darin die Gefahr des Fehlgriffs, des Misslingens, wenn das Messer anders schneidet, als ich es will, und die Verletzungsgefahr, aber auch das Gelingen: das gehört eher zur Direkterfahrung. Bilder, Begriffe, Gedanken und Worte des Meisters warnen, führen, loben, treffen dann das Innenleben des Schülers, sollen ermutigen und disziplinieren, lösen virtuelle Vorgänge in seinem Innern aus, sind somit nur Direkterfahrungs-Mittel, keine direkte Erfahrung selbst.

Virtuelle Erfahrung kann in diesem Zusammenhang nur als Mittel zur Bewährung in der Direkterfahrung sinnvoll werden. Die Hauptthese dieses Gedankengangs ist also: dass dieser Mittelcharakter das kennzeichnende Merkmal für zulässige, verantwortbare virtuelle Erfahrung ist (womit die Grenze verantwortbarer virtueller Erfahrung ebenfalls gezogen ist). Sieht ein Kind dagegen auf dem Bildschirm (passiv, virtuell) einen Mord in sehr drastischer, scheinbar realistischer Darstellung, ohne einen zum Abscheu führenden Kontext, so kann dies (muss nicht) anregen und die Lust wecken, die Szene (aktiv) selbst real zu probieren, sich also ähnlich zu verhalten, angeleitet vom Film, so wie der Junge im Urwald vom Experten angeleitet wurde.

Geht es so weit, liegt der virtuellen Erfahrung zum Beispiel nicht nur ein Kunstwerk (Selbstzweck) oder eine Abbildung (Medium, Mittel) mit verantwortetem Hinweis auf das abgebildete Reale zu Grunde, weckt sie unbewusst, und damit ungezügelt, Appetit zur Direkterfahrung nach dem Muster der virtuellen Erfahrung, so wird die gefährliche Grenze überschritten. Die virtuelle Film-Erfahrung bleibt nicht Selbstzweck (Kunst), sondern wird zur Ursache der Direkterfahrung gemacht. Virtuelle Erfahrung (abgesehen von kunstgemäß rezipierender) verliert ihren dienenden Charakter als Mittel, wenn sie (statt der Direkterfahrung des Tuns, etwa der Eltern) zur Ursache eigener mitahmender oder nachahmender realer Handlung wird, ohne dass Sinn und Wert dieser Erfahrung entweder in gesonderter Gewissensprüfung oder auf dem Weg in und durch die Realität gewissenhaft gesucht wird. Solches Weg-Suchen ist die Realität hinein von bloßer Mit- oder Nachahmung zu unterscheiden. Weg-Suchen ist immer versuchend im Sinne von wertprüfend (Gewissen), statt bloße Prüfung eines Funktionierens zu sein. Es geschieht möglicherweise mit dem Mut, aber auch der Vorsicht des Versuchens, das wenigstens die halbe Realität riskiert (wissenschaftlich reflektiertes Beispiel:

Laborversuche), um daraus für die volle Realität eine Bewährungsprobe zu machen. Die Bewährungsprobe ist hier aber nicht die des bloßen (naturwissenschaftlichen oder technischen) Experimentierens (im Laboratorium), nämlich daraufhin, ob es so wie gedacht funktioniert. Gilt die Bewährung dem bloßen Gelingen, so kann man auch ein Verbrechen proben. Es kommt also auf den Wert und Inhalt dessen an, was ich tun will. Damit erst wird die virtuelle Erfahrung Mittel zur vollen ethischen, praktischen Bewährung in der Direkterfahrung.

1. Virtuelle Erfahrung kann also entweder nur als Selbstzweck oder als Mittel zur Direkterfahrung sinnvoll werden. Sie ist damit aber noch nicht zwangsläufig sinnvoll, sondern erst dann, wenn sie

2. entweder als (in sich sinnvolle) Kunsterfahrung oder als Mittel der Suche von Sinn und Wert auf dem Weg in und durch die Realität dient.

So könnte eine ganze Geschichte der Erziehung, ja der menschlichen Entwicklung geschrieben werden, in der in einer sich komplizierenden, vor Direkterfahrung mehr und mehr sich schonenden Kultur, sich die virtuelle Erfahrung immer mehr vordrängt und die Direkterfahrung mehr und mehr schrumpft. Wir lassen uns fortbewegen, statt uns selbst zu bewegen. Manchmal kann man sagen: Wir lassen am Bildschirm leben, statt selbst zu leben. Wir stehen heute am Punkt der Entscheidung und sollten uns Beispiele vor Augen führen.

Die archaischen und biologisch erfassbaren Wurzeln des direkten leiblichen menschlichen Kontaktes mit der Welt bemerken wir neuerdings wieder bei der Geburt eines Kindes und ahnen ihre seelische Bedeutung. Bis in die 1950er und 60er Jahre hinein erhielt in der technisierten Welt die äußere Säuglingshygiene Vorrang vor dem Mutter-Kind-Kontakt. Das neugeborene Kind wurde in der Klinik von der Mutter getrennt und zuerst von der Hebamme gebadet und versorgt. Erst lange danach wurde der Mutter das Kind gebracht. So musste „*die junge Mutter noch ... warten*".[15] Die Folge war oft, dass das entfremdete Kind die Mutterbrust nicht mehr annahm, sich verweigerte und die Flasche bekam, die Mutter abstillen musste und unter Depressionen litt. Heute wissen wir, wie wichtig der Brutpflegeinstinkt der Mutter als Teil ihrer Liebe und wie wichtig die direkte leibliche Beziehung des Säuglings, positivistisch Hautkontakt genannt, zur Mutter ist für die Fähigkeit zum Urvertrauen.

Früher, als die Werkstatt des Vaters noch ihren sicheren Ort im Haus der Familie hatte und erst geheiratet wurde, wenn man selbst Werkstatt und Haus hatte oder Arbeit und Wohnung im Haus oder auf dem Anwesen des Meisters oder Herrn gefunden hatte, konnten die Kinder noch an der Arbeit beider Eltern teilnehmen und die Berufswelt und Strukturen der Kultur, die Sachwelt und die beteiligten Personen werk- und feiertags unmittelbar erfahren. Statt solcher Direkterfahrung von Sachen und Personen ist heute der Fernseher, wie es spöttisch heißt: Familienmitglied geworden, wenn nicht Familienersatz. Das Vorschul- und Schulkind konnte vor Jahrzehnten noch im Lebensmittelladen um die Ecke einkaufen und das Rechnen an konkreten Gegenständen, Lebenstätigkeiten und persönlichen Bezügen zu lernen beginnen.

Früher – und bis zur Mitte des 20. Jahrhunderts – waren die Wohnstraßen selbst in der Großstadt nicht nur für Kraft- und andere Fahrzeuge da, sondern in der

---

[15] Vgl. KNAURS GESUNDHEITS-LEXIKON (1954/55). München, Spalten 360f.

Regel auch Spielstraßen. Auch in der Stadt war gewöhnlich der Weg zu Wiese, Wald, Feld und den Abenteuern in der freien Natur für Kinder nicht weit. IMBKE BEHNKEN, MANUELA DU BOIS-REYMOND und JÜRGEN ZINNECKER haben eindrucksvolle biographische Untersuchungen zum Thema „*Stadtgeschichte als Kindheitsgeschichte*" vorgelegt, welche die Licht- und Schattenseiten deutschen und holländischen Stadtkinderlebens „*in den Jahrzehnten vor und nach 1900*" (seit etwa 1870) an „*Arbeiter- und Kleinbürgerkinder(n)*" vor Augen führen, und Ausblicke bieten auf den sozialen Wandel, die „*Zerstörung und Neukonstituierung der städtischen Alltagswelten im 20. Jahrhundert*", die „*Modernisierungskrise ... (etwa 1920 bis 1960)*" und die „*postindustrielle(n) Konsum- und Dienstleistungsgesellschaft (etwa seit 1960)*".[16]

Wir beginnen, die Gefahr der Vereinzelung der Kinder mit Fernsehen, Videos, Gameboy- und Computerspielen und Angeboten im Internet zu ahnen. Nicht nur hinsichtlich der psychologisch-soziologisch-pädagogisch gesehenen „*Welt des Kindes*"[17] auch medizinisch-psychologisch sind wir uns theoretisch dieser Gefahr der Entfremdung des Kindes bewusst, die darin droht, dass eine Fremdphantasie, dass synthetische und virtualisierende Ersatz-Handlungen und -Apparaturen für die direkte Berührung mit Personen und Sachen zwischen das Kind und die Welt geschoben werden, zwischen den Menschen, seine Phantasie, und seine „*nächsten*" (PESTALOZZI) Angehörigen und Verhältnisse.

EDUARD SPRANGER analysiert schon 1955: „*Im Zeitalter des Rundfunks, des Kinos, des Motorrades, der Werbe- und Propagandaflut werden die interessanten*

---

[16] IMBKE BEHNKEN, MANUELA DU BOIS-REYMOND, JÜRGEN ZINNECKER (1989): Stadtgeschichte als Kindheitsgeschichte. Opladen, u.a. S. 11f.
Einer von MARTHA und HANS HEINRICH MUCHOW vor allem verkörperten Tradition der Erforschung von Großstadtkindheit fühlt sich insbesondere JÜRGEN ZINNECKER verpflichtet in einem von ihm herausgegebenen Buch, worin er bei diesem von nationalsozialistischer Behinderung und Verunglimpfung aufs Schwerste betroffenen jüdischen Geschwisterpaar die konkreten empirischen Untersuchungen (im Sinne der von EDUARD SPRANGER begründeten Strukturpsychologie) zur Hamburger Welt des Großstadtkindes aufgreift, methodologisch wesentlich vertieft und mit eigenen stadtgeographisch-historischen Skizzen und Interviews Linien bis in die Gegenwart zieht: MARTHA MUCHOW, HANS-HEINRICH MUCHOW (1998): Der Lebensraum des Großstadtkindes. Hg. v. JÜRGEN ZINNECKER. (= Kindheiten, hg. v. IMBKE BEHNKEN und J. ZINNECKER, Bd. 12, vgl. überhaupt die Bände dieser 1991 begonnenen Reihe) Weinheim und München (enthält u.a. die Ausgabe 1978 eines von BRUNO SCHONIG und J. ZINNECKER mit biographi-schen und bibliographischen Teilen versehenen und hg. Reprints der Untersuchung der Geschwister MUCHOW (1935): „Der Ertrag der Hamburger Erziehungsbewegung". Hg. von J. GEBHARD und MARTIN RIEGEL, Hamburg). Vgl. ferner IMBKE BEHNKEN, JÜRGEN ZINNECKER (1987): „Vom Straßenkind zum verhäuslichten Kind. Zur Modernisierung städtischer Kindheit 1900-1980".
In: GERHARD HUFNAGEL u.a. (Hg.): Sowi (Sozialwissenschaftliche Informationen) H. 2, 16. Jg., S. 87-96; BEHNKEN und ZINNECKER sprechen von einem Rückgang „grobmotorische(r)" und einer Zunahme „feinmotorischer" Spiele und des „phantasmagorischen" Charakters der Spiele. Vielleicht meinen die Verfasser, was mir die Gefahr zu sein scheint: eine (of) die Entstehung eigener Kinderphantasie abtötende Fremdphantasie, daher meine Formulierung (siehe das Folgende im Haupttext): synthetische und virtualisierende Ersatz-Handlungen und -Apparaturen für die direkte Berührung mit Personen und Sachen werden zwischen das Kind, seine Phantasie, und die Welt, seine „*nächsten*" (PESTALOZZI) Angehörigen und Verhältnisse, geschoben.
[17] vgl. MUCHOW, ZINNECKER u.a., vgl. NEIL POSTMANs wiederholte Warnung vor blinder Einführung neuer Medien, so auch vor der Internet-Informationsschwemme kürzlich in Mainz (dpa/lrs Mainz vom 19.6.2000).

Eigenwelten auf einen Nenner gebracht, d.h. uniformiert und nivelliert. An die Stelle des alten Volkstümlichen ist etwas anderes getreten ... In irgendeiner Hinsicht ist ihm immer der Ersatzcharakter eigen: Filmbild statt des Theaters, Rundfunk statt lebendiger Rede, Motorrad statt Wandern, ... Kreuzworträtsel statt Meditation, Flirt statt Liebe usw. ... All jene Massengüter der Kultur haben mindestens die Nebenfunktion, als Berauschungsmittel zu dienen. Sie sollen den Menschen von sich selbst wegführen, nicht ihn zu sich hinführen".[18]

Die Direkterfahrung ist der galoppierenden Schwindsucht ausgesetzt nach Maßgabe rasanter, experimentell emporschießender Technikperfektionsbeschleunigung, ja angesichts von schwindelerregenden Perfektions-Sprüngen. Man vergisst leicht, dass die Technik Mittelcharakter hat, sie wird zur Bedürfnis-Erzeugerin, zu Ursache und Zweck, und wir geraten in eine Situation, wogegen die des Zauberlehrlings nur eine harmlose Spielerei ist.

Die Gefahr deutlich zu sehen, ohne in lähmenden Pessimismus zu verfallen, ist uns geboten.[19] Ökologische Erkenntnisse und Bestrebungen, Erkenntnisse und Bestrebungen der Kindheitsmedizin, -psychologie, -soziologie und -pädagogik geben Anlass zur Hoffnung. Kindsein und Erwachsensein sind nicht nur Phasen menschlichen Lebens, sondern in jedem Alter in eigener Dosierung anthropologisch wesensnotwendig.[20] Nicht nur das Leben im Schonraum, sondern zumindest ebenso sehr die Direkterfahrung ist ein kindliches und jugendliches Grundbedürfnis des Menschen. Ihm diese zu verstellen und in Virtualität aufzulösen, bedeutet einen Angriff auf die Kreativität, auf Kindlichkeit und Jugendlichkeit des Menschen. Das wiederentdeckte Urbedürfnis direkten leiblichen Kontaktes des Neugeborenen mit der Mutter mag ein Symbol dafür sein, dass der Mensch immer in der Direkterfahrung von Personen und Sachen Heimat sucht, eine Geborgenheit der Liebe in, hinter und über allen Menschen, Dingen und der Welt.

Zusammenfassung

Der Mensch soll, wie es unter anderem schon ROUSSEAU, PESTALOZZI und SPRANGER betont haben, seine ersten Erfahrungen an den Mitmenschen, den Kreaturen und Dingen dieser Welt (wenn auch in einem relativen Schonraum)

---

[18] EDUARD SPRANGER (1955 u. ö.): Der Eigengeist der Volksschule. Heidelberg, S. 58
[19] Das Ziel globaler Vernetzung, das heißt keiner direkten Zugänge mehr zu den Ressourcen von Energie und Information, macht globale technisch bedingte Katastrophen möglich oder wahrscheinlich.
Lt. dpa/lnw vom 7./8.4.2000 steigt nach STEFFEN FLIEGEL (Gesellschaft für Klinische Psychologie und Beratung in Münster) die Suchtgefahr durch *„Flucht aus der realen in die virtuelle Welt"* durch Internetzugriff mit der Folge: Isolation, Realitätsverlust, Unruhe, bis hin zur Schlaflosigkeit.
[20] Hierauf zielen u.a. (wohl auch eingedenk des CHRISTUSwortes: *„... werdet wie die Kinder ..."*) SCHLEIERMACHERs und SPRANGERs anthropologisch-pädagogische Forschungen; vgl. u.a. WOLFGANG HINRICHS (1962): „Schleiermachers Reden über die Religion". In: Päd. Arbeitsblätter. H. 4, Juni, 14. Jg., S. 145-168, bes. S. 149-155;
DERS. (1987): „Kultivierung der Kindlichkeit des Menschen ...". In: H. RETTER u. G. MEYER-WILLNER, Hg. (1987): Zur Kritik und Neuorientierung der Pädagogik im 20. Jahrhundert. Hildesheim, S. 88-101;
DERS. (1991): Heimatbindung, Heimatkunde, Ökologie im national. und europ. Kontext – Das Standortproblem .... Bonn, S. 11-18, S. 29-33

direkt machen, um die Welt und sich dabei in seiner Bestimmung im Kosmos (im christlichen Sinne kann man ergänzen: die Schöpfung und sich als Ebenbild des Schöpfers) erfahren zu können. Die Wörter direkt und Direkterfahrung werden zur genaueren Charakterisierung dieses Vorganges freilich erst vom Verfasser dieses Beitrages in den Mittelpunkt gestellt.

Die Kommunikation im virtuellen Bereich dagegen (Rundfunk als Hörfunk und Fernsehen, Videobänder, Computer, Internet, Cyberspace) vermittelt nur viel zu oft eine Fratze des Menschlichen und der Kreatur, statt Einblick in Schöpfung und Geschöpfe. Sie setzt besonders bei jungen Menschen an die Stelle sich bildender selbständiger menschlicher Wahrnehmungs-, Meinungs- und Urteilsfähigkeit die perspektivischen oder bewusst manipulierenden Wahrnehmungen, Meinungen und Urteile anderer, des Filmautors, des Moderators und so weiter. Statt zur Selbständigkeit erzogen zu werden, wird der Mensch dann nicht nur rational, sondern in seinen Tiefenschichten durch die unterschwellige Wirkung von Bildern und Vorbildern, Filmen, Reklame und Propaganda indoktriniert, wie es im 20. Jahrhundert zweimal im großen Stil in totalitären Systemen geschehen ist. Zwischen ihn und die Welt einerseits, ihn und sich, sein höheres Selbst, sein Gewissen und Gemüt andererseits (wodurch eine über das endliche und individuelle Leben hinauswirkende Instanz, Gott, als wirksam zu denken für uns nahe liegt) schieben sich Meinungsmacher und Gesinnungsmanipulatoren.

So wird tatsächlich oft früh das Gehirn programmiert. Hier ist, der Eindruck kann entstehen, tatsächlich bei gewissen Produkten der Massenmedien und Massenkommunikation der Verführer und Teufel am Werk, der ja oft auf leisen Sohlen, harmlos scheinend, kommt. Gerade für in der Erziehung Benachteiligte, deren Selbstständigkeit und Selbstbewusstsein nicht gestärkt ist, ist das höchst gefährlich. Liebevoll und realistisch erzogene und bestärkte Kinder können das eher verkraften.

Die Erfahrungsersatz-Funktion einer technisierten und virtualisierten Welt kann berauschend und entfremdend wirken. Die moderne, elektronisch ermöglichte Datenübertragung und -vermittlung ist uns zur Analyse und Prüfung aufgegeben auf den Begriff Datum hin, auf den Ursprung aller Daten, alles Gegebenen hin. Wer ist der Geber? Das sollte bei aller empirischen Forschung im Hintergrund Kardinalthema bleiben. Anknüpfend an PLATON, ROUSSEAU, PESTALOZZI und SPRANGER sollte in diesem Licht bei unserer besonderen Aufgabenstellung das Problembewusstsein hier ein Stück des Weges weitergeführt werden.

Professor Dr. Rudolf Seiß, Kiel

Die seelischen Strukturen unserer Beziehungsfähigkeit aus psychologischer und spiritueller Sicht

Korrespondenzadresse:

Ruhmerweg
24619 Rendswühren

Professor Dr. Rudolf Seiß, Kiel

geb. 1927

        Studium in Berlin, Göttingen, Kiel
1955   Diplomprüfung in Psychologie
        Anschließend Schulpraxis als Lehrer an Grund- und Hauptschulen
        Nach der 2. Lehramtsprüfung Fortsetzung der wissenschaftlichen Laufbahn
1958   Promotion mit einer Arbeit aus dem Bereich der vergleichenden Verhaltensforschung in den Fächern Psychologie, Zoologie und Psychiatrie
seit 1963   Dozent, später ordentlicher Professor an Wissenschaftlichen Hochschulen im Fach Psychologie
        Mitglied des Lehrkörpers und Direktor der Erziehungswissenschaftlichen Fakultät der Universität Kiel

Professor Seiß hat seine entscheidende wissenschaftliche Prägung durch die persönliche Begegnung mit dem Verhaltensforscher KONRAD LORENZ erfahren. Er war schon als Student am Lorenz-Institut in Buldern, später in Seewiesen. Seine Hauptarbeitsgebiete sind Entwicklungspsychologie, Tiefenpsychologie und vergleichende Verhaltensforschung.

Die seelischen Strukturen unserer Beziehungsfähigkeit aus psychologischer und spiritueller Sicht

Zusammenfassung Deutsch

Jeder Mensch sehnt sich nach wahrer Liebe und Freiheit. Voraussetzung dafür sind Urvertrauen, Treue und die Fähigkeit zum Verzicht. Gemäß dieser Wesensmerkmale gibt es Entwicklungsschritte in den ersten Lebensjahren, die ein Geschaffensein nach Gottes Bild gleichsam durchscheinen lassen.

Eine Folge dieser Entwicklungsschritte ist die Genese der Fähigkeit, verzichten zu können, um in innerer Freiheit im Kontext einer Vertrauensbeziehung Ja oder Nein zu sagen. Diese Freiheit ist nicht ein Recht auf Lust, nicht die Abwesenheit von Zwängen, sondern es ist die Fähigkeit, aus Liebe zum Nächsten verzichten zu können, und damit wirklich beziehungsfähig zu sein.

Wer zur Emanzipation erzieht, ohne die Bindung an Gott anzuerkennen, wirft den Menschen letztlich auf sich selbst zurück. Man wird auf diesem Wege nicht frei, weil keine umfassende Geborgenheit gegeben ist. Freiheit ist nicht ein Epiphänomen des Haben-Wollens; Freiheit hat etwas mit unserem Sein zu tun. Ohne Anerkennung einer geistlichen Bindung von Emanzipation zu reden, macht den Menschen nicht frei, weil ohne umfassende Geborgenheit ein Leben in Wahrheit nicht möglich ist. Und ohne Wahrsein kann es keine echte Freiheit geben.

Was der Mensch sät, wird er ernten. Das trifft für Eltern zu, die ihre Kinder falsch erzogen haben, und das gilt für eine Gesellschaft, die die Heranwachsenden mit der Lüge von Freiheit und „Recht auf Lust" um eine lebensnotwendige Geborgenheit und das Vertrauen in Dasein und Existenz betrogen hat. Die Pädagogen vor Ort stehen nun vor Schwierigkeiten, die ihnen ihre Schreibtischkollegen beschert haben. Vertrauen, Treue und Verzichtsfähigkeit sind notwendige und „Not-wendende" Elemente unserer Liebes- und Leistungsfähigkeit. Es sind die Grundstrukturen zu einem schöpfungsgemäßen Daseinsvollzug nach dem Bilde und dem Wesen Gottes.

Psychological and Spiritual Aspects of the Emotional Structures Needed to Form Healthy Relationships

Abstract   English

Every person longs for true love and freedom. The prerequisites are basic trust, faithfulness, and the ability to relinquish rights. There are developmental steps in the first years of life in these areas which point to the idea of humans being creating according to God's image.

A result of these developmental steps is the formation of the ability to give up one's claim to something in order to have the inner freedom to say yes or no within the context of a trust-relationship. This freedom is not the right to do what I want, nor the absence of constraints, but rather the ability to give up one's rights out of love for someone else, which then leads to the ability to have healthy relationships.

The one who emphasizes emancipation without a relationship to God throws man back upon himself. This is not freedom, because there is no underlying security. Freedom is not the accompanying phenomenon of wanting something; freedom has to do with who we are. To speak of emancipation without acknowledging a spiritual relationship does not lead to freedom, because without an underlying security, a life of truth is not possible. And without truth, there can be no real freedom.

Man harvests what he sows. This applies to parents who do not raise their children well, and it also applies to a society that has cheated young adults out of the vital necessity of security and a basic trust in their existence through the lie of freedom and the "right" to do what they want to. Educators in the classroom are now faced with the problems bestowed on them by the theoreticians at their desks. Trust, faithfulness, and the ability to surrender one's rights are elements of our ability of love and to achieve. They are the foundational structures for accomplishing an existence which conforms to the creation of people made in the image of God.

Jeder Mensch sehnt sich nach wahrer Liebe und Freiheit. Voraussetzung dafür sind Vertrauen, Treue und die Fähigkeit zum Verzicht. Am Beispiel eines Säuglings und Kleinkinds sehen wir, dass diese Eigenschaften noch vorhanden sind. Durch bestimmte Faktoren können diese leider beeinträchtigt werden oder gar verloren gehen. Gott sucht unsere Einwilligung zur Umkehr, damit wir zu dem werden, wozu wir geschaffen sind. Denn Vertrauen, Treue und Verzichtsfähigkeit sind Eigenschaften Gottes. Je mehr wir uns mit der Psychologie beschäftigen, um so mehr erkennen wir, dass wir nach dem Bild Gottes geschaffen sind. Vertrauen, Treue und Verzichtsfähigkeit sind notwendige und die Not wendende Elemente unserer Liebes- und Leistungsfähigkeit.

Das Wesen Gottes ist Liebe. In der Bibel steht: *„Gott ist Liebe, und wer in der Liebe bleibt, der bleibt in Gott"*[1]. Wie der Fisch geschaffen ist, um im Wasser zu leben, so ist der Mensch geschaffen, um in der Liebe zu leben. Wenn der Fisch aus dem Wasser kommt, gerät er in Not; wenn der Mensch den Raum der Liebe verlässt, kommt er ebenfalls in große Not, denn er lebt nicht mehr schöpfungsgemäß. Weil Gott Liebe ist, sucht er die Menschen. Wenn der Mensch auf das Suchen Gottes aber nicht eingeht oder ihn ganz verlässt, verliert er den ihm von Gott zugedachten Platz in der Schöpfung.

Solange der Mensch in der Gottesferne lebt, bleibt sein tiefstes Verlangen ungestillt. Er überlässt sich selbstgemachten Hoffnungen, Ideologien und Religionen und gerät dadurch in Abhängigkeiten von menschlichen Systemen. Dazu liefert die Menschheit eine Fülle negativer Beispiele auch aus der jüngsten Vergangenheit der europäischen Geschichte (Marxismus, Nazismus, Humanismus).

Mit dem Verlust der Fähigkeit zu selbstloser Liebe verliert der Mensch auch seine Freiheit. Freiheit und Liebe sind zwei Seiten ein und derselben Medaille. Basis dieser Freiheit ist eine angstfreie Geborgenheit.

Die frühkindliche Entwicklung lässt uns die Liebe Gottes zu jedem Menschen erkennen. Diese ihm zugedachte Freiheit wird deutlich in den Anfängen seines Daseins. Es sind Basisstrukturen, die bei unvoreingenommener Beobachtung das Wesen Gottes erkennen lassen.[2]

Die zentralen Bestimmungsstücke göttlichen Wesens sind:

- in sich selbst ruhende Konstanz – Urvertrauen als Basis – unveränderlich/ vertrauenswürdig: *„Ich werde sein, der ich sein werde."*[3]

---

[1] DIE BIBEL: 1.Johannes Kapitel 4 Vers 16
[2] DIE BIBEL: Römer Kapitel 1 Vers 20
[3] DIE BIBEL: Exodus Kapitel 3 Vers 14

- treu: „*Er ist von großer Treue.*"[4]
- hingebende Liebe – verzichtsfähig: „*Er sandte seinen Sohn als Opfer für unsere Sünden.*"[5]

Gemäß dieser Wesensmerkmale gibt es Entwicklungsschritte in den ersten Lebensjahren, die dieses Geschaffensein nach Gottes Bild gleichsam durchscheinen lassen:

Urvertrauen als Basis

Das Urvertrauen des neugeborenen Kindes ist sozusagen die instinktiv abgesicherte Konstante als Basis unserer Existenz. Der Säugling bildet eine Einheit mit der Mutter, ein biopsychisches System, das gegen Außenreize durch eine hohe Reizschwelle geschützt ist. Es gelangen nur solche Reize und Signale in das System, die lebensnotwendig sind. Und hierzu gehört unter anderem die Stimme der Mutter. Auf fremde Stimmen wird zunächst nicht oder nur unspezifisch reagiert. Der Säugling ist eine in sich selbst ruhende Einheit mit der Mutter. Dies ist das Fundament für alle Differenzierungsprozesse.

Im dritten Monat hebt sich aus den nun zunehmend wahrgenommenen Außenreizen ein sogenannter Schlüsselreiz heraus. Es ist das Gesicht eines Menschen von vorn, nach KONRAD LORENZ das „*Kumpanschema*". Jeder kennt die Wirkung dieses Schlüsselreizes: Wenn man einem anderen Menschen direkt und mit festem Blick in die Augen sieht (fixiert), entsteht sofort ein Gefühl von Spannung, weil eine Reaktion (Antwort) instinktiv gefordert wird. Der Säugling lächelt jedes von vorn dargebotene Gesicht eines Menschen an. Er tut das auch, wenn ihm nur eine Attrappe oder Maske vor Augen gehalten wird.[6] Hier gibt es optisch noch keine personal-individuelle Beziehung, es ist lediglich die Beziehung zwischen Artgenossen.

Es wird auch jede andere Person, die sich mit ihrem Gesicht dem Säugling zuwendet, von diesem angelächelt. Das ändert sich, wenn der Säugling auf ein Gesicht mit Lächeln reagiert und das Gegenüber nicht zurücklächelt. Da die leibliche Mutter (auch der Vater) in der Regel am häufigsten wiederlächelt, kommt es zur Differenzierung zwischen Mutter (beziehungsweise Vater) und anderen Menschen. Die Mutter (der Vater) wird zur Vorzugsgestalt im Wahrnehmungsumfeld des Säuglings. Anderen Menschen gegenüber kommt es zu dem bekannten Fremdeln (etwa im achten Lebensmonat). Nun wird durch zunehmende Umgangserfahrung der allgemeine positive Grundaffekt (das Kumpanschema) überlagert vom Individualschema (= persönliche Bekanntheit) von Mutter (Vater und anderen nahestehenden Personen).

Um diesen Prozess deutlich zu machen, möchte ich ein Beispiel von meiner Tochter Ina anführen, als diese eineinhalb Jahre alt war. Ich hatte meine Tochter ein halbes Jahr lang nicht gesehen. Meine Familie war bei Bekannten in Italien. Ich bat die Familie, die Tochter über mein Kommen nicht zu informieren und auch dafür zu sorgen, dass ich ihr allein begegnete. Ich kam die Treppe herauf in die Wohndiele der Familie. Dort spielte Ina mit verschiedenen Spielsachen. Sie

---

[4] DIE BIBEL: Exodus Kapitel 34 Vers 6
[5] DIE BIBEL: 1.Johannes Kapitel 4 Vers 10
[6] RENÉ A. SPITZ (1960^2) Die Entstehung der ersten Objektbeziehungen. Stuttgart

schaute auf und behielt mich beobachtend in der Peripherie ihres Gesichtsfeldes, dabei zeigte sie deutliche Verlegenheit. Als ich nichts sagte, wandte sie sich nach wenigen Sekunden ab, um weiterzuspielen. Erst als ich sie anrief, stutzte sie, sah mich direkt an und kam langsam auf mich zu. Ihre Spannung löste sich erst, nachdem ich sie auf den Arm genommen und erneut ihren Namen ausgerufen hatte. Mit Hüpfen gab sie ihrer großen Freude Ausdruck, und die Spannung löste sich.

Ich hatte bei meiner Tochter ganz den Eindruck, als klängen in ihr positive emotionale Affekte an, denen aber keine optischen (rationalen) Erinnerungsvorstellungen zugeordnet werden konnten. Diese Diskrepanz zwischen emotionaler Bekanntheit und rationaler Unbekanntheit bedingte jene innere Unsicherheit, deren Ausdruck ein Verlegensein war. Erst als ich sie anrief, wurde der positive Grundaffekt bestätigt, sie erkannte mich wieder. Das leuchtet ein, denn wir wissen, dass bei der Sprache die Kopplung zwischen Affekt und Wort-Klangbild stärker ist als die Kopplung zwischen Affekt und visuellem Eindruck (bekanntlich macht der Ton die Musik).

Das Urvertrauen geht primär über das Wort und nicht über den optischen Eindruck. Es steht deshalb in der Bibel als Anfang der persönlichen Gottesbeziehung: *„Ich habe dich bei deinem Namen gerufen, du bist mein."*[7]

Das Gesicht bleibt das ganze Leben lang das zentrale Signal zur Aufnahme einer Beziehung. Im freien Blick in die Augen des Anderen kommt es zu einer ersten unbewussten Einschätzung des Gegenübers vor allem in Hinsicht auf Macht und Vertrauen. Gott fordert den Menschen auf: *„Sucht mein Angesicht."*[8] Auch hier geht es um die Aufnahme einer Vertrauensbeziehung, die im Wort, das heißt im Gebet, ihre Vertiefung und ganz persönliche Ausprägung erfährt. Generell ist jede Entwicklung von Leben Anpassung an die konstanten Daseinsbedingungen. Für den Menschen ist es die Anpassung an die Wahrheit und Wirklichkeit Gottes. Das ist die geistliche Konstante für unsere menschliche Existenz.

Vergleichend genetisch ist die psychische Entwicklung ebenfalls Anpassung an die Konstanten der Umwelt. Erziehung ist ein Spezialfall von Entwicklung. Mithin ist Erziehung Anpassung an die sozio-ökologischen Konstanten des individuellen Lebensraumes.

Die Daseinsverankerung unserer Existenz weist zwei Dimensionen auf: die vertikale Einordnung und die horizontale Zuordnung.[9] Einordnung und Zuordnung sind im Doppelgebot der Liebe repräsentiert: *„Du sollst Gott lieben"* (Einordnung) *„und deinen Nächsten wie dich selbst"*[10] (Zuordnung).

Das Kind kann nur durch Vertrauen diese beiden Dimensionen erkennen und für sich selbst mit Leben füllen. Es ist nicht möglich, diese beiden Dimensionen voneinander zu trennen oder gar gegeneinander zu setzen. Nur wer eine lebendige Beziehung zu einem lebendigen, personalen Gott nicht kennt beziehungsweise anerkennt, ist genötigt, die vertikale Einordnung zu leugnen und Gott auf die Ebene der Zwischenmenschlichkeit zu reduzieren. Das bedeutet aber einen existenziellen Vertrauensverlust, der der Entwicklung einer angstfreien Selbststeuerung und Verantwortung entgegensteht und einer Ideologieanfälligkeit und

---

[7] DIE BIBEL: Jesaja Kapitel 43 Vers 1
[8] DIE BIBEL: Die Psalmen Kapitel 105 Vers 4
[9] R. SEIß (1986): Identität und Beziehung. Neuhausen-Stuttgart, S. 84
[10] DIE BIBEL: Lukas Kapitel 10 Vers 27

Manipulierbarkeit Vorschub leistet. Die Einordnungsfähigkeit wird überfordert und kann dann (ideologisch-diktatorisch) verfügt, veranlasst werden und muss mit Zuckerbrot und Peitsche aufrecht erhalten werden.

Die Entwicklung von Selbststeuerung und Verantwortung geht Hand in Hand mit der Entwicklung eines tragfähigen Vertrauens. Ist dieses nicht hinreichend vorhanden, wird diese Entwicklung gestört, sind die Folgen delinquentes Verhalten und anderes mehr. Selbststeuerung ist ohne ein Mindestmaß an Vertrauen zu sich selbst und zur Umwelt nicht möglich. Das Vertrauen zu sich selbst beruht auf einem Vertrauen zu Gott (Beantwortung der Sinnfrage) und einem Vertrauen zum Nächsten (personale Beziehungsfrage).

Autistische Kinder, die mit der Mutter nicht sprechen, sind entgegen landläufiger Meinung nicht ohne eine starke emotionale Beziehung zur Mutter. Wenn man sie gewaltsam von der Mutter entfernt, reagieren sie stark affektiv mit Schreien, Weinen, das heißt sie wehren sich gegen die Trennung. Wenn sie nicht sprechen, dann kann man sich das unter anderem so erklären, dass sie die Sprache als Angebot zu einer Distanzverständigung erleben, aber diese notwendige Distanz emotional nicht aufzubringen vermögen. Sie sprechen nicht, weil ihnen das Vertrauen fehlt, von sich aus auf das Angebot einzugehen und die nonverbale Nähe-Beziehung aufzugeben. Mit der Sprachverweigerung erzwingen sie sich den Verbleib auf der Ebene einer nonverbalen Nähe-Beziehung.

Geschaffen, um in einer Treuebeziehung zu leben

Bald kommt es zu einer ersten deutlichen Krise in der Entwicklung des Säuglings im Übergang zum Kleinkind. Das Urvertrauen erfährt eine erste Bewährungsprobe. Das Kleinkind überwindet die Hier-und-Jetzt-Befriedigung durch Wagnis eines flüchtigen Verzichtes auf Nähe. Und es festigt diese wichtige Erfahrung durch ein Spielchen, das alle Mütter kennen: Das Kleinkind versteckt sich hinter einem Türpfosten und sagt: „Kuckuck", um dann sofort wieder zu sehen, ob Mutter noch da ist. Was übt das Kind? Wenn es reflektieren und es uns sprachlich mitteilen könnte, würde es vielleicht sagen: „Wenn ich Mutter nicht sehe, ist sie dennoch meine Mutter, ist sie dennoch immer für mich da." Das ist die Erfahrung einer Treue-Beziehung.

Als Erwachsene kennen wir dieses Spiel auch, vielleicht für manche ein gewohntes „Ehespiel": Wir verstecken uns nicht hinter der Tür, aber wir sagen: „Ich kann dich nicht mehr sehen, nicht mehr ertragen." Dann mag Zeit vergehen, bis wir wieder hinter der Tür hervorkommen und fragen: „Hast du mich noch lieb; bist du noch da?"

Die von der jeweiligen Situation unabhängige Treue der Mutter (des Partners) ist eine wesentliche Voraussetzung für die Stabilität und Tragfähigkeit einer Beziehung. Aber dieser flüchtige Verzicht, das kurzfristige Wagnis der Distanz zur geliebten Person gelingt nur auf der Basis eines in der vorangehenden Entwicklung ausdifferenzierten Urvertrauens. Die Distanz zwischen zwei Menschen wird durch Vertrauen (Treue) überbrückt.

Geschaffen zur Verzichtsfähigkeit

Auch dieser entscheidende Schritt zu einer Treuebindung in der Primärbeziehung führt in eine Krise. Die Krise entsteht dadurch, dass die geliebte Mutter, deren

Treue sich bewährt hat, nun zu den Impulsen des Kinder plötzlich verbietend „Nein" sagt. Nur in der Bewältigung des „Nein" von Seiten der Mutter gewinnt das Kind sein „Ja". Und damit nicht nur Autonomie, sondern auch seine Freiheit. Gott schuf den Menschen mit der Fähigkeit, verzichten zu können, um in innerer Freiheit Ja oder Nein sagen zu können.

Die Entwicklung von Nein und Ja erfolgt in deutlich erkennbaren Schritten:

1. Schritt: Das Kleinkind reagiert auf das Nein als Geste oder Wort der Mutter, beziehungsweise einer entsprechenden Bezugsperson, zunächst rein funktional mit einem Zurückweichen. Es reagiert gleichsam von außen. Das Nein ist nur ein Umweltsignal, wie beispielsweise eine rote Ampel. Das Kind reagiert je nach dem Kräfteverhältnis mit Nachgeben oder Widerstand. Das ist die Ebene einer unpersönlichen Dressur. Hier vermag die lerntheoretische Konzeption von Konditionierung und operantem Lernen noch voll zu greifen.

   Die kleinen Kinder lernen die Signalbedeutung von Wort und Geste Nein. In vielen kleinen Spielchen sagen sie auf der Ebene von Imitation Nein und tun trotzdem, was sie wollen. Zum Beispiel macht der kleine Sohn den Kühlschrank auf, schüttelt den Kopf, sagt zu sich selbst: „Nein, darfst du nicht", und macht den Kühlschrank wieder zu, um ihn gleich wieder zu öffnen und das Spiel wiederholt sich. In dem Maße, wie das Kind nun diese Signalbedeutung lernt und der Mutter das Spielchen allmählich zuviel wird, begreift das Kind, dass es sich bei dem Nein ernsthaft um die Beschränkung seiner Impulse handelt. Daraus entwickelt sich dann der

2. Schritt: Wenn eine gute Beziehung zur Mutter oder zu einer adäquaten Bezugsperson besteht, die so belastbar ist, dass das Nein der Kinder geduldig getragen werden kann, wird das Nein einen Bedeutungswandel erfahren. Es bedeutet dann nicht nur Impuls-Stopp „rote Ampel" und Frustration, sondern es bedeutet auch Trennung, Distanz zu einer geliebten Person. Die funktionale Bedeutung des Neins wird erweitert durch eine personale Bedeutung im Sinne von „Du bedrängst, verletzt mich." Das führt zum

3. Schritt. Der dritte Schritt in der Entwicklung von Nein und Ja beginnt mit der Bewusstwerdung einer Dilemmasituation: der Ambivalenz zwischen Impulsdurchsetzung und Inkaufnahme der Trennung von der Mutter einerseits und Autonomie-Verlust, Frustration und dafür Ungetrenntsein von der Mutter andererseits. Das Kind bewältigt diese zwiespältige Situation nun nicht, indem es zwischen diesen beiden Alternativen zu wählen versucht, sondern es probiert eine neue Möglichkeit. Und das ist der

4. Schritt. Das Kind wagt zu vertrauen und sagt gleichsam probeweise zu sich selbst „Nein". Es wagt das Nein zu sich selbst, das heißt den Verzicht auf dem Hintergrund einer guten Beziehung zur Mutter. Wenn die Beziehung zur Mutter nicht gut ist, wird das Kind gar keine innere Motivation haben, diese neue Möglichkeit zu probieren; ja, es sieht sie offensichtlich gar nicht, sondern bleibt auf der funktionalen Dressurebene. Bei einer guten Mutter-Kind-Beziehung erfährt das verzichtende Kind, dass die innere Übereinstimmung mit dem Willen der Mutter vergleichsweise wertvoller ist als die Durchsetzung des eigenen Impulses.

5. Schritt: Nun ahmt das Kind das Nein der Mutter nicht nur äußerlich nach, sondern verinnerlicht das Nein der Mutter und macht es zu seinem eigenen Nein. Es erlebt sich mit der Mutter eins, und es erlebt so eine Vertiefung der Beziehung. Aus Liebe zur Mutter vermag es zu verzichten. Damit identifiziert sich das Kind mit der Mutter, und der abgebremste Impuls zur Autonomie wird sozusagen im höheren Interesse gegen diese verwendet. Dadurch gewinnt das Kind die Freiheitsgrade der Selbststeuerung. R. A. SPITZ[11] nennt deshalb das Nein den ersten abstrakten Begriff. Damit wird die schon vorbewusst vorhandene Differenzierung von innen versus außen dem Kind bewusst erlebbar; und hier liegt die Basiserfahrung zu einer später auftretenden Stellung nehmenden Reflexionsfähigkeit.

Durch das Nein des freiwilligen Verzichtes entsteht eine höhere Qualität der Beziehung, eine Beziehung, die prinzipiell reflektierbar ist. Das ist nicht mehr die funktionale Ebene von Lohn und Strafe, wo die Mutter das Nein-Sagen oder Ja-Sagen durch Konditionierung herbeiführt, sondern das ist die Ebene personaler Freiwilligkeit, auf der zur Beziehung Stellung genommen werden kann, das heißt, wo das Bezogensein die Qualität eines Vertrages, eines gegenseitigen Interessenausgleiches bekommt. Die Beziehung wird dann sozusagen „vertraglich" geregelt, man verträgt sich miteinander.

Nicht mehr die äußere Belohnung steuert das Verhalten, sondern die qualitative Aufwertung der inneren Beziehung in Gestalt eines Vertrauenszuwachses bestimmt die wechselseitige Regulation. Der Vertrauenszuwachs ermöglicht einen Verzicht ohne Liebesverlustängste.

Durch das vom Behaviorismus propagierte System von Lohn und Strafe wird diese Entwicklung gestört. Das Kind bleibt außenorientiert, auf Gaben fixiert und erfährt nicht, oder nur verzögert und unvollständig, die Entwicklung einer tragfähigen Beziehung des Vertrauens mit der Qualität von Selbstverständlichkeit. Die Beziehung bleibt reduziert auf die Ebene einer einforderbaren Zuwendung.

Mit der Genese von Nein und Ja im Kontext einer Beziehung des Vertrauens zur Mutter, beziehungsweise einer entsprechenden Ersatzperson, wird der konditionstheoretische Ansatz im behavioristischen Paradigma an die Grenze seiner Darstellungsmöglichkeiten hinsichtlich dieses Entwicklungsschrittes geführt. Die Beziehungsaufwertung ist ein innerer Vorgang, der sich einer objektivierenden, operationalisierenden Abbildung/Darstellung entzieht, weil hier nicht durch äußere Gaben belohnt wird, sondern durch eine qualitative, innere Veränderung der erlebten Beziehung. Dieser personalidentifikatorische Ansatz macht deutlich, dass die Beziehung wichtiger ist als die Gabe. So wie auch die Liebe steht als die Erkenntnis. Das Kind sucht nicht nach Gaben, nicht nach Belohnung, nicht nach Befriedigung, sondern letztlich nach Beziehung, personaler Bestätigung und Befriedung (Geborgenheit), und das ist mehr als Befriedigung auf der Ebene von Lust versus Unlust.

Ist der positive Aspekt einer guten Mutter-Kind-Beziehung nicht gegeben, kann das probeweise Vertrauen auch nicht bestätigt werden, oder es wird erst gar nicht gewagt. Die Weiterentwicklung der Beziehung verkümmert, die Beziehung

---

[11] RENÉ A. SPITZ (1964²): Nein und ja. Die Ursprünge der menschlichen Kommunikation. Stuttgart

retardiert und bleibt stehen auf der Dressurebene von Gefügigkeit aus Furcht vor der Strafe (= äußere Angst) oder von Durchsetzung unter Inkaufnahme von Strafe (= äußere Aggression/Trotz).

Es kann aber auch sein, dass eine Beziehung bis zu der Entwicklung von Nein und Ja durchaus eine positive Qualität hatte, nun aber unter den Anforderungen der Genese von Nein und Ja, von Selbstbehauptung und Stellungnahme so belastet wird, dass die Weiterentwicklung zur höheren Bezie-hungsqualität nicht ermöglicht wird, weil die Mutter oder eine vergleichbare Bezugsperson dazu keine psychische Kraft mehr hat. So geht die positive Beziehungsqualität, die bis dahin bestand, im Zusammenhang mit dem Nein des Kindes verloren. Die Mutter ist überfordert.

In so einem Fall identifiziert sich das Kind mit dem sich nun herausbildenden negativen Beziehungsaspekt auf personaler Ebene: Es gehorcht aus Angst vor Liebesverlust. Es wird ein gehemmtes, braves Kind und gerät unter den Druck einer moralisierenden Liebe. Die Aggressionen können sich nun nicht mehr wie auf der vorangehenden rein funktionalen Ebene in offenem Trotz äußern, sondern werden durch Identifikation abgewehrt. Diese unterschwellige Aggression verunsichert das Selbstwertgefühl des heranwachsenden Kindes.

Ein solches Kind ist sich nie sicher, ob es brav genug ist. Es hat ständig Angst, die Liebe der Mutter zu verlieren. Es fragt deshalb auch häufig: „Hast du mich lieb, bin ich lieb?" und fordert entsprechende Gesten und Zeichen von Seiten der Mutter, die die Liebe bestätigen sollen, oder es stabilisiert sich eine Trotzhaltung und Verweigerung einer Beziehung bei unterschwelligem Verlassenheitsgefühl.

So beschädigte Kinder wollen immer etwas haben (Auto, Puppe ...), aber wenn sie es haben, verlieren sie schnell das Interesse daran und die Spielsachen stapeln sich. Was ist die Not des Kindes? Es hat an die Stelle der Beziehung zu Mutter oder Vater die Gabe gesetzt und kompensiert für einen Augenblick den Verlust der Nähebeziehung in dem Akt des Beschenktwerdens: „Da, das habe ich dir mitgebracht." Es sucht immer neu diesen Rest an erlebbarer Zuwendung, lebt gabenorientiert und verliert den Weg personaler Liebe.

Freiheit ist nicht „Recht auf Lust"

Freiheit ist nicht Abwesenheit von Zwängen, sondern es ist die Fähigkeit, aus Liebe zum Nächsten verzichten zu können. Wer Freiheit als Abwesenheit von Zwang definiert, sagt dem Menschen nur die halbe Wahrheit. Er verwehrt dem Menschen das Ruhen in der Geborgenheit, stimuliert die Macht, Zwänge beseitigen zu können, und programmiert Enttäuschung. Am Ende dieses Weges liegen Einsamkeit und Auflehnung, die, weil sie nicht ertragen werden können, in die äußeren Verhältnisse, wie Staat, Gesellschaft und Institution projiziert werden.

Wer zur Emanzipation erzieht, ohne die Bindung zu Gott anzuerkennen, wirft den Menschen letztlich auf sich selbst zurück. Man wird nicht frei, weil keine umfassende Geborgenheit gegeben ist. Freiheit ist nicht ein Epiphänomen des Haben-Wollens; Freiheit hat etwas mit unserem Sein zu tun. Ohne Anerkennung geistlicher Bindung von Emanzipation zu reden, macht den Menschen nicht frei, weil ihm keine umfassende Geborgenheit gegeben werden kann. In diesem Sinne sind Christen die in Wahrheit Emanzipierten. Sie sind voll verantwortlich in dieser Welt, ohne von ihr letztlich abhängig zu sein.

Die Ungeborgenheit, Ungebundenheit und Unverbindlichkeit des modernen Menschen, getarnt als Emanzipation, legitimiert durch die sogenannte Selbstbestimmung des Menschen, programmiert eine Fehlentwicklung mit allen ihren negativen Konsequenzen. Der Ungeist der Zeit hat sich voll ausgewirkt auf die Erziehung und über die Erziehung auf die Entwicklung von Verantwortung und Selbststeuerung, hat diese belastet und Irritationen gesetzt, die in Wechselbeziehung zu den Konflikten der Reifezeit zu einer Labilisierung der Heranwachsenden führen mussten.

Was der Mensch sät, wird er ernten. Das trifft für Eltern zu, die ihre Kinder falsch erzogen haben, und das gilt für eine Gesellschaft, die die Heranwachsenden mit der Lüge von Freiheit und „Recht auf Lust" um die so lebensnotwendige Geborgenheit und das Vertrauen in Dasein und Existenz betrogen hat. Die Pädagogen vor Ort stehen nun vor Schwierigkeiten, die ihnen ihre Schreibtischkollegen beschert haben. Vertrauen, Treue und Verzichtsfähigkeit sind die notwendigen und Not wendenden Elemente unserer Liebes- und Leistungsfähigkeit. Es sind die Grundstrukturen zu einem schöpfungsgemäßen Daseinsvollzug nach dem Bilde und dem Wesen Gottes.

Dr. K. Helmut Reich und
Professor Dr. Fritz Oser, Freiburg, CH

Eine freiere Mensch-Gott-Beziehung und komplexeres Denken – Zwei ungleiche Seiten derselben Entwicklung

Korrespondenzadresse:

Departement Erziehungswissenschaften
Universität Freiburg, CH
Rue Faucigny 2
CH-1700 Fribourg
helmut.reich@unifr.ch
fritz.oser@unifr.ch

Dr. K. Helmut Reich, Freiburg, CH

geb. 1923 in Krefeld, verheiratet, zwei Kinder
        Physik- und Elektrotechnik-Studium an den TH Köln, Aachen und Braunschweig

1951   Dipl.-Ing. für Elektrotechnik
        Studium Physik, Mikrowellentechnik an den Universitäten Paris, Nottingham und Harvard (Postdoctoral Research Fellow)

1954   Ph. D. Physics, University of Nottingham

1955   Dr.-Ing. T.H. Braunschweig (Hochfrequenztechnik). Teilstudium der Psychologie (Braunschweig und Genf) u. Pädagogik (Freiburg, CH)

1955-83   Physiker im Europäischen Laboratorium für Teilchenphysik (CERN) in Genf

seit 1984   Wissenschaftlicher Forschungsmitarbeiter und Lehrbeauftragter am Pädagogischen Institut der Universität Freiburg, CH

seit 1994   Professor für Religionspsychologie an der Fernuniversität Senior University International in Evanston (Wyoming, USA) und Richmond (British Columbia, Kanada), School of Consciousness Studies and Sacred Traditions

1997   William James Award der American Psychological Association für den Gesamtbeitrag zur Religionspsychologie

        Veröffentlichungen:
        Seit 1984 Mitherausgeber von sechs Sammelbänden, Weltbildentwicklung und Schöpfungsverständnis (Fetz, Reich, Valentin);
        Developing the Horizons of the Mind (im Druck)

Homepage: www.unifr.ch/pedg/staff/reich/reich.htm

Professor Dr. Fritz Oser, Freiburg, CH

geb. 1937

1952-57	Lehrerseminar in Solothurn
1962	Diplom als Schweizerischer Musiklehrer
1962	Studium Philosophie (bei K. JASPERS), der Pädagogik und Sprachwissenschaft an der Universität Basel
1963-64	Studium an der Sorbonne und am Institut Catholique in Paris (Philosophie, Franz. Literatur, Theologie und Musikwissenschaft)
1966	Lehrauftrag an der Theologischen Fakultät in Luzern für Psychologische Didaktik und Methodik
1969	Studium in Zürich (Schwerpunkte: Pädagogische Psychologie, Entwicklungspsychologie und Systematische Pädagogik)
1975	Dissertation
1976-1977	Forschungsprojekt an der Harvard University, Boston College
1979	Habilitation
1981	Ordentlicher Professor für Pädagogik an der Universität Freiburg
seit 1989	Lehrstuhl für Pädagogik und Pädagogische Psychologie
1997	Fürst von Liechtenstein-Forschungspreis
1999-2001	Präsident des Departements Erziehungswissenschaften der Universität Freiburg

Arbeitsschwerpunkte:
Verhältnis von Moralentwicklung und Moralerziehung, Rekonstruktion von religiösen Denkmustern im ontogenetischen Verlauf, Lehr-Lernpsychologie sowie Aus- und Weiterbildung von Lehrern.

Veröffentlichungen:
Zahlreiche Buch-und Zeitschriftenpublikationen, unter anderem:
Der Mensch - Stufen seiner religiösen Entwicklung. Ein strukturgenetischer Ansatz. Gütersloh;
Wieviel Religion braucht der Mensch? Erziehung und Entwicklung zur religiösen Autonomie. Gütersloh

Homepage: www.unifr.ch/pedg/staff/oser/oser.htm

Eine freiere Mensch-Gott-Beziehung und komplexeres Denken – Zwei ungleiche Seiten derselben Entwicklung

Zusammenfassung Deutsch

Ein wesentliches Kennzeichen von Religion ist die Beziehung zu einem Letztgültigen, einem Ultimaten. Die hier dargestellten theoretischen Vorstellungen und empirischen Befunde hinsichtlich des religiösen Urteils beschreiben die zeitliche Entwicklung dieser Beziehung systematisch und längsschnittlich von Stufe zu Stufe.

Hand in Hand mit dieser Entwicklung verläuft die Denkentwicklung, insbesondere jene des relations- und kontextbezogenen (komplementaristischen) Denkens (KENDALLs tau = 0,70). Diese Denkform und ihre Beziehung zum religiösen Urteil werden im Einzelnen diskutiert. Abschließend wird ein tentatives Modell der Mikroentwicklung der Mensch-Gott-Beziehung vorgestellt.

A More Liberal Person-God Relationship and Complex Thinking – Two Different Sides of the Same Development

Abstract   English

An essential characteristic of religion is the relationship to an ultimate authority, an ultimatum. The theoretical concepts and empirical results presented here with regard to religious opinions will describe the temporal development of this relationship systematically and in a longitudinal section from step to step.

The development of thinking, especially that of relational and contextual (complementary) thinking, goes hand in hand with this development. (KENDALL's tau = 0,70). This method of thinking and its relationship to the forming of religious opinions will be discussed in detail. In conclusion, a tentative model of micro-development of the person-God relationship will be presented.

Die Mensch-Gott-Beziehung steht im Zentrum aller Religionen, wenn unter Gott die höchste übernatürliche Entität, ein Letztgültiges, das Ultimate verstanden wird, das allerdings nicht in allen Religionen personale Züge aufweist. Die persönliche Religion eines Menschen, seine Religiosität, entwickelt beziehungsweise verändert sich im Laufe seiner Lebensspanne. Eine Reihe von psychologischen Theorien beschreiben diese Entwicklung[1].

Wir wenden uns hier erstens der Entwicklung des religiösen Urteils zu[2]; bei diesem Urteil geht es um diese Mensch-Gott-Beziehung in einer kontingenten Situation. Die jeweilige Infragestellung, Erschütterung oder Verunsicherung der Vorstellungen auf der erreichten Stufe des religiösen Urteils stellen einen zentralen Antrieb für seine Entwicklung dar. Einen weiteren Antrieb der Entwicklung dieses Urteils trägt vermutlich die leistungsfähiger werdende allgemeine Kognition (perzipieren, denken, urteilen, planen) bei.

Deshalb befassen wir uns zweitens mit einer besonderen, relevanten Denkentwicklung, mit Denken in Komplementarität[3]; es wird neuerdings relations- und kontextbezogenes Denken (RKD) genannt[4]. In einem dritten Schritt beziehen wir beide Theorien aufeinander. Viertens stellen wir ein etwas spekulatives Modell vor, wie man sich die Mikroentwicklung der Mensch-Gott-Beziehung detaillierter vorstellen könnte; es geht also um die betroffene geistig-seelisch-körperliche Dynamik.

---

[1] ANTON A. BUCHER, FRITZ OSER (1988): „Hauptströmungen in der Religionspsychologie." In: D. FREY, C. GRAF HAYOS, D. STAHLBERG (Hg.): Angewandte Psychologie. Ein Lehrbuch. München, Weinheim;
HANS-JÜRGEN FRAAS (1990): Die Religiosität des Menschen. Religionspsychologie. Göttingen;
BERNHARD GROM (1992): Religionspsychologie. München, Göttingen;
FRITZ OSER, K. HELMUT REICH (1992): „Entwicklung und Religiosität." In: E. SCHMITZ (Hg.): Religionspsychologie. Eine Bestandsaufnahme des gegenwärtigen Forschungsstandes. Göttingen;
FRITZ OSER, ANTON A. BUCHER(1995[3]): „Religion – Entwicklung – Jugend."
In: R. OERTER, L. MONTADA (Hg.), Entwicklungspsychologie. Ein Lehrbuch. Weinheim
[2] FRITZ OSER, PAUL GMÜNDER (1996[4]): Der Mensch – Stufen seiner religiösen Entwicklung. Ein strukturgenetischer Ansatz. Gütersloh;
FRITZ OSER, K. HELMUT REICH (1996): "Religious Development from a Psychological Perspective." In: World Psychology, 2 (3-4)
[3] FRITZ OSER, K. HELMUT REICH (1987): "The Challenge of Competing Explanations: The Development of Thinking in Terms of Complementarity of 'Theories'." In: Human Development 30, (3)
[4] K. HELMUT REICH (1999): „Relations- und kontextbezogenes Denken sowie sein Bezug zu anderen Formen des Denkens." In: Psychologie in Erziehung und Unterricht 46 (2)

Theorie des religiösen Urteils

Gemäß der Theorie des religiösen Urteils artikuliert sich seine Entwicklung in der Veränderung und dem erneuten Ausbalancieren seiner inhaltlichen, gegenpoligen Dimensionen wie Heiliges versus Profanes, Transzendenz versus Immanenz, Freiheit versus Abhängigkeit und Hoffnung (Sinn) versus Absurdität ...[5]

Die Theorie des religiösen Urteils sagt weiterhin aus, dass die Entwicklung der Mensch-Gott-Beziehung nicht irgendwie verläuft, sondern systematisch zu vier bis fünf Meilensteinen/Stufen hin geschieht. Ihre Reihenfolge entspricht einer Entwicklungslogik.[6]

Stufen des religiösen Urteils nach OSER/GMÜNDER[7]:

Stufe 1: Orientierung an einem Letztgültigen, das direkt in die Welt eingreift, sei es belohnend und behütend, sei es sanktionierend und zerstörend. Der Mensch erfährt sich als reaktiv und genötigt, sich im Sinne des Letztgültigen zu verhalten. Typische Antwort auf das Paul-Dilemma[8]: *„Paul muss das Versprechen halten, sonst macht Gott, dass er Bauchweh kriegt."*

Stufe 2: Orientierung an einem Letztgültigen, mit dem ein Do-ut-des-Verhältnis gepflegt wird (Ich gebe, damit Du gibst). Der Mensch kann auf das Letztgültige einwirken, sei es, um sich vor möglichen Sanktionen zu schützen, sei es, um dieses für eigene Ziele in Dienst zu nehmen: *„Gott hat dem Paul geholfen, jetzt soll der auch etwas Gutes tun; wir müssen Opfer bringen, damit es uns gut geht."*

Stufe 3: Orientierung an der Selbstbestimmung des Menschen, die auch gegenüber dem Letztgültigen reklamiert wird. Dieses erhält – sofern nicht in seiner Existenz bestritten (Atheismus) – einen eigenen, vom Zuständigkeitsbereich des Menschen getrennten Sektor: *„Paul muss sich selber entscheiden. Wenn er das Versprechen nicht hält und es ihm schlecht geht, straft er sich selber. Mit Gott hat das nichts zu tun."*

Stufe 4: Orientierung an der Freiheit und Eigenverantwortung des Menschen, die fortan an das Letztgültige zurückgekoppelt wird: dieses ist der transzendentale Grund menschlichen Daseins und scheint in der konkreten Immanenz zeichenhaft auf: Korrelation von Gott und Welt. Zudem wird in den bisherigen Wirrnissen des Lebens ein sinnhafter Plan erkannt, gemäß dem sich der Mensch auf ein Vollkommeneres hin entwickelt: *„Gott will, dass sich Paul nach bestem Wissen und Gewissen selber entscheidet."*

---

[5] FRITZ OSER, PAUL GMÜNDER (1996[4]) a.a.O., S. 31-41
[6] FRITZ OSER, ANTON A. BUCHER(1995[3]) a.a.O.
[7] Kursiv gesetzt die illustrierende Interviewantworten von Kindern (Stufen 1 und 2) und Jugendlichen bzw. (jungen) Erwachsenen (Stufen 3 und 4) (vgl. Abb. 1-3).
[8] Ein junger Arzt legt in einem abstürzenden Flugzeug das Versprechen ab, sein Leben fortan in den Dienst der Entwicklungshilfe zu stellen. Nachdem er überlebt hat, fällt ihm die Entscheidung um so schwerer, als er eine Verlobte hat, die nicht unbedingt in ein Entwicklungsland mitkäme und ihm zwischenzeitlich eine lukrative Stelle angeboten wurde. Soll er dennoch sein Versprechen halten, das er Gott gegeben hat? Wenn er es nicht tut und dann einen Autounfall erleidet, ist das Gottes Strafe?

Stufe 5: Orientierung an religiöser Autonomie durch unbedingte Intersubjektivität. Das Letztgültige wird im befreienden zwischenmenschlichen Handeln zum Ereignis. Einnahme einer universalen Perspektive, die andere Religionen und Kulturen einschließt; es bedarf keiner äußeren Organisation oder Sicherheit mehr, um religiös zu existieren.

Diese Stufenbeschreibungen resultieren aus der Analyse von mehreren hundert Interviews über verschiedenen religiöse Kontingenzsituationen, die etwa im Paul-Dilemma und ähnlichen Dilemmata, die die Mensch-Gott-Beziehung thematisieren, zum Ausdruck kommen.

Die Beziehungsverhältnisse, in denen sich Autonomie und Bindung artikulieren, sind wie folgt: Auf Stufe eins wird nur Gott als mächtig verstanden; auf Stufe zwei haben auch die Betroffenen eine gewisse Handlungsfähigkeit; auf Stufe drei trennt man Religiöses von Weltlichem; auf Stufe vier herrscht ein gewisser Ausgleich zwischen menschlicher und göttlicher Handlungsfähigkeit und auf Stufe fünf durchdringen sich Geistliches und Weltliches.

Im Laufe einer ungestörten Entwicklung werden die verschiedenen Stufen nacheinander durchlaufen (Vergleiche Abbildungen 1-3)[9]. Die Abbildungen zeigen systematisch die Verteilung der Stufen des religiösen Urteils verschiedener Altersgruppen zu drei Messzeitpunkten; es handelt sich dementsprechend um eine Längsschnittstudie.

Bei der ersten Messung (N = 89) war die jüngste Gruppe 5-7 Jahre alt, die mittlere Gruppe 11-13 Jahre und die älteste Gruppe 15-16 Jahre. Die jeweils entsprechenden Mittelwerte der Stufenhöhe sind 1,2 und 2,4.

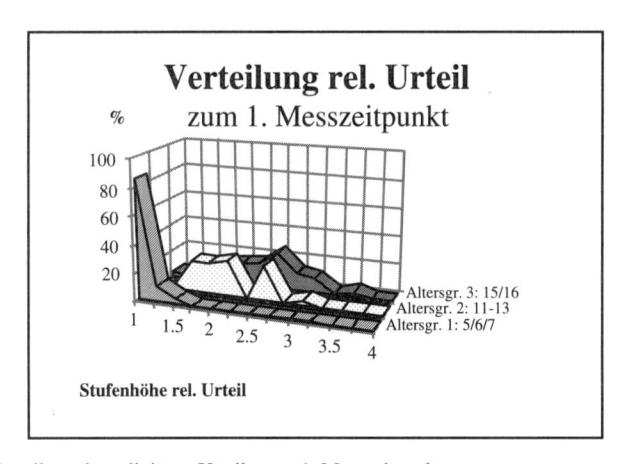

Abb.1 Verteilung des religiösen Urteils zum 1. Messzeitpunkt

Bei der zweiten Messung (3 Jahre später, N = 65) sind die Altersgruppen 8-10, 14-16 und 18-19 Jahre. Die entsprechenden mittleren Stufenhöhen wurden zu rund 1,5, 2,6 und 3 ermittelt.

---

[9] DI LORETO und OSER, 1996

Verteilung rel. Urteil
zum 2. Messzeitpunkt

Altersgr. 3: 18/19
Altersgr. 2: 14/15/16
Altersgr. 1: 8/9/10

Stufenhöhe rel. Urteil

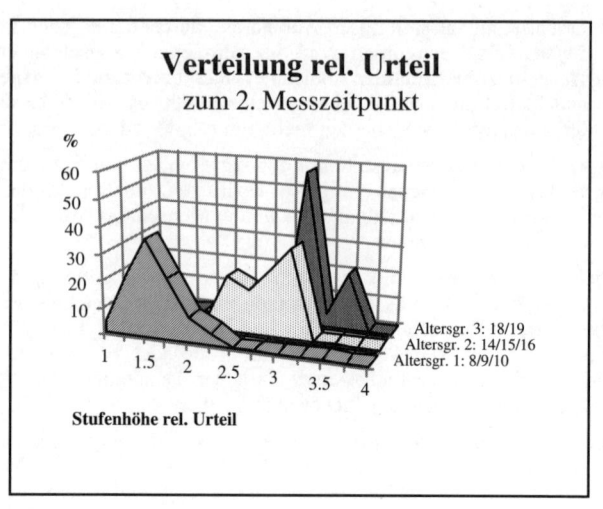

Abb. 2 Verteilung des religiösen Urteils zum 2. Messzeitpunkt

Bei der dritten Messung (weitere 3 Jahre später, N = 43) argumentierten die 11-13-Jährigen im Mittel auf Stufe 2,4, alle anderen auf Stufe 3. Die Werte steigen also generell mit steigendem Alter. (Allerdings kann Stufe 3 einen – temporären – Deckeneffekt beinhalten). Das darf allerdings nicht darüber hinwegtäuschen, dass die individuelle Entwicklung (intra-individuell wie inter-individuell) selbst im Jugendalter sehr unterschiedlich verlaufen kann, von sehr schnell bis äußerst stockend (keine Veränderung über mehr als 5 Jahre hinweg).

Verteilung rel. Urteil
zum 3. Messzeitpunkt

Altersgr. 3: 21/22/23
Altersgr. 2: 17/18/19
Altersgr. 1: 11/12/13

Stufenhöhe rel. Urteil

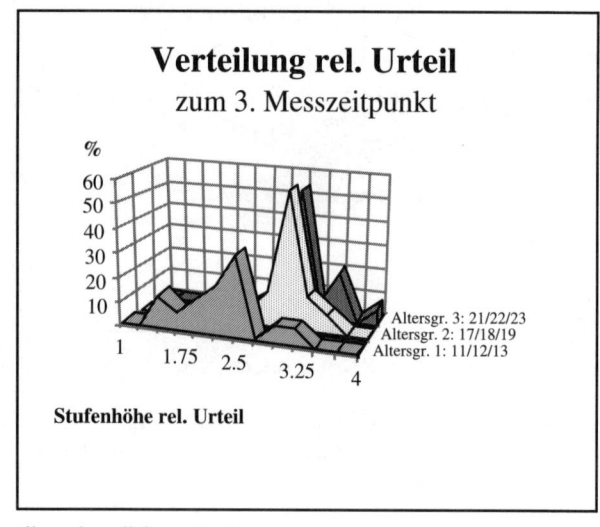

Abb. 3 Verteilung des religiösen Urteils zum 3. Messzeitpunkt

Neben diesen Daten gibt es eine ganze Reihe anderer Untersuchungen, die die Validität der Stufen des religiösen Urteils bestätigen[10]. Abbildung 4 illustriert in abstrakter Weise die Vorstellung einer Entwicklung durch Stufentransformation.

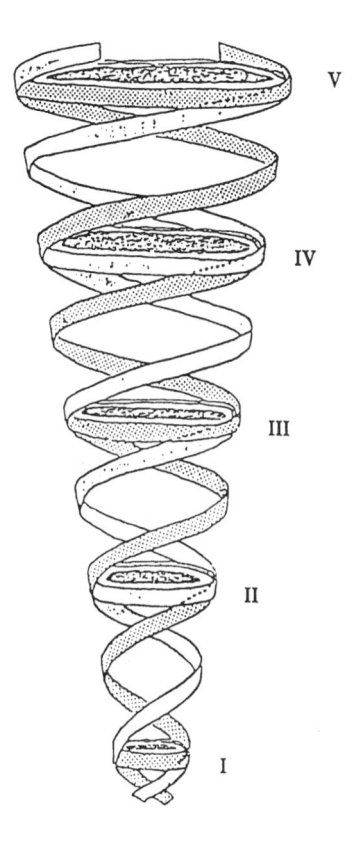

Abb. 4: Doppelspirale der religiösen Entwicklung. Die Schleifen bedeuten den Durchgang zur Dezentrierung einerseits und neue Integration andererseits. (Zeichnung: ARTHUR LOTTI)[11]

Die interviewten Personen wurden auch danach befragt, ob sich ihr religiöses Denken seit dem vorhergehenden Interview verändert habe. Der frappierende Befund war, dass 85% der Antworten mit den jeweiligen individuellen Veränderungen der wissenschaftlichen Einstufungen übereinstimmten. Wie bereits bemerkt, wird die Mensch-Gott-Beziehung in der Theorie des religiösen Urteils

---

[10] K. HELMUT REICH (1996): „Koordination von religiösen und naturwissenschaftlichen Weltbildparadigmen im Entwicklungsverlauf." In: FRITZ OSER, K. HELMUT REICH (Hg.): Eingebettet ins Menschsein: Beispiel Religion. Aktuelle psychologische Studien zur Entwicklung von Religiosität. Lengerich
[11] FRITZ OSER, PAUL GMÜNDER (1996^4) a.a.O., Abb. 7

als die Art und Weise verstanden, wie Personen in Kontingenzsituationen ihre Beziehungen zu einem Ultimaten, wie immer es beschaffen sein mag, artikulieren, um eine Antwort auf die betreffende Situationsproblematik zu finden.

Die jeweiligen Einstufungen erfassen die Charakteristika genau dieser Antwort. Die subjektiven Beurteilungen von Veränderungen beziehungsweise von Gleichbleiben des religiösen Denkens stimmen gut mit den empirisch erarbeiteten Stufenveränderungen überein. Das zeigt, dass die interviewten Personen, denen die Theorie des religiösen Urteils unbekannt war, eine Vorstellung von der Mensch-Gott-Beziehung haben, die jener des religiösen Urteils ähnlich ist.

Relations- und kontextbezogenen Denken

Wir beginnen mit einer Vorfrage: Was berechtigt uns, die Kognition und ihre Entwicklung als besonders wesentlich für die religiöse Entwicklung auszusondern? Wie aus dem unten zu behandelnden Modell (Abbildung 5) ersichtlich wird, beruht die Veränderungsdynamik nicht auf einer einzigen Kausalbeziehung, sondern beinhaltet ein multikausales Beziehungsnetz, das auch unbewusste Verknüpfungen enthält, die in der Abbildung nicht explizit dargestellt werden.

Zunächst sei auf alle Fälle festgehalten, dass eine derartige Betonung der Kognition und ihrer Entwicklung andere Dimensionen nicht bedeutungslos macht, insbesondere nicht die der Emotionen und der Konation/Motivation.[12] Es ist aber in der Tat so, dass gemäß zahlreicher sozialwissenschaftlicher Untersuchungen die verschiedenen Ausprägungen von Kognition sich in einer nachvollziehbaren Weise entwickeln[13] und viele menschliche Verhaltensweisen und deren Ergebnisse mitbestimmt.

Somit werden Voraussagen über Veränderungen in Sozialverhalten, Schulerfolg, moralischer und religiöser Entwicklung möglich, wenn der kognitive Entwicklungsstand bekannt ist. Wir wenden uns daher jetzt der spezifischen Denkform des relations- und kontextbezogenen Denkens (RKD) zu, die für eine weitergehende religiöse Entwicklung als besonders wichtig erachtet wird.

Die Grundvorstellung ist, dass die verschiedenen Denkformen – wie PIAGET'sches logisch-mathematisches Denken, kognitiv komplexes oder dialektisches Denken, solches in Analogien und eben RKD – eine Familie mit gemeinsamen, aber auch mit individuellen Zügen bilden.[14] Zur Lösung eines spezifischen Problems ist oft eine Denkform geeigneter als eine andere. Einige wesentliche Merkmale von Passungen zwischen Problemen und Denkformen fassen wir hier zusammen.

---

[12] EDWARD, N. DRODGE (2000): "A Cognitive-Embodiment Approach to Emotioning and Rationality - Illustrated in the Story of Job." In: The International Journal for the Psychology of Religion 10 (3)
[13] ROLF OERTER, LEO MONTADA (Hg.) (1998⁴): Entwicklungspsychologie. Ein Lehrbuch. Weinheim
[14] K. HELMUT REICH (1999) Focusing on Relationships and Context. Postformal Relational and Contextual Reasoning and its Development.

Hauptunterschiede von fünf Denkformen
bezüglich der Annahmen über die Aspekte A, B, (C, D) eines Phänomens/einer
Sachlage/einer Aufgabe/eines Problems[15]

Natur der Aspekte A, B, (C, D)	Beziehungen zwischen A, B, (C, D)
1. PIAGET'sches Denken	
Die Aspekte gehören zum selben Bezugssystem; sind intrinsich unabhängig voneinander; können deshalb per se beliebig miteinander verknüpft werden. Bei PIAGET-Aufgaben geht es häufig darum, derartige äußere Beziehungen innerhalb eines geschlossenen Systems zu eruieren. Beispiel: Pendel oder Balkenwaage	Gemäß (zeitunabhängiger) binärer formaler Logik (tertium non datur) gelten Transitivität, Assoziativität, Distributivität, Kommutativität, Reversibilität (die Negation einer Negation führt exakt zum Ausgangspunkt zurück). Logischer Widerspruch ist unzulässig; das Gesamtsystem ist statisch und synchronisch
2. kognitiv komplexes Denken	
Nicht festgelegt, weiter Spielraum wie im Falle menschlicher Beziehungen. Der große Suchraum lädt zu vielseitigem Explorieren ein (Differenzieren und Integrieren)	Für deren Erkenntnis sind Lebenserfahrung, Motivation der Protagonisten, deren Handlungsziele, Persönlichkeitsvariablen usw. wesentlicher als „Logiken"
3. dialektisches Denken	
Gehören innerhalb eines offenen Systems verschiedenen Teilsystemen an, bestimmen sich gegenseitig wie Sein und Nichtsein, An-sich und Für-uns, Assimilation und Akkommodation	Beziehungen sind dynamisch und entwicklungsbezogen. Die Negation einer Negation führt zu etwas Neuem: Aus Sein und Nichtsein wird durch Werden neues Sein und neues Nichtsein
4. Denken in Analogien	
A, B gehören zu einem Bezugssystem C, D zu einem anderen. Eigenschaften/Funktionen von A und B entsprechen analogen Eigenschaften/Funktionen von C, D: *„Der Autofahrer surft auf der grünen Welle wie der Surfer auf dem Meer"*	Damit die Analogie fruchtbar ist (Erweiterung des Suchraums, auch des Verstehens), müssen die Ähnlichkeiten der Eigenschaften/Funktionen genügend stark sein. Dennoch gibt es zwangsläufig auch immer Unterschiede
5. RKD	
Gehören innerhalb eines übergeordneten Explandums zu verschiedenen Kategorien; sind intrinsisch unauflösbar verschränkt, in ihrem eigenen Kontext voll erkennbar; alle sind für die Lösung nötig	Negationen beinhalten einen erkenntnisfördernden iterativen Wechsel der Fokussierung auf A, B, (C, D) gemäß Logik der Nichtkompatibilität (A erklärt mehr in einem Kontext, B in einem anderen)

---

[15] K. HELMUT REICH (1999) a.a.O.

Stets geht es um die Beziehungen zwischen zwei oder mehr Entitäten beziehungsweise Variablen. Wenn sie intrinsisch unabhängig und nur durch äußere Kausalketten verbunden sind, so ist PIAGET'sches logisch-mathematisches Denken am Platz. Sind die Entitäten/Variablen zahlreich, unübersichtlicht vernetzt und die Natur ihrer Verknüpfung ist unklar, so ist kognitiv komplexes Denken hilfreich.

Ist die Verknüpfung dialektisch, das heißt Entitäten bedingen sich gegenseitig und eine Negation einer Negation führt zu etwas Neuem, so gebührt dialektischem Denken der Vorrang für erfolgreiches Arbeiten. Will man vom geeigneten Bekannten zum Neuen voranschreiten, hilft oft Denken in Analogien weiter.

Welches sind demgegenüber die Kennzeichen von RKD? Voll entwickeltes RKD gestattet es, miteinander konkurrierende Beschreibungen, Erklärungen, Theorien, Interpretationen A, B, (C, ...) zu einer umfassenden Synopse zu verschränken. In entsprechenden Fällen gilt das auch, wenn die zeitgenössische Kultur A oder B (oder C) für falsch, widersprüchlich oder dergleichen hält und ein Ausmerzen fordert. Beispielsweise haben sich die Vertreter der Teilchentheorie des Lichts (A) und jene der Wellentheorie des Lichts (B) während etwa 200 Jahren gegenseitig bekämpft, bis die Lösung in der quantentheoretischen Elektrodynamischen Feldtheorie (QED) gefunden wurde.

Genauso bekämpften die Vertreter der „Anlage"-Theorie menschlicher Eigenschaften sowie menschlichen Verhaltens (A) jene der „Umwelt"-Theorie (B) während etlicher Jahrzehnte, bis sich die Anstrengungen auf die gemeinsame Frage richteten, wie genau beide Einflüsse zusammen dazu beitragen.

Der Kern von RKD besteht in der Einsicht, dass der Geltungsbereich formaler binärer (Aristotelischer) Logik Grenzen hat, jenseits derer ein tieferes Verstehen öfter erst möglich wird. Im obigen und ähnlich gelagerten Fällen ist diese Logik sowie die zugehörige Denkform zu ersetzen durch eine Logik, die zeit- beziehungsweise kontextabhängig ist[16] sowie die entsprechende Denkform, eben RKD.

In einem Kontext erklärt das Teilchenbild mehr, in einem anderen das Wellenbild (Einspalt-/Doppelspalt-Experiment) und Entsprechendes gilt für die Anlagevariable und die Umweltvariable (Körpergröße/derzeitige Kondition). Darin besteht nicht nur kein logischer Widerspruch, sondern ohne diese Einsicht können die fraglichen Phänomene überhaupt nicht tiefergehend verstanden werden.

Allerdings kommen Kinder nicht mit voll entwickeltem RKD auf die Welt. Unsere Studien führten zu fünf Entwicklungs-Niveaus von RKD[17].

---

[16] HUGO BEDAU, PAUL OPPENHEIM (1961): „Complementarity in Quantum Mechanics: A Logical Analysis." In: Synthese 13
[17] FRITZ OSER, K. HELMUT REICH (1987) a.a.O., deutsch in:
K. HELMUT REICH (1992): „Kann Denken in Komplementarität die religiöse Entwicklung im Erwachsenenalter fördern? Überlegungen am Beispiel der Lehrformel von Chalkedon und weiterer theologischer ‚Paradoxe'." In: M. BÖHNKE, K. H. REICH, L. RIDEZ (Hg.): Erwachsen im Glauben. Beiträge zum Verhältnis von Entwicklungspsychologie und religiöser Erwachsenenbildung. Stuttgart

Entwicklung des Denkens in Komplementarität

Niveau	Beschreibung
I	Die Theorien A und B (C ...) werden jeweils für sich allein betrachtet: Spontanreaktion „richtig oder falsch". Die Alternative, nicht die Komplementarität als Konzept stark im Vordergrund. Je nach Kenntnissen beziehungsweise Sozialisation erfolgt gewöhnlich eine einspurige Wahl von A oder B, gelegentlich von beiden, dann jedoch ohne deren differenzierte Begründung.
II	Die Möglichkeit, dass A und B beide gelten können, wird ausdrücklich in Betracht gezogen. A kann richtig sein, B kann richtig sein. Beide können, im Grenzfall mit sehr unterschiedlichem Gewicht, richtig sein.
III	Die Notwendigkeit, dass das Referenzobjekt sowohl mittels A als auch mittels B erklärt werden muss, wird überprüft. Weder A noch B werden generell als allein richtig anerkannt, beide sind nötig – eventuell nur teilweise. Die Grenze des Gültigkeitsbereichs formaler binärer Logik wird (unbewusst) überschritten.
IV	A und B werden bewusst zusammengebracht, die Beziehung zwischen beiden wird explizit angesprochen. Weder A noch B wird als allein richtig erklärt. Die Beziehung zwischen A und B wird reflektiert. Beispiel: *„Der von B beschriebene Aspekt erlaubt den von A beschriebenen auszunutzen."* Auf die Kontextabhängigkeit der Erklärungsbeiträge von A und von B wird hingewiesen. Die Kompetenz in der Benutzung von anderen Logiken als der formalen binären ist etabliert.
V	Es wird eine umfassende Theorie oder mindestens Synopse für die Rollen von A und B (C, ...) konstruiert, auch ihre rekonstruierten und eventuell ergänzten Rollen, deren komplexe Beziehung und Kontextabhängigkeit verstanden und erläutert wird.

Auf dem Niveau I kommt im Wesentlichen nur ein Aspekt in den Blick:
„Sie spielt gut Klavier, weil der Vater auch schon gut spielte.", beziehungsweise *„Das gute Spielen kommt vom Üben."*

Auf dem Niveau II werden beide Aspekte in Betracht gezogen:
„Vererbung ist gut, aber ohne Üben bringt das vielleicht auch nicht so viel."

Auf Niveau III ist klar, dass alle betroffenen Aspekte berücksichtigt werden müssen:
„Beides ist nötig, Veranlagung und Üben."

Auf Niveau IV werden die Zusammenhänge thematisiert:
„Wenn man begabt ist, dann bringt das Üben mehr, und dann hat man mehr Freude und ist motiviert, eine noch bessere Technik zu erarbeiten. Und dann kann man seine musikalischen Gefühle noch perfekter ausdrücken."

Niveau V beinhaltet auch das Einbringen zusätzlicher Überlegungen und insbesondere der Kontextabhängigkeit:
„Wenn man sehr gut spielen kann, dann hat man auch mehr Kontakt mit anderen Spitzenkünstlern und wird durch sie angeregt. Und natürlich bewirken die

Zuhörer auch viel an Motivation. Und vergessen wir nicht den Kontext: Wenn völlig fehlerfreies Spielen das Wichtigste ist, dann geht es nur mit Üben; beim Vom-Blatt-Spielen hilft eine diesbezügliche Begabung."

Warum ist hier von Niveaus und nicht von Stufen die Rede? Stufen implizieren die Transformation mentaler Strukturen, deren Elemente im Wesentlichen erhalten bleiben. Das gibt es auch beim RKD, aber dort spielen auch Substitutionen eine wesentliche Rolle, beispielsweise beim Erwerb der spezifischen Logik. Auch sind Inhalte recht wichtig, genauer die Horizonterweiterung der Wissensstrukturen.

Religiöses Urteil und RKD

Wieso ist eine Mensch-Gott-Beziehung auf der Stufe 4^{18} eine „reifere" und RKD auf Niveau IV^{19} ein komplexeres? Unter einem reiferen Menschen versteht man jenen, der die Dinge besser übersieht und zwar in ihrem geschichtlichen und allgemeinen Zusammenhang. Überdies kann er seine Überzeugungen und Gefühle verständlich machen und zu ihrem Recht kommen lassen, ohne andere in ihren Rechten zu beeinträchtigen; er versteht und achtet sie. Dementsprechend ist die ausgewogenere Mensch-Gott-Beziehung auf Stufe 4 eine „reifere" als die jeweils anders unausgewogenen Mensch-Gott-Beziehungen auf den Stufen 1, 2 oder 3.

Hinsichtlich von RKD geht es unter anderem um kognitive Komplexität. Darunter verstehen wir den Grad des Differenzierens, also der Benutzung verschiedener Kategorien, um diverse Aspekte zu unterscheiden und sie zu beurteilen, und den des Integrierens, dem Etablieren von Beziehungen und Verbindungen zwischen verschiedenen Aspekten zwecks Gesamtschau und Globalurteil. Klarerweise findet auf Niveau I kein Differenzieren statt und daher auch kein Integrieren. Auf Niveau II beginnt das Differenzieren und auf Niveau III das Integrieren. Auf Niveau IV sind beide gut entwickelt und noch besser auf Niveau V. Eindeutigerweise ermöglicht RKD auf Niveau IV daher auch eine „reifere" Betrachtung.

Aber nun zu einem Vergleich der Meilensteine in den beiden Tabellen:
Auf Stufe 1 des religiösen Urteils kommt nur die Macht Gottes (A) in den Blick, nicht jene der Betroffenen (B). Die Argumentation entspricht also Niveau I von RKD.

Auf Stufe 2 erscheint zusätzlich die Handlungsfähigkeit der Betroffenen (B) im Blickfeld; dies entspricht dem Niveau II von RKD.

Stufe 3 des religiösen Urteils ist insofern besonders interessant, als der bisher beobachtete Parallelismus der beiden in Rede stehenden Entwicklungen eine andere Ausprägung annimmt. Beim religiösen Urteil auf Stufe 3 bleibt es beim Niveau-II-Denken, aber die Gewichtung von A und B schlägt um. Das zentrale A wird peripher, das periphere B umgekehrt zentral.

Auf Stufe 4 kommt es dann zur Einsicht, dass A und B nicht nur vereinbar sind, sondern sich bedingen. Das entspricht dem Denken auf den RKD-Niveaus III oder IV.

Die empirisch kaum validierte religiöse Stufe 5 lässt einen Parallelismus mit RKD-Niveau V erkennen.

---

[18] Vgl. „Stufen des religiösen Urteils" auf S. 84
[19] Vgl. „Entwicklung des Denkens in Komplementarität" auf S. 91

Was kann man zur skizzierten Entwicklungslogik des religiösen Urteils noch sagen? Im Rahmen ihrer Dissertation untersuchte KERSTIN STEINER 1986 die Entwicklung des staatspolitischen Denkens im Jugendalter[20]. Entwicklungslogisch ist dieses Thema der Mensch-Gott-Beziehung ähnlich, bei aller sonstiger Verschiedenheit. Das Ergebnis ist, dass die insgesamt 84 Schüler im Alter von elf bis fünfzehn Jahren fünf (Wunsch-)Vorstellungen von staatspolitischen Weltbildern vortrugen, die altersbezogen waren:

1. uneingeschränkte Diktatur,
2. durch das Volk eingeschränkte Diktatur,
3. unmittelbare Volksherrschaft,
4. eingeschränkte unmittelbare Demokratie und
5. repräsentative Demokratie.

Weltbild 1 fand sich nur bei Elfjährigen, Weltbild 5 erst bei Dreizehnjährigen. Wie bei dem religiösen Urteil (von Stufe 2 zu Stufe 3) gibt es also auch hier den Fall, dass die Gewichtung zwischen A und B umschlägt, nicht aber das Niveau von RKD. Beim staatspolitischen Denken gilt das aber nicht nur für die Unterschiede zwischen den Weltbildern 2 und 3, sondern auch für jene zwischen den Weltbildern 1 und 3. Im religiösen Fall fehlt die Entsprechung dieses Umschlagens des staatspolitischen Weltbildes von 1 zu 3. Das ist aber wegen der sehr großen Unterschiede zwischen Mensch (Kind) und Gott auch zu erwarten. In allen Fällen ist jedoch klar, dass die „reiferen" Stufen mindesten RKD-Niveau III voraussetzen, das erste Niveau von eigentlichem relations- und kontextbezogenen Denken, weil A und B nötig sind.

Diese Feststellung kann auch noch anders untermauert werden. Nehmen wir eine der gegenpoligen Dimensionen des religiösen Urteils, nämlich Freiheit versus Abhängigkeit: Naiverweise werden diese Begriffe als Gegensatz empfunden. Das Kind auf Stufe 1 des religiösen Urteils fühlt sich abhängig von Gott. Es mag zwar glauben, dass Gott alles zum Besten richtet und damit zufrieden sein, aber es ist Gott gegenüber nicht frei, zu tun und zu lassen, was es will. Auf Stufe 2 ist das Kind schon etwas freier, aber der (scheinbare) Gegensatz zwischen den beiden Polen ist nicht verschwunden. Auf Stufe 3 gerät er momentan aus dem Blick, weil der Mensch sich von Gott unabhängig dünkt.

Anwendung von RKD mindestens auf Niveau III zeigt jedoch, dass dies eine Illusion ist: Unheilbare Krankheiten, Altern und Sterben, ja selbst das alltägliche Funktionieren von Körper und Geist entziehen sich weitgehend dem menschlichen Willen und seinen Möglichkeiten, die Gegebenheiten zu verändern. Gott hat seinen Platz im universellen Geschehen sowie in jedem individuellen Leben. Die wahre Freiheit besteht darin, dies anzuerkennen und in dieser Perspektive das eigene Leben zu gestalten. Genau diese Erkenntnis liegt auch der Stufe 4 des religiösen Urteils zu Grunde. Freiheit und Abhängigkeit schließen sich nicht aus, sondern ermöglichen sich gegenseitig.

Dieser Sachverhalt stützt die Vorstellung, dass die Entwicklung des religiösen Urteils auch die Frucht entwickelten RKDs ist und damit die Affirmation des Titels: Eine freiere Mensch-Gott-Beziehung und komplexeres Denken – Zwei

---

[20] KERSTIN STEINER (1986): „Die Entwicklung des staatspolitischen Denkens im Jugendalter." Inaugural-Dissertation im FB 12 der Johannes-Gutenberg-Universität Mainz

Seiten derselben Entwicklung. Die empirische Überprüfung ergab für den Rang-Korrelationskoeffizienten nach KENDALL den sehr signifikanten hohen Wert tau = 0,70; p < 0.01 (N = 30).[21]

Gut entwickeltes RKD wirkt sich auch anders positiv auf die persönliche Religiosität aus. Es erlaubt, gewisse Glaubenslehren, wie zum Beispiel die Lehre von den zwei Naturen JESU CHRISTI oder jene vom dreieinigen Gott, nicht nur zu glauben, sondern auch zu verstehen[22]. Auch vermag solches Denken eine eventuelle kognitive Dissonanz aufzulösen, die aus scheinbaren Widersprüchen zwischen biblischem und naturwissenschaftlichem Verständnis entstehen könnten[23]. Deshalb hat RKD auch in der Religionspädagogik einen angemessenen Platz gefunden[24]. Aber, wie bereits gesagt, das entwertet in keiner Weise alle anderen Ingredienzen[25] einer reifen Religiosität.

Die Dynamik der Mensch-Gott-Beziehung

Sowohl die Theorie des religiösen Urteils als auch jene des relations- und kontextbezogenen Denkens sind inzwischen etabliert und haben sich als nützlich erwiesen. Sie geben jedoch eher indirekt Auskunft darüber, wie man sich denn selbst kleine Veränderungen der Mensch-Gott-Beziehung vorstellen kann.

Ein tentatives Modell dieser Beziehung ist in Abbildung 5 dargestellt[26]. Es beruht vor allem auf der kognitiven und erfahrungsbezogenen Theorie des Selbst (CEST) von SEYMOUR EPSTEIN[27], sowie auf der Theorie der Objektbeziehungen von ANA-MARIA RIZUTTO[28].

---

[21] DOMINIK SCHENKER, K. HELMUT REICH (im Druck): "Oser/Gmünder's Developmental Theory of Religious Judgment: Status and Outlook." In: Archiv für Religionspsychologie, Bd. 25
[22] K. HELMUT REICH (1992) a.a.O.
[23] K. HELMUT REICH (1996) a.a.O.
[24] THOMAS BORNHAUSER (2000): Gott für Erwachsene. Kirchliche Erwachsenenbildung im Zeichen postmoderner Vielfalt. Stuttgart
KARL ERNST NIPKOW (1998): Bildung in einer pluralen Welt. Bd. 2. Religionspädagogik. Gütersloh
MARTIN ROTHGANGEL (1999): Naturwissenschaft und Theologie. Wissenschaftstheoretische Gesichtspunkte im Horizont religionspädagogischer Überlegungen. Göttingen
[25] FRITZ OSER (1993³): Wieviel Religion braucht der Mensch? Erziehung und Entwicklung zur religiösen Autonomie. Gütersloh
[26] K. HELMUT REICH (2000): The Person-"God"-Relationship: A Dynamic Model. Vortrag auf dem "8th Symposium for Psychologists of Religion" in Sigtuna, Schweden. (28.-31. Juli); deutsch in:
K. HELMUT REICH (2000): „Entstehung und Entwicklung einer Mensch-„Gott"-Beziehung." In: S. DAECKE, J. SCHNAKENBERG (Hg.): Die Mensch-Gott-Beziehung im evolutionären Prozess. Gütersloh
[27] SEYMOUR EPSTEIN (1991): "Cognitive-Experiential Self-theory: An Integrative Theory of Personality." In: R.C. CURTIS (Hg.): The Relational Self. Theoretical Convergence in Psychoanalysis and Social Psychology. New York/London
[28] ANA-MARIA RIZZUTO (1979): The Birth of the Living God. Chicago/London
ANA-MARIA RIZZUTO (1992): "Religious Development: A Psychoanalytic Point of View." In: F.K. OSER, W.G. SCARLETT (Gast-Hg.): Religious Development in Childhood and Adolescence. New Directions for Child Development. CD 52. San Francisco

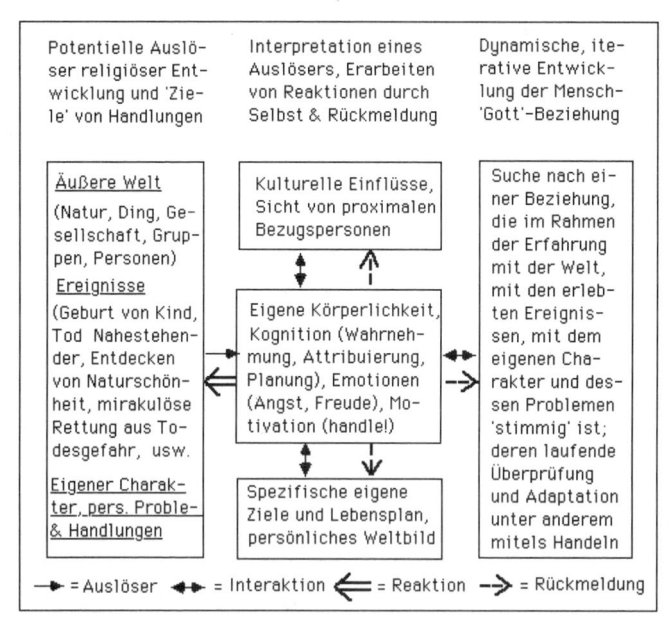

Potentielle Auslöser religiöser Entwicklung und 'Ziele' von Handlungen	Interpretation eines Auslösers, Erarbeiten von Reaktionen durch Selbst & Rückmeldung	Dynamische, iterative Entwicklung der Mensch-'Gott'-Beziehung
Äußere Welt (Natur, Ding, Gesellschaft, Gruppen, Personen) **Ereignisse** (Geburt von Kind, Tod Nahestehender, Entdecken von Naturschönheit, mirakulöse Rettung aus Todesgefahr, usw. **Eigener Charakter, pers. Probl. & Handlungen**	Kulturelle Einflüsse, Sicht von proximalen Bezugspersonen ⇅ Eigene Körperlichkeit, Kognition (Wahrnehmung, Attribuierung, Planung), Emotionen (Angst, Freude), Motivation (handle!) ⇅ Spezifische eigene Ziele und Lebensplan, persönliches Weltbild	Suche nach einer Beziehung, die im Rahmen der Erfahrung mit der Welt, mit den erlebten Ereignissen, mit dem eigenen Charakter und dessen Problemen 'stimmig' ist; deren laufende Überprüfung und Adaptation unter anderem mitels Handeln

→ = Auslöser   ↔ = Interaktion   ⇐ = Reaktion   ⇢ = Rückmeldung

Abb. 5: Dynamik der Mensch-Gott-Beziehung

Das zentrale Element des Modells ist das menschliche Selbst (die mittlere Spalte) und darin wieder zentral der Kern des Selbst: eigene Körperlichkeit, Kognition, Emotionen[29] sowie Konation/Motivation. Darunter ist das erweiterte Selbst mit seinen Zielen und seinem Weltbild angedeutet, darüber das soziale Selbst. In der rechten Spalte geht es um das religiöse Selbst, sowie um Gott, genauer um die Beziehung zwischen beiden[30]. Die linke Spalte beinhaltet die äußere Welt und religiös potenziell relevante Ereignisse. Im untersten Teil geht es wieder um das Selbst, aber jenes, wie es die anderen sehen, beziehungsweise wie die betroffene Person sich selbst von außen sieht.

Es bedarf mindestens einer von zwei Klassen von Vorgängen, unbewusster oder bewusster, um die Dynamik von Veränderungen der Mensch-Gott-Beziehung in Gang zu setzten.

---

[29] HARTMUT BEILE (1998): Religiöse Emotionen und religiöses Urteil. Eine empirische Studie über Religiosität bei Jugendlichen. Osterfilden;
HARTMUT BEILE (1999): "Religious Development and Religious Emotions." In: K.H. REICH, F.K. OSER, W.G. SCARLETT (Hg.): Being Human: The Case of Religion Bd. 2. Spiritual and Religious Development. Lengerich;
EDWARD N. DRODGE (2000) a.a.O.;
ANITA KAGER (1995): „Die Stufen des religiösen Urteils in Ordensgemeinschaften. Eine Pilotstudie." Unveröffentlichte Magisterarbeit. Institut für Psychologie, Universität Wien;
FRITZ OSER, K. HELMUT REICH (1996) a.a.O.
[30] PAUL MALLERY, SUZANNE MALLERY, RICHARD GORSUCH (2000): "A Prelimininary Taxonomy of Attributions to God." In: The International Journal for the Psychology of Religion 10 (3)

Bei Kindern und selbst Jugendlichen ist wahrscheinlich eine Vielzahl der hier betroffenen Vorgänge unbewusst. Mit dem körperlichen und geistigen Wachstum, der Sozialisation, den veränderten Lebensverhältnissen ändert sich auch die Mensch-Gott-Beziehung. Wenn man die Betroffenen danach befragt, ist eine Antwort: *„Dazu habe ich gar nichts getan, das ist einfach so gekommen."* Das gilt möglicherweise auch für unerklärliche Stimmungen, Lust- und Unlustgefühle und ihre Auswirkungen auf die Mensch-Gott-Beziehung. Aber selbst in dieser Altersklasse kann es zu bewussten Auslösern kommen, beim Weihnachtsfest, in der Kirche, oder auch im Alltag. Entsprechende Aussagen sind: *„Und da standen wir Kinder in verschiedenen Gruppen [in der Kirche] und haben alle mitgesungen, und ich fand das unheimlich schön."* oder auch *„Man wird halt älter, kritischer, denkt selbständiger."*

Wir illustrieren die dynamischen Veränderungen, die das Modell von Abbildung 5 verständlich machen soll, anhand der Geburt eines Kindes (vergleiche die linke Spalte). Der Mann kommt mit in den Kreißsaal und unterstützt seine Frau nach besten Kräften. Ein Kaiserschnitt wird nötig und als das Kind da ist, legt es die Operationsschwester in seine Arme. Da ist es, sein erstes Kind, so klein und zerbrechlich! Das Selbst des Vaters ist in seinem Kern betroffen; bisher unbekannte Gefühle und Gedanken bewegen ihn (Auslöserpfeil) und die verschiedenen Teil-Selbsts interagieren, sie beeinflussen sich gegenseitig (Pfeile mit zwei Spitzen). Sobald seine Frau das Kind nehmen kann, gibt er es ihr. Er teilt seine Freude mit allen Beteiligten (Reaktionspfeil). Und dann verändern sich sein erweitertes Selbst, seine Ziele und sein Weltbild, sein soziales Selbst, er spricht mit anderen Vätern über Säuglinge..., und mit der Zeit auch sein religiöses Selbst. Schließlich führen die gemachten Erfahrungen zu einer mittel- beziehungsweise langfristigen Rückmeldung (Rückmeldungspfeil). Eine positive Erfahrung verstärkt die bisherige Entwicklung und stabilisiert ihre Richtung (zu Gott hin), eine negative Erfahrung kann die Entwicklung hemmen und eventuell zu einer Richtungsänderung (von Gott weg) führen.

Die wissenschaftliche Abbildung dessen, was wir als Bezug eines Menschen zu einem Ultimaten in einer kontingenten Situation verstehen, ist stets unvollständig. Wir haben aber versucht, ein valides Ergebnis dieser wissenschaftlichen Bemühungen je von einem anderen Blickpunkt aus herbeizuführen.

II.

Programmierung durch Science,
Culture und Religion

Professor Dr. Byron Johnson, Nashville, USA

The Forgotten Factor in Cutting Youth Crime and Saving At-Risk Urban Youth – Faith Factor Research in Crime and Delinquency

Korrespondenzadresse:

Department of Sociology
Vanderbilt University
201 Garland Hall, Box1811-B
Nashville, TN 37235
byron.johnson@vanderbilt.edu

Professor Dr. Byron Johnson, Nashville, USA

married, three children

1977	B.A.: Minot State University, Minot, N.D., Psychology/Sociology
1980	M.A.: Middle Tennessee State University, Murfreesboro, TN, Psychology
1980	M.S.: University of Tennessee, Chattanooga, TN, Criminal Justice
1984	Ph.D.: Florida State University, Tallahassee, FL, Criminology
1995	promoted to Full Professor, Department of Sociology, Social Work, and Criminology, Morehead State University, Morehead, Kentucky
1995-1998	Director, Center for Justice Research and Education, Lamar University, Beaumont, Texas
since 1995	Professor, Department of Sociology, Social Work, and Criminal Justice, Lamar University, Beaumont, Texas
since 1995	Senior Research Fellow, National Institute for Healthcare Research, Rockville, Maryland
since 1998	Senior Fellow and Director, Center for Crime and Justice Policy, Vanderbilt Institute for Public Policy Studies (VIPPS), Vanderbilt University, Nashville, Tennessee

Publications:

Author and editor of more than 100 articles on a variety of subjects, including criminal research and domestic violence in criminological and sociological journals. For example:

„Religious Programming, Institutional Adjustment and Recidivism Among Former Inmates in Prison Fellowship Programs". Justice Quarterly, with D.B. LARSON and T.G. PITTS, 1997, reprinted in J. MCKEAN & B.BYERS (eds.) „Data Analysis for Criminal Justice and Criminology". Allyn and Bacon. 1999

„Religion: The Forgotten Factor in Cutting Youth Crime and Saving At-Risk Urban Youth." with D.B. LARSON, Manhattan, NY: Center for Civic Innovation of the Manhattan Institute. 1998

„The 'Invisible Institution' and Black Youth Crime: The Church as an Agency of Local Social Control." under review at „Journal of Quantitative Criminology." with D.B. LARSON, S.J. JANG, and S.D. LI.

Der Vergessene Faktor bei der Prävention von Verbrechen und Straffälligkeit Jugendlicher in Risiko-Gebieten – ein Forschungsprojekt zum Glaubensfaktor.

Zusammenfassung   Deutsch

Was muss in Zukunft geschehen, damit Verbrechen, Straffälligkeit, jugendliche Gewalttätigkeit und Drogenmissbrauch zurückgehen?

Diese Frage stellten wir im vergangenen Jahr an Richter, Staatsanwälte, Polizisten, Sozialarbeiter, Geistliche und Politiker. Die Antworten waren besorgniserregend; allzu oft klangen Frustration und Zynismus in den Worten der im Strafvollzug beschäftigten Beamten mit: *„Wir haben ganze Familien im Gefängnis. Die sind schon so lange im System – für sie ist mit dem Gang ins Gefängnis nicht mehr das entfernteste Gefühl von Peinlichkeit verbunden. Du schaust in die Augen dieser Achtzehnjährigen, und da ist nichts. Es kümmert sie nicht – sie haben kein Gewissen. Sie sind völlig hoffnungslose Fälle."*
(Richter CHERYL BLACKBORNE)

Die beiden führenden US-amerikanischen Kriminologen JAMES FOX und JOHN DIIULIO warnten uns sogar vor den negativen Folgen des nächsten Baby-Booms: Derzeit leben 40 Millionen Kinder unter zehn Jahren in den USA; viele davon in Armut, in sozialen Randgruppen. Das Potenzial für jugendliche Gewalttätigkeit und Verbrechen steigt an.

Interessanterweise dokumentieren unsere jüngsten empirischen Studien die Rolle von religiöser Bindung bei dem Rückgang jugendlicher Straffälligkeit an einem landesweit repräsentativen Beispiel. Ebenso wird die Rolle der Afro-Amerikanischen Kirchen beim Rückgang von Verbrechen und Straffälligkeit in den sozialen Randgebieten dokumentiert.

Demgegenüber offenbart die wissenschaftliche Literatur eine unbestreitbare Vernachlässigung, beziehungsweise Fehldeutung das Faktors „Religion" in den Sozialwissenschaften. Hier besteht akuter Nachholbedarf.

Es liegen kaum Untersuchungen oder Dokumentationen über Frühinterventionen vor, die Risikogruppen unter Kindern und Jugendlichen helfen, Straffälligkeit und Gewalttätigkeit zu meiden. Staatsanwälte und Richter stimmen damit überein, dass Frühintervention das einzige ist, was Kinder aus dem Teufelskreis von Drogen, Verbrechen und Gewalt heraushalten kann.

Deswegen hat die US-Regierung in den vergangenen Jahren einige Programme mit hohem finanziellen Aufwand und unterschiedlicher Wirksamkeit gestartet. Diese Programme bedürfen einer vertieften empirischen Analyse.

Auch wenn die Ergebnisse noch einige Jahre auf sich warten lassen, besteht bereits ein breiter Konsens, dass die Frühprävention ein entscheidender Schritt im Leben von Kindern ist, um späterem Problemverhalten entgegenzuwirken. Unglücklicherweise sind diese Empfehlungen jedoch von Gesetzgebern und Politikern weitgehend ignoriert worden.

Gleichzeitig ist uns bekannt, dass Glaubensgemeinschaften mit wenig oder ohne jegliche staatliche Unterstützung schon seit längerer Zeit Früh-Interventionsprogramme durchführen. Deren Erfolge werden zunehmend von den Medien wahrgenommen und publiziert.

Aus verschiedenen Gründen besteht jedoch ein Mangel an Untersuchungen über die Wirksamkeit dieser Bemühungen: Einerseits waren gläubige Menschen den akademischen Forschern gegenüber skeptisch und zeigten keine Offenheit für eine Überprüfung von außen; andererseits wählten die angeblich so offenen Sozialwissenschaftler ganz im Gegensatz zu ihrer wissenschaftlichen Vorgehensweise nur selten religiöse Gruppen oder Glaubensgemeinschaften als Fallstudien aus. Dieses gegenseitige Misstrauen verhindert eine konstruktive Zusammenarbeit zum Wohle der Nation und generiert den dringenden Handlungsbedarf, dass glaubensorientierte Programme empirisch auf ihre Wirksamkeit hin untersucht und mit säkularen Programmen verglichen werden.

Gleiches gilt für die Reintegrationsprogramme für Erwachsene. Einer meiner Kollegen hat gerade die Ergebnisse der umfassendsten wissenschaftlichen Studie über die Wirkung von Glaubensgemeinschaften in Großstädten abgeschlossen. Eine vorsichtige Schätzung ergab, dass diese Kirchen, Synagogen und Moscheen soziale Dienste leisteten, die die Stadt Philadelphia 200 Millionen US-Dollar jährlich kosten würden. Realistischere Schätzungen liegen beim doppelten Betrag. Hier sind die Geldbeträge noch gar nicht eingerechnet, die durch den Rückgang von Verbrechen und Straffälligkeit eingespart werden.

Glaubensgemeinschaften und Mentoring von Jugendlichen

Mentorenprogramme für reprobate Jugendliche werden seit einiger Zeit von der christlichen Organisation „Prison Fellowship" angewandt; auf Grund der hohen Effektivität fördert die staatliche Abteilung für Jugendrecht und Prävention von Straffälligkeit (OJJDP) jetzt ein solches Programm (J.U.M.P.-Juvenile Mentoring Program). Die Intervention besteht darin, Jugendliche aus Risikogruppen mit einem Mentor zu verbinden.

Glaubensgemeinschaften und soziales Umfeld

Der amerikanische Vorstadt-Traum einer bewahrten Kindheit ist nach Meinung von Kolumnisten und Kritikern wie PETER KRATZ durch die blutige Schieß-Orgie zweier amoklaufenden Teenager in Littleton zerbrochen. Das Erschütternde daran ist für viele Amerikaner die Tatsache, dass die Gewalt nicht dort auftrat, wo man sie voraussagen konnte, sondern ausgerechnet in den wohlhabenden Vierteln bürgerlicher Kleinstädte.

Der Kritiker HOWARD KUNSTLER dazu: *„... Unsere menschenleeren Vorstädte quellen über von schierer Sinnlosigkeit – Orte ohne Vergangenheit und Zukunft und mit wenig Gegenwart. ... Wir haben eine ausgedehnte, unpersönliche Welt* *geschaffen, die man nicht einmal betreten kann, bevor man sechzehn ist und einen Führerschein hat. Im Alter zwischen sechs und vierzehn machen Kinder aber eine kritische Entwicklung durch, in der sie unbedingt ihre tägliche Umgebung erforschen möchten, um die größere Welt kennen zu lernen."*

Wenn KUNSTLER recht hat, dann sind die sozialen Implikationen für die amerikanische Gesellschaft erschütternd. Isolation, Einsamkeit und Beziehungslosigkeit, manchmal verbunden mit Wut, sind nach Beobachtung von Kinderpsychologen zu einer modernen Geißel geworden.

Glaubensgemeinschaften und alternativer Strafvollzug

Fünf schwerwiegende Probleme des Strafvollzugs traten aus vielen Gesprächen mit Richtern und anderem Fachpersonals hervor:

- der extrem hohe Anteil der Drogen-Delinquenten, die weiterhin den größten Anteil der Gefängnisinsassen stellen,
- der ständig wachsende Anteil von gewalttätigen Jugendlichen und jungen Erwachsenen im Strafvollzug,
- die wachsende Anzahl von Frauen im Strafvollzug,
- die Frustration, eine bedeutende Anzahl geisteskranker Verbrecher ohne angemessene Überwachung einschließen zu müssen und
- das fortdauernde Problem überfüllter Gefängnisse.

Dabei ist unser Eindruck, dass alternative Sanktionen, die mit Unterstützung von christlichen Glaubensgemeinschaften ausgeführt werden, strategische Auswege aus diesem pessimistischen Engpass der nächsten 20 Jahre bieten können. Im Dienst an diesen Menschen liegt ein ungeheures Potenzial – so die Präsidentin der American Correctional Association, BETTY ADAMS GREEN.

Glaubensgemeinschaften und Mentoring/Betreuung
für Gefangene und Strafentlassene

Nach unserer zweieinhalbjährigen Beobachtung ist die Wirkung von Mentoren der Organisation „Prison Fellowship" (PF) auf erwachsene Gefängnisinsassen wie auch auf Strafentlassene, die wieder in ihrem Umfeld leben, tiefgreifend. Im Gegensatz zu der üblichen Einstellung im Strafvollzugssystem, dass Rehabilitation gleichzusetzen ist mit keiner erneuten Festnahme, geschehen hier charakterliche Veränderungen, die zu einer deutlichen Verringerung an Rückfälligkeit führen.

Dabei sind die Maßstäbe zur Messung des Erfolges bei PF wesentlich strenger als nur „keine erneute Festnahme"; sie bestehen vielmehr aus fünf Kriterien.

- Einhalten des Gesetzes,
- regelmäßiger Besuch und Mitarbeit in der jeweiligen Glaubensgemeinschaft,
- positives Familienleben,
- gewinnbringende berufliche Tätigkeit, und am wichtigsten
- fortdauerndes Mentoring.

Dies sind alles Produkte einer Veränderung von innen her und nicht nur einer Rehabilitation. Dieser einzigartige Ansatz bei Korrekturmaßnahmen stellt für viele, die im Strafvollzug arbeiten einen regelrechten Pradigmenwechsel dar. Wo er angewandt wird, bringt er Veränderung mit sich.

Weitere Forschungsmöglichkeiten

- Staatlich geförderte Modellprojekte ohne Bezug zu Glaubensgemeinschaften mit ähnlichen Initiativen vergleichen, die Einflüsse und Beiträge von Glaubensgemeinschaften einbeziehen
- Die Rolle von Glaubensgemeinschaften bei der Stabilisierung Jugendlicher in chronisch benachteiligten Wohngebieten erforschen
- Den Beitrag von Kirche und Glaube zur Prävention im Allgemeinen und besonders bei Kindern gegen Verbrechen und Straffälligkeit untersuchen
- Erfolgreiche Modellfälle empirisch untersuchen, wo Christen mit Beamten im Strafvollzug zusammenarbeiten, um gemeinsam Bandenbildung, Drogen und Verbrechen zu bekämpfen, wie dies zum Beispiel in Chicago, Boston und Philadelphia geschieht
- Die Kosteneffizienz von glaubensbezogenen Modellen bei der Verbrechensbekämpfung untersuchen
- Verschiedene Mentorenprogramme für Jugendliche auf die Wirksamkeit ihrer Ansätze hin erforschen. Dabei müssen Mentorenprogramme, die religiöse Elemente einbeziehen, verglichen und kontrastiert werden mit solchen, die sie nicht einbeziehen

Die bisherigen Beobachtungen und Ergebnisse deuten darauf hin, dass Wiedereingliederungs- und Präventions-Programme, die in Verbindung mit Glaubensgemeinschaften angeboten werden, effizienter und kostengünstiger sind, als vergleichbare Programme ohne eine solche Vernetzung.

The Forgotten Factor in Cutting Youth Crime and Saving At-Risk Urban Youth – Faith Factor Research in Crime and Delinquency

Abstract   English

In the future, what must happen in order to reduce crime and delinquency as well as other disturbing trends such as youth violence and drug abuse?

Judges, prosecutors, police officers, correction workers, community leaders, advocates, clergy, and policy-makers were asked this question – with troubling results: *"We have whole families in prison. ... They don't care – there's no conscience. They are a complete lost cause."*

Leading criminologists even warned against the next "baby boomerang" effect: Over 40 million children are alive at present in the U.S., and millions of them live in abject poverty – one of the high risk factors for criminal involvement.

Interestingly recent studies are documenting empirically the role of religious commitment in reducing juvenile delinquency. Even though prosecutors and judges agree that early intervention is the only thing to break the vicious circle of crime, violence and drugs. At the same time it is undeniable that religion has been a neglected and frequently misinterpreted factor in social science research.

Faith communities have been involved in early intervention programs for many years; but little research has been done on the effectiveness of these programs. The Christian organisation "Prison Fellowship" (PF) for example is connecting at-risk youth with a mentor. Mentoring has also proven successful with adult prisoners. Already the Office of Juvenile Justice and Delinquency Prevention (OJJDP) has started to support this program.

In summery our observations and results seem to show that reintegration and intervention programs that work in connection with the faith-community operate more efficiently and at lower cost than comparable programs that operate without this connection.

During the last year we have asked judges, prosecutors, police officers, correction workers, community leaders, advocates, clergy, and policy-makers, this question: "In the future, what must happen in order to reduce crime and delinquency as well as other disturbing trends such as youth violence and drug use and abuse?"

Responses to this question were troubling. Some felt like nothing could be done and that the past was going to be an unfortunate predictor of the future. Most criminal justice leaders we interviewed felt that at the rate we were going, over time the situation was going to get worse – not better. All too frequently frustration and cynicism seem to have captured some of those working in the criminal justice system. Over the years no doubt many of these criminal justice system professionals have had precious few positive experiences to reflect upon – what an opportunity to demonstrate real changes through research.

Demographic, or trend research in the area of delinquency and particularly youth violence seem to confirm the concerns expressed by these professionals. Though crime in general has been stable (in some cases even declining) for some time in America, youth violence has increased dramatically.[1] Indeed, leading criminologists like JAMES FOX and JOHN DIIULIO, JR. have warned us of the possible negative consequences of the "baby boomerang" effect. There are presently over 40 million children in this country who are under the age of ten. Millions live in abject poverty. A host of factors including poor child development skills and the lack of parental supervision have been linked to increases in youth crime and violence. As record numbers of these high-risk children grow older and begin to have children of their own, this could further alter dramatically the demographic face of America. This increase in the number of children, many of whom will be raised in poverty, may pose a substantial social problem that society must face before it is too late.[2]

Several judges and one prosecutor literally told us that youth and adults that are already in the criminal justice system are "lost causes." From this perspective, we should just plain write them off – there is little to no hope for them. Police officers have shared similar statements. Some of these key criminal justice professionals have arrested, prosecuted, and convicted entire families over a twenty to thirty year period: *"We have whole families in prison. These families have been involved in the system so long that there is no longer the remotest negative stigma*

---

[1] For elaboration see "Trends in Juvenile Violence: A Report to the United States Attorney General on Current and Future Rates of Juvenile Offending" (1996, 1997), JAMES ALAN FOX. Also see,
"The Coming of the Super Predators," The Weekly Standard (1995), JOHN J. DIIULIO, JR.
[2] JOHN J. DIIULIO, JR. "The Coming of the Super-Preachers," The Weekly Standard (1997).

associated with going to prison. You look into the eyes of these eighteen year olds and there's nothing there. They don't care – there's no conscience. They are a complete lost cause."[3]

Interestingly, our recent studies are empirically documenting the role of religious commitment in reducing juvenile delinquency in a nationally representative sample[4] as well as our recent studies confirming the role of the African-American church in reducing crime and delinquency in inner-cities.[5] In fact, we have found that frequent church attendance versus no attendance at all among black youth living in poverty, reduces the predicted probability of:

- committing a non-drug related crime by 32 percent,
- drug use by 44 percent,
- and drug-dealing by 67 percent.

What We Need to Find Out

That religion has been a neglected and frequently misinterpreted factor in social science research is undeniable. Consequently, we identify in this paper areas within the research literature that are underdeveloped, especially as these areas relate to faith-based initiatives. In other words, we will suggest areas where preschool to prison ministries and the research community must come together to fill the "gaps" in extant research.

Assessing the Role of the Faith Community in Early Intervention for At-Risk Youth

Though children and associated risk factors have often been studied, documentation of successful early interventions to help at-risk youth are woefully underrepresented in the research literature and thus our knowledge base in the area of interventions for at-risk children and developmental factors is inadequate. Effective and comprehensive early intervention for at-risk children, must be viewed as a high priority for faith-based outreach as well as a significant research opportunity for the academic community.

Coupled with our lack of knowledge about what interventions are most effective in helping kids stay out of trouble, is the obvious recognition that the public still feels children, youth and even at-risk youth are worth saving. As one district attorney recently told me, *"There's not a prosecutor in America who doesn't*

---

[3] Criminal Court Judge CHERYL BLACKBORNE

[4] B. JOHNSON, S. JANG, S. LI, and D. LARSON. "Does Adolescent Religious Commitment Matter? A Reexamination of the Effects of Religiosity on Delinquency," Journal of Research in Crime and Delinquency.

[5] B. JOHNSON and D. LARSON (1998). Religion: The Forgotten Factor in Cutting Youth Crime and Saving At-Risk Urban Youth. Manhattan, NY: Center for Civic Innovation of the Manhattan Institute.
See also: B. JOHNSON , D. LARSON, S. LI, and S. JANG. "Escaping the Crime of Inner-Cities: Church Attendance and Religious Salience among At-Risk Youth," Justice Quarterly;
and B. JOHNSON, S. JANG, S. LI, and D. LARSON, "The 'Invisible Institution' and Black Youth Crime: The African-American Church as an Agency of Local Social Control," in Youth and Adolescence.

agree that early intervention in the lives of children is the only thing that will break the vicious cycle of drugs, crime, and violence."[6]

Evidence of this lack of knowledge and the need to know, is the government's funding in recent years of several major federal "multiagency" early intervention initiatives designed to reduce crime, violence, and victimization among children and youth. Some of these multiagency federally supported early intervention demonstration projects are briefly summarized below:

- The U.S. Department of Justice (DOJ) funded in 1994 the Child Development-Community Policing (CDCP) Program model. The program provides assistance to children who have been exposed to community violence and consequently placed at developmental risk. Through this community partnership police and mental health professionals provide an array of consultation services specifically targeted to helping children from birth to six years of age.

- In 1997, the Substance Abuse and Mental Health Services Administration (SAMHSA) funded the Starting Early/Starting Smart initiative. This public/private collaboration integrates mental health and substance abuse prevention and treatment services with primary health care or early childhood care settings for children from birth to seven years.

- In 1995, the Office of Juvenile Justice and Delinquency Prevention (OJJDP) began Safe Futures, implementing comprehensive community programs designed to reduce youth violence, delinquency, and victimization through a federal effort continuum of care system for youth ages 0-18 and their families. This continuum assists communities in responding to the needs of youth at critical stages of their development through a range of prevention, intervention, treatment, and sanctions programs.

- In 1996, the Department of Justice (DOJ) initiated the Safe Kids/Safe Streets program. This 5½ year demonstration program provides co-ordinated community responses to child abuse and neglect cases in hope of breaking the cycle of early childhood victimization and later criminality.

- The Department of Health and Human Services (DHHS) Comprehensive Community Mental Health Services for Children and their Families Program includes intensive community-based services for children with serious emotional disturbances and their families based on a multiagency, multidisciplinary approach involving community interagency systems of care.

It will be some time before there is research documenting the social or economic benefit of these expensive programs. Yet, there is substantial consensus both within and outside the research community that early intervention in the lives of children is a critical step in preventing future behavioural problems. Perhaps no other issue in criminal justice enjoys as much approval as the call for early intervention. Indeed, standard recommendations made in much of the past and current research literature call for policy-makers to consider funding and implementing early intervention programs. Unfortunately, however, these early intervention recommendations have largely been ignored by policy-makers, and thus we have little evidence of the effectiveness of early intervention programs.

---

[6] Interview with TORRENCE JOHNSON, District Attorney General, Nashville, Tennessee.

At the same time, with little or no assistance from the federal government, we know that the faith community has been involved in early intervention efforts for some time. Indeed, the successes from these faith-based efforts have come to the attention of the national media in recent years. Yet, for several reasons there remains a lack of research on the efficacy of these faith-based early interventions. People of faith have been sceptical of academic researchers and have not been open to outside scrutiny or have not seen the merit or need for research. At best they have relied on anecdotes, at worse they have vastly exaggerated program effectiveness. On the other hand, contrary to the scientific method so many of them follow, supposedly open-minded social scientists have rarely sought-out religious or faith-based groups to study. Consequently, there is a critical need if not obligation, to systematically study faith-based programs so that we can begin to answer empirically questions like:

How effective are faith-based programs in comparison to other programs that target at-risk populations?

What are the key or core components of faith-based approaches to early intervention and how are these different than secular intervention approaches?

Assessing the Role of the Faith Community in Providing Co-ordinated Community Responses

As the juvenile justice field begins to recognize prevention as central to its mission and to focus its prevention efforts on those factors that place children at risk for both victimization and delinquent activity, criminal justice leaders and practitioners are increasingly recognizing that the segmentation and the fragmentation of community service delivery systems are serious obstacles to delivering effective services for at-risk and victimized children.[7]

---

[7] In 1996 nearly 3 million children were the subjects in 2 million reports of child abuse and neglect (POE-YAMAGATA, 1997). A 1994 study found that 1 out of every 10 children treated in the Boston City Hospital primary care clinic had witnessed a shooting or stabbing before the age of 6. Almost all (94 percent) of the children had been exposed to multiple forms of violence, and half had been exposed to violence within the past month. Half of the children witnessed such violence in the home, and half witnessed it in the streets. The average age of these children was 2.7 years (TAYLOR et al., 1994). It has been estimated that each year in the United States between 3.3 million (CARLSON, 1984) and 10 million (STRAUS, 1991) children witness violence in the home, including a range of behaviors from intense verbal arguments to fatal assaults with guns and knives. Family violence also encompasses violence between siblings. According to one study, 77 percent of children under the age of 9 had recently been violent toward a sibling (STEINMETZ, 1977). Another study found that 80 percent of children committed violent acts toward their siblings every year (STRAUS, GELLES, and STEINMETZ, 1980). In a comparison study of census data from five cities, domestic violence was shown to have occurred disproportionately in homes with children under the age of 5. Children in this age group also were more likely than older children to witness multiple acts of domestic violence and substance abuse (FANTUZZO et al., 1997). Research indicates that because of their age and limited ability to understand violent episodes, younger children are more vulnerable to the impact of victimization. Children's exposure to violence and maltreatment is significantly associated with increased depression, anxiety, posttraumatic stress, anger, greater alcohol and drug abuse, and lower academic achievement (Zero to Three, 1994). Exposure to violence shapes how they remember, learn, and feel. Numerous studies cite the connection between abuse or neglect of a child and later development of violent and delinquent behaviour (THORNBERRY, 1994; WRIGHT and

According to the U.S. Advisory Board on Child Abuse and Neglect (U.S. Department of Health and Human Services, 1995), more than 90 percent of children who were abused or neglected did not get the services they needed. Rarely are such children provided treatment or help in dealing with the traumatic effects of after effects of maltreatment. Also, too often, referrals to victim services made during investigations of domestic violence and other violent crime are limited to the adult victim rather than focusing on both adult as well as child victims or witnesses, leaving these children with few or even without services. There is broad consensus that current juvenile justice practice is often inadequate in preventing or intervening in exposure of children to violence. Services are crisis oriented and divide children and families into distinct, often arbitrary even conflicting categories. Communication among service providers is often poor, resulting in an inability to treat families collaboratively, meet their needs effectively, and develop comprehensive solutions.[8]

In addition, practitioners and policy-makers are beginning to recognize the potential effectiveness of engaging communities in addressing problems related to delinquency and violence. Indeed, the Federal Government has admitted it should play a critical role, not only in reorganizing and restructuring its own activities to promote and facilitate such reorganization as well as collaboration on the community level, but also in stimulating community-based systems improvement by providing financial and technical assistance to communities engaged in collaborative processes.[9]

"Co-ordinated community responses" are now being touted by policy-makers as core to any effort to provide solutions to complex social problems that defy single or uncoordinated community efforts. Co-ordinated community responses bring together multiple agencies, institutions, and foundations to target a particular problem or set of problems. And recently the government has begun to openly acknowledge the role of the faith community as part of the solution; an important step in validating the role of the faith, church, and religion.

Both Vice President AL GORE and Governor GEORGE W. BUSH, JR., have recently indicated that religion and faith will be central features in providing co-ordinated community responses to the crime problem. Undoubtedly, this recent openness to faith-based initiatives is due partly to the documented failure of existing efforts such as D.A.R.E.[10], a well funded and massive federal campaign designed to

---

WRIGHT, 1994; Widom, 1992). Children who experience violence either as victims or as witnesses are at increased risk of becoming violent themselves. This danger is greatest for the youngest children, who depend almost completely on their parents and other caregivers to protect them from trauma.

[8] A. MELAVILLE and M. BLANK (1993). Together We Can: A Guide for Crafting a Profamily System of Education and Human Services. Washington, D.C.: U.S. Department of Education and U.S. Department of Health and Human Services.

[9] C. CONLY and D. MCGILLIS (1996) "The Federal Role in Revitalizing communities and preventing and controlling crime and violence."
National Institute of Justice Journal 231:24-30.

[10] D.A.R.E. (Drug Abuse Resistance Education) is a collaborative effort by DARE certified law enforcement officers, educators, students, parents and community to offer an educational program in the classroom to prevent or reduce drug abuse and violence among children and youth. The emphasis of DARE is to help students recognize and resist the many direct and subtle pressures that influence them to experiment with alcohol, tobacco, marijuana, inhalants, or other drugs or to engage in violence.

reduce drug use among youth. Coupled with D.A.R.E.'s failure, published studies in recent years have begun to link beneficial outcomes in crime and delinquency reduction to increased levels of religious commitment or practices and the role of community sensitive, faith-based organizations.

The idea of coordinated community response has been captured by many churches and faith-based alliances. Wisely, these collaborations are proving to be perhaps one of the most effective strategies to garner support for faith-based initiatives and collaborations. We need to know more about these co-ordinated community responses and the role of the faith-community:

- We need to measure the effectiveness both faith-based and non-faith-based coordinated community responses to combat crime and delinquency.
- We need to be able to document the cost-savings benefit to society as a result of these efforts.

For example, results of the most comprehensive scientific assessment of religious congregations in a major city has just been completed by a colleague of mine at the University of Pennsylvania. In addition to painstakingly identifying the diverse social services provided by these congregations, the study, released last week, examines the replacement cost of these services to the city of Philadelphia. The conservative estimate is that these churches, synagogues, and mosques provide social services that would cost the city of Philadelphia $200,000,000 annually. More realistic estimates are at least double this figure. Further this does not include the amount of money saved through crime and delinquency reduction as well as correctional and policing costs that are being realized due to the efforts of the faith community.

Linking the Faith Community to Youth Mentoring

The Office of Juvenile Justice and Delinquency Prevention (OJJDP) has developed a blueprint for a "Juvenile Justice System for the 21st Century" that is based on an acknowledgement that effective prevention must both reduce factors that increase risk and enhance protective factors that buffer children from risk.[11] According to BILCHIK, in agreement with those leaders we interviewed these efforts must take place at the earliest possible time to reduce and counter those risks.[12]

Risk factors include poverty, availability of drugs, family conflict, lack of parental involvement, academic failure, peers who are engaged in delinquent behaviours, and perhaps most strikingly, the inability to have access to healthy relationships. Over time it is critical that we make the case for lack of religious commitment as a risk factor as well. These risk factors are influenced by the fact that:

- families do not necessarily stay in the same community and thus with moves can become isolated.

---

[11] Juvenile Mentoring Program: 1998 Report to Congress. Office of Juvenile Justice and Delinquency Prevention (December 1998).
[12] J.D. HAWKINS, R. F. CATALANO, and J.Y. MILLER (1992). Risk and protective factors for alcohol and other drug problems in adolescence and early adulthood, Psychological Bulletin. 112:64-105; and J. D. HAWKINS and F. F. CATALANO (1992). "Communities that care: Risk-focused prevention using the social development model." Seattle, WA: Developmental Research and Programs, Inc.

- parental family members often work outside the home creating a higher likelihood of youth being unsupervised.
- increases in divorce rates and birth rates of single teens in the 1990's has resulted in more families being headed by one rather than two parents with men becoming increasingly uninvolved.
- The prevalence of alcohol and drug abuse has led to physical, mental, and emotional damage to youth.
- Availability of guns has increased the likelihood that crimes will be more lethal.
- Early research is beginning to show the protective and preventive roles of religious commitment for at-risk youth.

Alone or in combination, the presence of these risk factors diminishes the likelihood that at-risk children and youth will develop the knowledge, skills, or moral values to avoid problems in the future. Recognizing this, the Juvenile Mentoring Program (JUMP) is now being promoted by OJJDP, and focuses on providing an intervention for youth at risk of entering the juvenile justice system. Connecting mentors to at-risk youth is the intervention. This approach should be nothing new to PF. The mentoring relationship is supposed to offer youth a protective factor to counter the risks they face in their daily lives. According to BILL BARNES, a prominent minister in one of Nashville's Enterprise Zones, mentoring is the key, *"it is not about volunteering. Volunteering doesn't accomplish very much on its own; it simply makes the volunteer feel good about themselves, but it may do little to change a life. The real challenge is for people in the churches to begin building relationships with people. Mentoring is what changes lives. And people in general aren't willing to build these kind of relationships."* A fan of Boston's Rev. EUGENE RIVERS, he stated that churches can and must play a central role in addressing social problems.

Mentoring can also directly address the problems associated with lack of parental supervision. Lack of parental supervision may have more negative consequences for children from low-income backgrounds because they have fewer options for needed monitoring and supervision.[13] The very presence of an adult mentor in a youth's life can help to reduce isolation and provide needed supervision and support. Further, while mentoring reduces risk factors, it can also support and enhance protective factors.[14]

Research documenting the success of mentoring programs could show that the link between building successful and lasting relationships is based on Christian love and principles. Research findings of this kind can go a long way in not only introducing decision-makers to the relevance of faith, but also in assisting and

---

[13] G. AUSTIN and A. BICKEL "Beyond prevention curricula: A guide to developing alternative activities programs." Washington, D.C.: U.S. Department of Education.
[14] See for example: C.K. RAK and L. E. PATTERSON (1996). Promoting resilience in at-risk children. Journal of Counselling and Development. 74:368-373;
R. BOLIG and K. D. WEDDLE (1988). Resiliency and hospitalization of children, Children's Health Care. 16:255-260;
J. B. GROSSMAN and E. M. GARRY (1997). Mentoring – A proven delinquency prevention strategy. Juvenile Justice Bulletin. Washington, D.C.: Office of Juvenile Justice and Delinquency Prevention, U.S. Department of Justice.

educating members of churches in building mentoring programs as well as improving these programs. These kind of findings could cause other well known mentoring programs to draw upon the expertise of the faith community and organizations like Prison Fellowship. If programs and organizations like Big Brothers/Big Sisters of America, Boys/Girls Clubs, and the YMCA/YWCA, see that through research religious programs and activities work, we believe they will be open to the involvement of the faith community.

Linking the Faith Community to Schools

Syndicated columnist NEAL PIERCE poses the questions, *"Was the American suburban dream a victim of the bloody shooting spree by two crazed teenagers at the Columbine High School in Littleton, Colorado?"* According to several critics, the answer is yes. *"The biggest thing suburbia ever had going for it was that it was a safe place to grow up, that it would provide a safe, nurturing environment for kids. Now that's shattered,"* according to PETER KATZ.

What has puzzled many Americans is that the chilling armed attacks on defenseless students did not take place where they would have predicted – the ghettos of troubled inner-cities. Instead, states PIERCE, the bloodshed's hit affluent Littleton and such other places as Springfield, Oregon, Pearl, Missoury, West Paducah, Kentucky, Jonesboro, Arkansas, and most recently, Conyers, Georgia We shouldn't be surprised, argues social critic JAMES HOWARD KUNSTLER:

"Just take a look at standard faceless suburbia… with everything …and pedestrians practically nowhere…You cannot overestimate the anomie that's being produced by these environments. They ooze utter purposelessness-places with neither a past or a future, and not much of a present."

If KUNSTLER is correct, the social implications for modern culture are staggering. *"We've created a spread-out, impersonal world you can't even access until you're 16 and a licensed driver. Children go through a critical developmental change between 6 and 14 when they're anxious to explore their everyday environment, to learn about the greater world."*

Today, however, not just in the inner-city, but in suburbia as well, youth face pervasive loneliness, teenage isolation, and separation sometimes coupled with rage that child psychologists report has become a natural scourge in recent times. According to PIERCE, *"Littleton reminds us we need to tame and convert the soulless of classic modern suburbia."*

In the wake of school shootings and other acts of violence in the schools, concerned citizens across the country are genuinely fearful about the safety of children in school. Not surprisingly, the popularity of after-school programs continues to grow (once again without research showing their purported success), as evidenced by the fiscal support being thrown their way from the federal government. Federal funding for after-school programs shot up from $40 million in 1998 to $200 million in 1999. Now, to a somewhat receptive Congress, the president proposes tripling that amount to a quite substantial $600 million.

After school programs exist in many communities and are always in need of assistance. Volunteers from the faith-community can be encouraged, taught and then play significant roles in the implementation of these after school programs. Such leadership in effective programming will lead to these volunteers being listened to. Tutoring programs also provide an excellent vehicle for concerned adults to help support successful educational experiences.

A study commissioned by Neighbours Who Care (NWC), a Prison Fellowship ministry to crime victims, concluded that although after school programs already existed, they are largely void of much needed curriculum that addressed victimization issues.

According to LAMPMAN *"many of the programs out there know the kids have been victimized, know they're dealing with violence, but sort of deal with it on an ad hoc basis, they don't directly target the child on that issue. And there is no Christ-centered curriculum, even though some of the programs are faith-based, none of them have curriculum that is intentionally Christ-centered that deals with the victimization issues and nobody is measuring it to see what happens when that type of curriculum is used. So we developed a program where we will implement a faith-based curriculum that does address victimization issues, but it's bigger than that, it also teaches life skills and all of that, that can be implemented by the after-school programs. And then we would like to test that by hooking up with a university or a team of researchers and over the next five to seven years, research the impact that that curriculum actually had on kids."*

NWC is talking about partnering with churches that already have a program and developing the technical assistance to help churches start programs. These are inner-city churches in high crime areas. NWC could specifically target neighbourhoods where demographics indicate a high number of at-risk children and crime, and then more than likely there is a church in the neighbourhood that has an after school program without a curriculum. Researching the educational and emotional benefit of such a curriculum in the lives of children is something we need to know.

After school programs, if shown to have demonstrated effectiveness through research, could again place the faith community in a position to further play a national leadership role and influence in the area of victimization programming and research; without the research, few might be willing to listen. The next president of the American Correctional Association agrees:

"One of the easiest things for the Church to do is to deal with prevention, to open their doors to children and families who are not in the system; with the idea of keeping them out. Opening their doors after school where kids can have a safe place to go, be supervised, get their homework done have a good role-model; where they're fed and cared for. This is the easiest and non-threatening role for the Church. Churches could have groups and counselling available, whether it's counselling in health issues or mental health issues. We are seeing a bunch of physically sick kids coming into the system with no concept of how to take care of their bodies and we need to deal with that."

The Faith Community and Alternative Sentencing

Our interviews with judges, corrections officials, and other justice system professionals repeatedly revealed a number of concerns about dilemmas facing the future of criminal justice in America, including:

- The terribly high number of drug-related and "drug only" offenders that are continuing to occupy the biggest percentage of all correctional facilities;[15]
- The steadily increasing percentage of violent youth and violent young adults that are comprising the criminal justice system;
- The increasing number of women in the system;
- The frustration with having to incarcerate and the inability to supervise adequately, a significant number of mentally ill offenders;
- The continuing problem of overcrowding in general.[16]

Lengthy interviews with criminal justice system professionals indicate at least one common theme running through all the problems and dilemmas faced by the system – there is a lack of viable sentencing options. We have interviewed local, state, and federal judges and all agree that they have precious few options for handling offenders in the system. Judges don't like to recommend probation because in most cases it becomes an unsupervised sanction that in the long run is meaningless. Similarly, they don't like incarceration because they believe that very little good comes out of prisons. Interestingly, judges, prosecutors, and public defenders are very open to alternative sentencing. Unfortunately, most agree that viable alternative sentencing options are generally not available.

We believe that research examining the effectiveness of alternative sentencing options that carry the support of churches could be very strategic given the pessimistic context facing us in the next 20 years.[17] According to BETTY ADAMS GREEN, President-elect of the American Correctional Association: *"Most churches really don't minister to the communities where they are located. However, if churches would assume the role of community as they were intended, they could have a huge impact. But they are going to have to be willing to invest in this for the long haul because it will be difficult to reach out and change these communities. But it can happen and the churches that do this will find their membership growing as they invest in and literally change the community. Churches are absolutely strategic. It's the only institution you can find on almost any street corner."*

The Faith Community in Mentoring and Aftercare for Prisoners and Ex-Prisoners

Conducting for the last two and one-half years the evaluation of Prison Fellowship's Inner Change Freedom Initiative (IFI) at the Carol Vance Unit in Texas, the authors have observed and studied first-hand one of the most compelling aspects of IFI–mentoring. The impact mentors seem to be having upon adult inmates currently incarcerated as well as upon those former IFI inmates now living in the community following release from prison seems to be substantial if not profound.

---

[15] See JOHN J. DIIULIO, JR. "Against Mandatory Minimums: Drug Sentencing Run Amok," National Review (1999):46-51.
[16] See JOHN J. DIIULIO, JR. "Two Million Prisoners Are Enough," Wall Street Journal, March 12, 1999.
[17] See the article "Proposing a Full Range of Intermediate Sanctions: The Potential Benefit of the Faith Factor," IARCA Journal, 6:28-31, 1995.

Prison Fellowship's research in the not-too-distant future will examine and highlight the ways mentors play an important role in contributing to transformation and recidivism reduction. This is not only important research in that it reduces recidivism but it can also begin to provide answers as to what keeps inmates from returning to prison. What we know from research literature about former prisoners is generally limited to knowledge about those that fail and return to prison – the recidivists. On the other hand, we know very little about former inmates that succeed during aftercare or parole stages. If ex-prisoners do not have contact with the criminal justice system, they are very difficult to track or monitor over time. The typical criminal justice mindset is to assume that former prisoners not rearrested, must be rehabilitated. Thus, lack of arrest becomes synonymous with rehabilitation.

Unlike traditional treatment programs, transformation rather than simply rehabilitation is the ultimate goal of Inner Change. For Prison Fellowship, the standard for measuring program success is much higher than just not being arrested once an offender returns to the "free world." True post-release success for Prison Fellowship is indicated by far more than the usual research outcome variables, behaviours such as:

- abiding by the law,
- regularly church attendance and involvement,
- positive family functioning,
- gainful employment, and
- most importantly continued mentoring

all by-products of spiritual transformation not rehabilitation. This unique approach to corrections represents a literal paradigm shift for many working within the system. If effective, what is learned from those choosing to add faith to their post-release programs could be field-changing.

The already remarkable popularity of IFI is indicative that prison administrators and decision-makers alike are open to the idea that crime and rehabilitation may have at least a partial spiritual and a partial moral basis. However, as quickly as IFI programs and free-standing prisons develop across the country, the vast majority of prisons in America will not be completely turning over their programs to Prison Fellowship or other religious ventures for that matter. Therefore, IFI research will help produce demonstrable and transferable IFI type modules to be developed alongside Prison Fellowship's existing ministries in other state prisons throughout the country. The opportunity then, to replicate the IFI model as well as the outcome research for mentoring in prisons without Inner Change programs is profound.

There is the potential to study IFI's aftercare component in great detail and then to replicate this experience in traditional aftercare and parole settings. Every Tuesday and Thursday night, IFI parolees gather as a group at district parole offices to meet with an IFI counsellor to share problems and triumphs and to generally be encouraged and challenged spiritually. One of the most compelling features of these meetings is that they are attended by many non-IFI parolees. In this way, spiritually-based principles can be presented to almost any offender under some form of community-based corrections.

Identification of Broad Research Opportunities

Compare and contrast federally funded demonstration projects that do not include the faith community as part of a co-ordinated community response to delinquency, youth violence, and crime with similar initiatives that do draw upon the influence and contributions of the faith community

This type of research could show that multi-agency program responses can be even more effective if churches and people of faith are more integrally involved in initiatives to solve an array of social problems. We believe it is important for Prison Fellowship (PF) to be more closely networked and involved in these church alliances. Indeed, networking with diverse groups and players (sectarian and non-sectarian) could hold additional potential for PF in future coordinated community responses and efforts. In many communities across the country, The United Way is networking and co-ordinating within communities to make sure services are provided to those most in need. Research supporting the ability of Prison Fellowship programs to have a beneficial impact, may encourage church alliances as well as groups of substantial community influence like the United Way, to seek out PF's participation in new and more comprehensive efforts.

Support research that examines and documents the role of churches and the faith community in stabilizing chronically disadvantaged communities

In particular, research is needed that examines the overlooked role of religion, faith and churches in providing help and hope through networks of support which benefit children, youth, and families. Research to be developed through Prison Fellowship's 20 year Research Quest will examine and highlight the powerful and positive influence of the church to improve social conditions.

For example, the efforts of Rev. EUGENE RIVERS and his coalition of churches to reduce crime and delinquency in Boston; the Rev. Dr. FLOYD FLAKE and his church have drama-tically improved the economic conditions in the Queens, New York; FREDDIE GARCIA's successful drug treatment program in San Antonio, and TOM LEWIS and the Fishing School Ministry's after school program in Washington, D.C..

Support research that examines the role of church and faith in contributing to "resiliency" in general and specifically how faith and religion help in making kids "resilient" to crime and delinquency

Research in this untapped arena can help begin to answer the question: "How can kids survive the crime, delinquency, gangs, drugs, and violence of deteriorating inner-cities.?" In other words, "How can good kids come from bad neighbourhoods?" as many if not most do survive. Research should be undertaken which addresses how "moral communities" where pockets of religiously committed people and churches can exist within highly secularized communities and cities. These moral communities provide a safe haven and vehicle by which people are exposed to a host of morally acceptable values. Through the influence of faith or the church, such findings will run counter to conventional wisdom and could have very profound policy impact on community development in at-risk youth and the role of the faith community in solving social problems.[18]

Support research which studies "best practices" within the church community

For example, empirical studies need to be done which highlight the Chicago, Boston, and Philadelphia experiences in recent years, where effective, established programs are in place and where church leaders have become the allies of the criminal justice system in fighting delinquency, gang activity, drugs, and crime. The "known" programs need to be researched or academia will continue to overlook them despite the communities recognition and awareness of their success.

Support research examining the cost-effectiveness of faith-based approaches to crime problems

Research is needed which utilizes short and long-term cost-benefit analyses to demonstrate that cost effectiveness of church and faith-based initiatives. If research has already demonstrated that these approaches can reduce recidivism and they are also cheaper, this may have the effect of multiplying the visibility and viability of these efforts by using outcomes consonant with the language of policy-makers – costs, healthcare costs, direct costs to society and indirect costs to the family.

Support research examining an array of mentoring programs for youth to determine those elements of mentoring most predictive of beneficial outcomes

Comparisons and contrasts need to be made between those mentoring programs that do not include religious variables and those that do. In 1998, the Office of Juvenile Justice and Delinquency Prevention (OJJDP) officially adopted mentoring as a strategy hallmark of their philosophy for reducing delinquency. Research is needed to understand the relationship of spiritual development and religious commitment to mentoring or relationship building and trust.

---

[18] B. JOHNSON, S. JANG, S. LI, and D. LARSON. "Does Adolescent Religious Commitment Matter? A Reexamination of the Effects of Religiousness on Delinquency," Journal of Research in Crime and Delinquency;
B. JOHNSON and D. LARSON (1998). Religion: The Forgotten Factor in Cutting Youth Crime and Saving At-Risk Urban Youth. Manhattan, NY:
Center for Civic Innovation of the Manhattan Institute.
See also: B. JOHNSON, D. LARSON, S. LI, and S. JANG.
"Escaping the Crime of Inner-Cities: Churchgoing Among At-Risk Youth," Justice Quarterly;
and B. JOHNSON, S. JANG, S. LI, and D. LARSON,
"The 'Invisible Institution' and Black Youth Crime: The African-American Church as an Agency of Local Social Control," Youth and Adolescence.

Support systematic reviews and meta-analyses of existing bodies of research to determine how published research findings regarding children, youth, and families may be consistent with and/or supportive of a Christian world view

There is a great deal of solid research that has already been published and if studied properly and highlighted through appropriate methodological venues, may offer critical insights and support for present and future ministry ideas and initiatives. For example, reviews of the literature looking at: parental attachment, parental monitoring and supervision, discipline, intact versus non-intact homes, and violence in the home. Additionally, the authors would recommend a need to understanding the relationship between faith and religious commitment and each of the topics just mentioned as well as recidivism, resiliency, etc. as discussed previously in other sections above.

Support research examining sectarian and non-sectarian "restorative" justice models

In recent years restorative justice models and approaches have garnered substantial support from not only members of the community, but from public officials as well. Interestingly, not all indeed most restorative justice models do not contain spiritual components or receive support from local churches. Research comparing efficacy of faith-based and non-faith-based restorative justice models could yield critical if not policy-changing insights into the process of personal and community restoration.

We need to conduct longitudinal research in order to know the influence of religion over time – the ultimate test of the lasting impact of faith

Arguably the most powerful and influential research today is based on analyses of longitudinal data sets, whereby it is possible to track people over a long period of time. Data sets that capture this kind of data are very important in that they yield characteristics, patterns, and trends in crime committing and crime desisting that help us understand how better to combat crime and delinquency. Unfortunately, researchers have tended to leave religious variables out of these longitudinal studies and therefore there is very little published research on the effects of religious commitment on youth over time. However, two forthcoming studies indicate that the beneficial effect of religiosity in reducing delinquency is indeed substantial and is one that holds over time for several crime crimes.[19]

---

[19] B. JOHNSON, S. JANG, S. LI, and D. LARSON. "Does Adolescent Religious Commitment Matter?: A Reexamination of the Effects of Religiousness on Delinquency," Journal of Research in Crime and Delinquency;
and B. JOHNSON, S. JANG, S. LI, and D. LARSON, "The 'Invisible Institution' and Black Youth Crime: The African-American Church as an Agency of Local Social Control," at Youth and Adolescence.

Jürgen Höller, Gochsheim

Ist Erfolg programmierbar?
Ein Interview

Korrespondenzadresse:

Lucas-Cranach-Weg 6
97469 Gochsheim
info@juergenhoeller.com

Jürgen Höller, Gochsheim

verheiratet, zwei Kinder

	mit 19 Jahren die erste Firma, danach weitere Unternehmen
	mit 21 Jahren geschäftliche und persönliche Krise, Ausweg durch ein Buch über Erfolgstechniken
seitdem	Selbststudium der Erfolgsgesetze: ca. 800 Bücher gelesen, 150 Audio- und Videoprogramme studiert, 120 Seminare besucht
1989	Gründung der Inline-Unternehmensberatung
1991	Unternehmer des Jahres
1994	Verkauf der Inline-Unternehmensberatung an Lizenznehmer
seit 1994	Seminartätigkeit für Führungskräfte und Motivationskongresse mit zirka 250.000 Teilnehmern pro Jahr

Lebensmotto: Alles ist möglich!

Veröffentlichungen:

diverse Video- und Audiokassetten zum Motivationstraining

diverse Bücher zum Motivationstraining, unter anderem:
Alles ist möglich, Mit System zum Erfolg, Sag ja zum Erfolg!, Sicher zum Spitzenerfolg, Sprenge Deine Grenzen

Ist Erfolg programmierbar?
Ein Interview

Einführung der Herausgeber

Ein Motivationstrainer ohne akademischen Grad auf dem Symposium des PROFESSORENforums? Ist das kein Irrtum?

Nein, es ist ein bewusst eingesetztes Kontrastprogramm.

Das PROFESSORENforum versteht sich ja als Plattform für verschiedene Denkansätze und fördert deren Dialog. Und einiges, was Herr HÖLLER anspricht, fehlt massiv in der Ausbildung an unseren Hochschulen. Wieso schafft er es zum Beispiel, für Lehrinhalte zu begeistern und dafür sogar zahlende Besucher zu gewinnen?

JÜRGEN HÖLLER fordert die universitäre Elite auf, sich darüber Gedanken zu machen, wie sie das Wissen, das sie besitzt, den Menschen auch wirklich praxisnah und anfassbar vermitteln kann.

Is Success Programmable?
An Interview

Abstract   English

It is my desire that the top-notch elite thinkers of our country would think about how they can impart their knowledge in very practical and experiential ways. Sometimes I get the feeling that many things are presented too "scientifically" and that people are no longer being reached. I personally am a self-taught person, but I speak the language of the people and am able to reach them with my words, and thus with my content.

I also wish that the principles of attaining success and setting goals for one's life, which I am promoting in Europe and Brian Tracy, for instance, in the USA, would also be spoken of in the worlds of science and education. I want to talk about these topics with high-school students or college students. Imagine what a person could attain if he or she were to learn these strategies and techniques and apply this content as a 16-year old or as a 20-year old. You can't explain away something which has brought about results in millions of cases.

Professorenforum (P): Herr HÖLLER, Sie haben am 5. Februar (2000) über 12.000 Leute zu einem Motivationstag in Dortmund zusammengeführt; am 1. Mai vorigen Jahres in Frankfurt waren es 10.000, und im Juli haben Sie in München schon wieder eine solche Großveranstaltung geplant. Das sieht sehr erfolgreich aus, wenn man auf die Zahlen schaut.

Wie sind Sie auf die Erfolgsschiene gekommen? Waren Sie schon immer so erfolgreich?

JÜRGEN HÖLLER (H): Nein, keineswegs! Mit 19 Jahren machte ich mich selbstständig, eröffnete dann insgesamt vier Geschäfte, denn ich dachte, auf einem Bein steht es sich schlecht.... Dann kam, was kommen musste. Durch diese Dekonzentration und mein geringes Selbstwertgefühl mit der ständigen Angst, es könnte schief gehen, ging es auch schief. Mit 21 Jahren hatte ich Millionenschulden, drei der vier Geschäfte wurden mir abgenommen, meine Gesundheit war ruiniert und meine Beziehung zerstört. Ich stand nur noch vor der Frage: Was kann ich ändern?

Dann entdeckte ich durch Zufall das Buch von DALE CARNEGIE „Sorge Dich nicht, lebe"[1]. Ich war zunächst voller Zweifel, was konnte mir ein Amerikaner bieten, der seine Schäfchen längst im Trockenen hatte. Ich las das Buch und begann daraufhin, mein Leben zu verändern. Zum Beispiel begann ich, meine Mitarbeiter zu loben und zu respektieren, sie ganz anders zu behandeln. Ich erkannte, dass es an mir liegt, etwas zu verändern, nicht an den Umständen. Damit begann ein Prozess, der bis heute andauert. Erst im Laufe der Jahre, durch die Aufnahme vielen Wissens, gelang es mir dann, immer erfolgreicher zu werden. Ich bin ganz pragmatisch an die Sache herangegangen. Ich habe einfach umgesetzt, was ich erkannt habe, und es hat funktioniert.

P: Worum geht es Ihnen bei Ihren Veranstaltungen, was möchten Sie bei Ihren Besuchern bewirken?

H: Bei meinen Veranstaltungen geht es in erster Linie um Erfolg. Viele Menschen verstehen unter Erfolg immer nur materiellen Erfolg. Mir geht es um die Ganzheitlichkeit. Erfolgreich ist für mich der, der glücklich und innerlich zufrieden lebt.

Dies kann man meines Erachtens nur dann erreichen, wenn alle fünf Säulen, auf denen unser Leben aufgebaut ist, funktionieren: beruflicher Erfolg, finanzielle

---

[1] DALE CARNEGIE: Sorge dich nicht, lebe. Bern. Erste deutsche Auflage 1949, inzwischen überarbeitete und neu übersetzte 58. Auflage 1992, zuzüglich diverser Lizenzausgaben

Sicherheit und Freiheit, Gesundheit und Vitalität, liebevolle und harmonische Beziehungen und persönliches Wachstum, worunter ich zum Beispiel auch die Spiritualität verstehe.

P: Führen Sie vorwiegend Großveranstaltungen durch oder trainieren Sie auch im kleinen Rahmen?

H: Beides. Einerseits gibt es bei mir die Großveranstaltungen, wie den Motivationstag oder den „Power Day", bei denen die Besucherzahl eben fünfstellig werden kann. Andererseits führe ich auch kleinere Seminare durch, wobei für mich „klein" dann 150 – 300 Personen bedeutet.

P: Welche Veranstaltungsgröße ist Ihnen denn am Liebsten?

H: Wiederum beide. Großveranstaltungen sind einfach ein Erlebnis, auch für mich. Je größer die Anzahl der Menschen ist, die zusammen kommt, desto größer ist die Ansteckungskraft der Gefühle, der Begeisterung. Kleinere Veranstaltungen haben den Vorteil, die Menschen intensiver kennen zu lernen. Ich kann allen mal in die Augen schauen und auch das eine oder andere Gespräch in der Pause führen.

P: Wenn ich Sie jetzt frage, ob Erfolg programmierbar ist, sind wir uns einig, dass wir von einer Veränderung des Denkens reden. Einer Veränderung, die sich auch auf das Handeln auswirkt.
Was hat Sie selbst davon überzeugt, dass so etwas möglich ist?

H: Mein eigenes Beispiel. Wenn es möglich ist, dass ein 21-Jähriger, der kurzzeitig sogar einmal den Gedanken hat, allem ein Ende zu setzen, in seinem Gebiet zur Nummer Eins wird, dann kann jeder andere auch erfolgreich sein.

Leider hat man uns, damit meine ich zumindest 95 % der Bevölkerung, ein Leben lang eingeimpft, dass wir zu klein, zu schwach, zu jung, zu dumm sind, oder was auch immer, um erfolgreich zu sein. Ich möchte Menschen zum Handeln bewegen, sie aufrütteln, ich möchte sie motivieren, ich möchte sie begeistern, ich möchte ihnen Mut machen und ich möchte ihnen einhämmern: *„Du schaffst es!"*

P: Mit einem solchen Ansatz bewegen Sie sich relativ nahe bei Kernaussagen des christlichen Glaubens im Neuen Testament. So ist zum Beispiel der Ruf zur Umkehr, mit dem JESUS und der Täufer JOHANNES auftraten[2], in erster Linie ein Aufruf zur Änderung des Denkens, griechisch: *„metanoia".* Dabei war es klar, dass auch ein verändertes Handeln folgen musste.
Welche Rolle spielt für Sie der christliche Glaube?

H: Zu diesem Thema in Deutschland Stellung zu beziehen, ist nicht einfach. Ich bin katholisch erzogen worden, habe dann aber den Kontakt zu Kirche und Gott verloren. Auf meiner Suche während der letzten fünfzehn Jahre bin ich dann wieder auf Gott gestoßen. Dennoch habe ich mittlerweile das Gefühl, dass man

---

[2] DIE BIBEL: Matthäus Kapitel 3

sich dafür schämen muss, sich als Christ zu fühlen und natürlich auch als solcher zu handeln und an Gott zu glauben. Für mich persönlich ist der christliche Glaube, der Glaube an Gott, das Allerwichtigste. Ich lebe nach den Regeln des Christentums und habe auch die von mir vermittelten Seminarinhalte darauf abgestimmt.

Man kann nur dann erfolgreich sein, wenn man etwas zum Wohle der Menschen und nicht auf Kosten anderer vollbringt. Und das vielleicht wichtigste Gebot ist das Gebot der Nächstenliebe: „*Liebe Deinen Nächsten wie Dich selbst...*"[3]. Dies impliziert allerdings, dass man sich eben auch selbst lieben, sich selbst annehmen, ein starkes und positives Selbstvertrauen besitzen sollte.

Übrigens habe ich jetzt gerade eben ein ehrenamtliches Projekt begonnen. Ich helfe dem evangelischen Pfarrer Dr. KLAUS DOUGLAS dabei, mit meinem Talent und seiner Vision seine Kirchengemeinde in Niederhöchstadt zur ersten Großgemeinde Europas mit bis zu 5.000 Gottesdienstbesuchern nach amerikanischem Vorbild zu bauen, so wie Dr. ROBERT SCHULLER und BILL HYBLES. Was dort in Niederhöchstadt passiert, ist für mich christlicher Glaube der Neuzeit, und die Arbeit von Herrn Dr. KLAUS DOUGLAS und seine Kirchengemeinde hat mich tief bewegt. Vielleicht gibt es ja unter den Lesern jemanden, der sich spontan angesprochen fühlt, KLAUS DOUGLAS und seiner Gemeinde Niederhöchstadt dabei zu unterstützen – ideell und vielleicht auch materiell. Denn wenn das Christentum in Deutschland nicht sehr schnell einen neuen, gewaltigen, positiven Schub erfährt, dann werden die christlichen Werte mehr und mehr verschwinden. Und was das für unsere Gesellschaft bedeuten würde, mag ich mir gar nicht vorstellen...

P: Herr HÖLLER, Sie bezeichnen sich als Motivationstrainer; wie motivieren Sie sich selber für Ihre Aufgaben?

H: Natürlich muss jeder Mensch zunächst seinen Lebensunterhalt verdienen. Ich empfehle jedem, das zu tun, wozu er die meiste Begabung und das größte Talent besitzt. Mir macht es einfach Spaß, mit Menschen umzugehen, mit Menschen zu reden und sie zu lehren. Meine Hauptaufgabe sehe ich darin, möglichst vielen Menschen mein Wissen zugänglich zu machen, damit diese dann die Möglichkeit haben – natürlich in eigener Verantwortung – ihren eigenen Weg gehen zu können. Grausam finde ich es, wenn Menschen, die in Wirklichkeit als Adler geboren wurden, in einem Hühnerstall aufwachsen, als Huhn erzogen werden und ein Leben lang glauben, sie seien ein Huhn – obwohl sie doch in Wirklichkeit ein freier Adler sind! Ich glaube, wenn Menschen große langfristige Ziele haben, dass sie dann automatisch motiviert sind. Das ist jedenfalls meine persönliche Erfahrung.

P: Wir sind hier zu einem Symposium überwiegend mit Hochschullehrern zusammen. Gibt es etwas, das Sie einer solchen Gruppe gern sagen würden – eine Empfehlung, eine Anregung, eine Bitte oder irgendetwas anderes?

H: Ein Anliegen ist mir, dass die hochkarätige Denk-Elite eines Landes, wie sie bei Ihrem Symposium zusammen gekommen ist, sich darüber Gedanken macht, wie sie das Wissen, das sie besitzt, den Menschen auch wirklich praxisnah und

---

[3] DIE BIBEL: Matthäus Kapitel 22 Vers 39

anfassbar vermitteln kann. Manchmal hege ich die Befürchtung, dass vieles zu „wissenschaftlich" verpackt wird und Menschen damit gar nicht mehr erreicht werden. Ich persönlich bin ja mehr oder weniger Autodidakt, spreche aber die Sprache der Menschen und erreiche sie mit meinen Worten – und dadurch auch mit meinen Inhalten!

Ich würde mir auch sehr wünschen, dass die Gesetze des Erfolgs und Zielsetzungen für das Leben auch in Wissenschaft und Ausbildung einfließen, wie ich sie in Europa propagiere und beispielsweise BRIAN TRACY sie in den USA verbreitet.

Ich würde über diese Themen mit meinen Schülern oder Studenten reden. Stellen Sie sich vor, was ein Mensch in seinem Leben bewegen kann, wenn er schon als Sechzehn- oder Zwanzigjähriger diese Strategien, Techniken und Inhalte anwendet. Was mittlerweile millionenfach funktioniert hat, ist einfach nicht mehr wegzudiskutieren.

Ansonsten finde ich es toll, dass es ein solches Symposium gibt, in dem sich eine solch offene und aufgeklärte Elite Gedanken um die Zukunft macht.

Professor Stefan Busch, Reutlingen

Kinder und Jugendliche als Konsumenten –
Konsequenzen für die Vermarktung
christlicher Angebote

Korrespondenzadresse:

Alteburgstr. 150
72762 Reutlingen
stefan.busch@fh-reutlingen.de

Professor Stefan Busch, Reutlingen

geb. 1955, verheiratet, eine Tochter

           Studium der Sozialwissenschaften, der evangelischen Theologie und Betriebswirtschaft in Hamburg und Reutlingen

           6 Jahre als Offizier bei der Bundeswehr

           12 Jahre Tätigkeit im internationalen Marketing in Unternehmensberatung und der Markenartikelindustrie für Marken wie Nivea, Hansaplast und Melitta, zuletzt als Marketingdirektor

Seit 1993 Professor für Internationales Marketing am Fachbereich Internationales Marketing der Hochschule für Technik und Wirtschaft in Reutlingen

           Unternehmensberater

           Gastprofessuren in den USA und in Argentinien

           Diverse Veröffentlichungen und internationale Projekte in Europa und Asien

Kinder und Jugendliche als Konsumenten – Konsequenzen für die Vermarktung christlicher Angebote

Zusammenfassung　　　　　　　　Deutsch

Kinder und Jugendliche drehen ein großes Rad: Rund 25 Milliarden DM werden von ihnen jährlich direkt – als Taschengeld oder Job-Einkommen – oder indirekt, durch Einflussnahme auf Familie und Freunde, bewegt. Das macht sie zur interessanten Zielgruppe der Industrie, die sich intensiv mit den Vorlieben und Interessen der Kids beschäftigt und Strategien zur Ansprache junger Menschen entwickelt. Diese Strategien sind in aller Regel reflexiv, das heißt sie gehen auf die veränderte Situation der jungen Zielgruppe ein, die durch die Veränderung gesamtgesellschaftlicher Strömungen definiert wird.

Zunehmende Individualisierung und frühere Selbstständigkeit schon der Kinder führen zu eigenen Lebensstilen, die sich getrennt von denen der Erwachsenen entwickeln. Individuelle Lebenswelten werden durch Marken, Freizeitbeschäftigung und Freundeskreis patchworkartig zusammengestellt und durch Medien kommuniziert. Mit diesen Medien gehen die Kids routiniert um und erkennen sehr schnell mangelnde Authentizität. Mit der Gestaltung individueller Lebenswelten werden aber auch Werte zur Orientierung individuiert und auf die Lebenssituation eklektisch angepasst.

Innerhalb dieser Wertewelten haben Kirche und Religion nicht mehr viel Raum, denn sie haben sich schon frühzeitig aus den neuen und selbstständigen Perspektiven der jungen Menschen herausgehalten. Offene Ablehnung neuer Medien und scheinbar materieller Besitzstände lassen auch eine größere Einflussnahme auf die Welt der Kinder nicht mehr zu. In der Folge werden auch die kirchlichen Institute von den Kids nicht mehr akzeptiert. Hinweise, wie das geändert und christliche Inhalte wieder als selbstverständlich zum Leben der neuen Generation gehörig gelten könnten, gibt der folgende Beitrag.

Children and Young Adults as Consumers – Consequences for the Marketing of Christian Offers

Abstract — English

Children and young adults are a big market: Approximately 25 billion German marks per year passes through their hands either directly out of their allowances or job earnings or indirectly through their influence on their families and friends. This makes them the most interesting target group for industry, which closely investigates their preferences and interests and develops strategies designed to appeal to them in particular. These strategies are for the most part reflexive, e.g. they adjust themselves to the changing situations of this young target group, which in turn are determined by changes in the trends in society in general.

Increasing individualism and early independence even among children leads to a development of an individual lifestyle which then develops separate from the adults around them. Individual worlds put together in patchwork fashion through brand-names, leisure activities, and friends are communicated through the media. The kids are used to these media and are quick to realize the lack of authenticity. The construction of these individual worlds however also leads to an individualisation of values which are then copied out of the media into one's own lifestyle.

The church and religion no longer have much place among these copied values, because for quite some time they have kept themselves out of these new autonomous perspectives of young people. The church's open rejection of the new media and material possessions does not allow a larger influence on the world of children. As a result, church institutions are no longer accepted by the kids. I will make suggestions on how to change this and once again make Christian values a normal part of life for the new generation.

Die Kids sind König. Sie verfügen über Milliarden und beeinflussen die Kaufentscheidungen ihrer Eltern.

Was die heimlichen Beobachter des Marktforschungsinstitutes im Riech- und Schmecklabor der Gesellschaft für sensorische Analyse in München oder im Institut für Jugendforschung zu sehen bekommen, ist auf den ersten Blick nicht aufregend: Kinder löffeln Joghurts, mampfen Schokolade, trinken Limo und diskutieren darüber, ob's schmeckt. Kommentare wie *"ätzend"* oder *"kotz, würg"* lassen die Lauscher erbleichen. Denn sie haben viel zu verlieren – einen milliardenschweren Markt.

Marketing-Fachleute nennen sie „Skippies": school kids with income and purchasing power. Die Kleinen drehen ein ganz großes Rad; rund 25 Milliarden Mark werden von ihnen jährlich bewegt. Eltern und Verwandte haben längst nicht mehr allein die Verfügungsgewalt über ihre Geldbörsen, sind oft nur noch Beschaffer für den Nachwuchs. Kinder, die heimlichen Lenker des Marktes, bestimmen zunehmend, was gekauft wird. Bei vielen Anschaffungen reden die „Kurzen" mit. Ihre Methoden sind dabei nicht immer fein.

So schrieb der „Stern" 1997[1]. Und so ist es heute erst recht. Mit zunehmender Bedeutung des Kindes im gesellschaftlichen Kontext wird das Kind auch als Konsument immer wichtiger. Und es muss und will ernst genommen werden in seinen Bedürfnissen und seinen Motiven, seinem Lebensstil. Das tun die Vermarkter von Angeboten für Kinder und das ist auch eine Facette ihres Erfolges. Sie sprechen dem Kind eine auf sein Lebensalter ausgeprägte Autonomie in seinen Entscheidungen bezüglich seiner Freizeitgestaltung, seines Lebensstils und seines Konsums zu[2]. Damit wird auch die Kindheit immer mehr zum eigenständigen, zeitungebundenen Lebensentwurf.

Kinder werden nicht mehr als „einfach noch nicht erwachsen" betrachtet oder als im bürgerlich-liberalen Sinne unter einer „Kindheits-Käseglocke" sitzend gesehen. Vielmehr sind sie junge Menschen, denen innerhalb ihres Lebensspektrums Kompetenzen und Standpunkte zugetraut werden. Man könnte fast sagen: Kinder werden erstmalig aus ihrer eigenen Perspektive wahrgenommen und nicht aus dem erwachsenen Blickwinkel. Das ist relativ neu und hat sicherlich auch damit zu tun, dass mit dem Auftreten der Massenmedien, insbesondere aber mit der Erscheinung der speziellen Zielgruppenorientierung im medialen Bereich solche spitzen Positionierungen überhaupt erst möglich wurden.

---

[1] Vgl. STERN 14/97, S. 50 ff.
[2] R. VOLLBRECHT(1998): „Wie Kinder mit Werbung umgehen" In: H. DICHANZ: Handbuch Medien. Medienforschung. Bonn, S. 188

Das führt natürlich zu mancherlei Fragestellungen. Da ist die Frage der Ethik: Darf man versuchen, Kinder für kommerzielle oder andere Ziele zu beeinflussen? Ein uneingeschränktes „Ja" öffnet der Manipulation des unausgereiften kleinen Gehirns mit Kommerz – und das wäre dann noch das geringere Übel – vor allem aber von Ideologien Tür und Tor. **Kommerz will nur das Geld der Kinder, Ideologien wollen das ganze Kind.**

Ich möchte diese Fragestellung nicht diskutieren, sie ist nicht Inhalt dieses Beitrags. Wohl aber werde ich im folgenden durchaus auch darstellen, dass eine Manipulation der Kinder und Jugendlichen aufgrund vieler Einflussfaktoren, vor allem aber wegen ihrer bereits sehr ausgeprägten und recht konkreten Vorstellungen gar nicht so einfach ist, wie die bis in die 80er Jahre hinein von der Frankfurter Schule dominierte Medienpädagogik bisher angenommen hat. Der kleine Bürger ist bereits mündiger, als ihm viele erwachsene Zeitgenossen zugestehen wollen.

Auch werde ich mich nicht auf das Feld der Entwicklungspsychologie begeben. Das ist mir zu kritisch, da dort zu viele Schulen miteinander im Wettstreit stehen und ich keineswegs in diese Diskussionen eintreten möchte, dort aber auch nicht genuin zuhause bin. Wohl aber will ich zeigen, dass bestimmte Methoden durchaus funktionieren und auch angewendet werden können. Ob das ethisch bedenklich ist, muss letztlich jeder für sich selbst entscheiden. Aus meiner christlichen Perspektive habe ich, mit dem christlichen Menschenbild vor Augen, damit kein Problem.

Wie man die im kommerziellen Bereich gesammelten Erfahrungen auf die Vermarktung christlicher Angebote übertragen kann, wie sie einzusetzen sind, will ich zum Schluss skizzieren. Damit steht dieser Vortrag in der unmittelbaren Tradition des Vorjahresbeitrags, der sich mit der Vermarktung von Kirche insgesamt beschäftigt hat[3].

Kann man ein Gehirn überhaupt programmieren? Ist das nicht arg technisch gedacht? Einen Computer kann ich programmieren. Er tut, was ich ihm sage. Nun, meine Tochter tut das keineswegs in allen Fällen. Wer Kinder hat, kann das sicher auch nachvollziehen.

Programmierung, ein monokausaler Input-Output-Zusammenhang, wird dem komplizierten Zusammenwirken unterschiedlichster Einflussfaktoren auf das menschliche Gehirn einfach nicht gerecht. Klingt auch so, als wären wir vom KGB, klingt nach Brainwashing und Manipulation. Weder kann ich das mit meinem christlichen Menschenbild in Übereinstimmung bringen, noch als Erziehungswissenschaftler oder als Wirtschaftswissenschaftler gutheißen. Und so möchte ich Ihnen gerne zeigen, dass wir als Marketingleute zwar permanent damit beschäftigt sind, Menschen zu etwas zu bringen und durchaus auch zu beeinflussen – denn das ist Ziel jeglicher Kommunikation – aber daher auch wissen, wie schwierig die Kommunikation unter realen marktwirtschaftlichen Bedingungen ist.

---

[3] STEFAN BUSCH (1999): „Marketing und Christentum – Widerspruch oder Notwendigkeit?" In: E. BECKERS, S. BUSCH, H.-J. HAHN, P. SAHM (Hg.): Hochschulbildung im Aus? Gießen

Kinder und Jugendliche als autonome Konsumenten

Definition und Bedeutung der Zielgruppe

Die Wissenschaften wie Biologie, Soziologie, Psychologie, Pädagogik und Jura kennen unterschiedliche Definitionen von Kindern, Jugendlichen und jungen Erwachsenen. Im Rahmen des Marketing sprechen wir von „Kids". Gemeint ist damit eine Gruppe, die noch in den Kindergarten oder in die Schule geht, zu Hause wohnt und in der Regel das dreizehnte Lebensjahr noch nicht vollendet hat. Zu dieser Definition sind wir gekommen, weil diese Gruppe – sie muss natürlich noch unterteilt werden – am ehesten gleiche Verhaltensmuster aufweist, was die Konsumentscheidung betrifft. Wenn man diese Altersgruppe jetzt splittet, dann zeigt sich, dass wir es im Wesentlichen mit drei Altersklassen zu tun haben.

3-6 Jahre: Kindergarten- und Vorschulalter, Werberezeption im Fernsehen beginnt, Markenzeichen werden erinnert, Bezugspersonen sind Eltern und Geschwister, erste Sozialisation in der Gruppe

6-9 Jahre: Grundschulalter, Zeit intensiven Lernens, heile Kinderwelt, intensive Fernsehnutzung, Zuwendung zu außerfamiliären Bereichen, kritische Auseinandersetzung, aber kein Sich-in-Frage-stellen

9-13 Jahre: Schulalter, Kritikfähigkeit entwickelt sich, Einfluss in der Familie nimmt zu, Einfluss der Eltern nimmt ab, Übergang zur Welt der Jugendlichen, stärkere Orientierung an den entsprechenden „Peer Groups", Selbstfindung und damit verbundene Rollenfindung in der Gruppe[4]

Hinzu kommen noch bei Verfeinerung des Vermarktungsprozesses soziale und wirtschaftliche Situation, Geschlecht und Schulbildung sowie Freizeitverhalten.

Kinder und Konsum: Grundsatzüberlegungen

Kinder und Jugendliche leben zunehmend in eigenen Welten, sie produzieren ihren eigenen Lebensstil. Das eben genau macht sie nicht zu „noch nicht Erwachsenen", sondern es gibt ihnen eine eigene Dimension. Das impliziert, dass Kinder nicht nur eigene Freizeit- und Konsumentscheidungen treffen, sondern zunehmend kollektive Lebens- und Werthaltungen entwickeln, die von den einzelnen Individuen praktisch als Ganzes übernommen werden[5]. Stil zu haben heißt wiederum, sich selbst als ganzheitliche Interpretation der eigenen Person zu definieren und zu inszenieren.

Die Techno-Kultur zeigt es besonders deutlich: Verbindlichkeiten werden abgelehnt, alles ist erlaubt – wenngleich auch nur zum Ausprobieren – und Konsens im gesellschaftlichen Sinne gibt es nicht mehr. Wo solche Einstellungen an

---

[4] P. BODENSOHN(1995): „Kinder in der Werbung – Werbestrategien der Wirtschaft" In: LANDSCHAFTSVERBAND RHEINLAND LANDESJUGENDAMT (Hg.): Kinder und Werbung. Köln, S. 33
[5] R. VOLLBRECHT (1998): „Der Wandel von Jugendkulturen von Subkulturen zu Lebensstilen" In: H. DICHANZ: Handbuch Medien. Medienforschung. Bonn, S. 102

Einfluss gewinnen, stellt die Selbstinszenierung mit individuellen Konsumsymbolen einen besonderen Reiz dar und schafft den eigenen Lebensstil. Immer mehr werden jugendliche Peer Groups zu echten Subkulturen, die sich den Erwachsenen entziehen und auch die soziale Kontrolle zunehmend auf die Gruppe hin verlagern – und das mit hohem Identifikationspotenzial!
Auch sind die heutigen Jugendbewegungen keineswegs mehr ausschließlich als Gegenkulturen zu deuten – von wenigen Ausnahmen wie der späten Öko-Szene einmal abgesehen. Es ist nicht mehr der Protest, der motiviert, sondern viel eher die eigene Entität, das Ego-Gefühl. Nicht mehr gegen etwas, sondern für sich, so ließe sich diese Tendenz umschreiben. *„Kritik üben die Kinder der Revoluzzer allenfalls an den ‚unordentlichen Verhältnissen und der mangelnden Vorbildhaftigkeit ihrer 68er-Eltern'"*[6].

Zum einen ist es das Gefühl der Ohnmacht, alleine nichts bewirken zu können, zum anderen aber auch der Individualismus, der sich Kinder und Jugendliche zunehmend über ihre Freizeitkarrieren definieren lässt. Dementsprechend verdoppelte sich seit 1992 das Interesse an Lifestyle-Themen wie Mode oder Kleidung. Über Musik und Werbung präsentierte Lebensstile übernehmen *„identitätsstiftende Funktionen in einer enttraditionalisierten Gesellschaft"*[7]. Und das führt fast notwendigerweise zum Konsum bestimmter scheinbar individueller Produkte. Interessant ist die mediale Gestaltung der jugendlichen Lebensstile: Sie werden von Trend-Scouts aufgespürt und nicht etwa gemacht, dann den Marketing-Verantwortlichen zurückgespielt und von diesen entsprechend verstärkt.

Aber: Jugendliche Lebensstile sind auch kombinierbar und werden mit scheinbaren Widersprüchen fertig. Es gibt keine Dogmen mehr wie noch vor Jahren in der Jeans-und-Parka-Generation oder die bewusst ungepflegten Kleidungs- und Umgangsformen der Alternativszene. *„...man sampelt und remixed verschiedene Lebensstile zu einer Art Patchwork-Lebenskonstellation"*[8], ohne darin Widersprüche zu sehen. Warum auch? Die Technos machten es vor. Einen Leistungsdruck in Schule oder Lehre koppeln sie mit den wochenendlichen Raves, den Tanzveranstaltungen, und entwickeln so einen Stil, der zwischen Unauffälligkeit und Exhibitionismus schwankt.

Letztlich haben wir es mittlerweile mit einer eigenständigen Kinder- und Jugendlichenkultur zu tun, bei der die bisherigen Institutionen – Elternhaus und Schule – mit den Anforderungen der neuen Institute Peer Group und Konsummarkt in Einklang gebracht werden müssen.

Die finanzielle Situation der Kinder

1999 lebten knapp 9,9 Millionen Sechs- bis Siebzehnjährige in Deutschland[9]. Die zuverlässigste Einkommensquelle der Minis ist das Taschengeld. Etwa 95%

---

[6] FOCUS 12/2000: „Jugend 2000 – Die romantischen Realisten.", S. 74
[7] WILFRIED FERCHHOFF (2000): „Jugend 2000 – Die romantischen Realisten."
In: Focus 12/2000, S. 68
[8] ebd., S. 72
[9] BASTEI/SPRINGER/BAUER (Hg.) (1999): Kids Verbraucher-Analyse 99 (Kids VA), Bergisch-Gladbach/Hamburg, S. 16

erhalten regelmäßig durchschnittlich DM 53,- monatlich zur freien Verfügung. Das ist aber nicht alles: Zum Geburtstag gibt es nochmals etwas (durchschnittlich DM 105,-), zu Weihnachten dann rund DM 120,-. Noch nicht gerechnet sind die Nebeneinkünfte aus freiberuflicher Tätigkeit wie Belohnung für gute Noten, Abwaschen oder auf kleinere Geschwister aufpassen.

Auch haben die meisten Kids ein gutes Ruhekissen: Durchschnittlich finden sich etwa DM 950,- auf dem Sparbuch. Gespart wird auf einen Computer (7,6%) oder ein Fahrrad (6,8%). Die meisten aber (29,2%) sparen einfach nur so ohne festes Ziel.

Alleine das verfügbare Geld beträgt zirka 8,5 Milliarden Mark, das Sparguthaben nochmals rund 9,5 Milliarden. Das ergibt zusammen eine Summe von 18 Milliarden Mark.

In erster Linie wird das Geld für Süßigkeiten (38,7%), Zeitschriften (Kinder- und Fachzeitschriften ca. 22%), Kino (11,8%), Bekleidung (10,2%) und Getränke (10%) ausgegeben. Bücher machen etwa 2,4% des Budgets aus.[10]

Markenbewusstsein

Marken reduzieren Komplexität, sie haben eine versprochene Qualität und sie helfen – je nach Verwender – zur Profilierung gegenüber anderen. Sie individualisieren wirklich oder scheinbar. Im kindlichen und jugendlichen Bereich spielen Marken eine ganz erhebliche Rolle. Der wesentliche Unterschied ist die Verwendungsoffenheit. Die in der Öffentlichkeit – sprich: bei Freunden – verwendete Marke ist wesentlich bedeutsamer als die ohne soziale Kontrolle zu Hause benutzte Marke. Es ist bei Freunden wichtig, die besondere Marke zu haben und die Gewissheit, dass sie in der Gruppe gut ankommt. Die in der Öffentlichkeit, bei Freunden und Bekannten, in der Schule gezeigten Marken nennen wir als Marketing-Fachleute „High Interest", denn sie haben für das Leben der Zielgruppe eine besondere Bedeutung.

Für die Kids ist nicht zwingend Qualität, sondern Aktualität ein Schlüsselsignal. Das Markenimage spielt hier eine besondere Rolle: Nike vor Puma, Coca-Cola vor Pepsi, Pringles vor Chio-Chips. Die letztendliche Akzeptanz ist davon abhängig, wie sehr die Marke die Tonality und die gewünschten Markenbenefits der jungen Zielgruppe trifft[11].

Die Kinder von heute verfügen über ein ausgeprägtes Markenbewusstsein und über Produktkompetenz. Sie urteilen differenziert über Marken und weisen ein hohes Qualitätsbewusstsein sowie ein gestiegenes Anspruchsdenken auf. Auf vielen Gebieten wie Mode, Freizeit, Medien und Werbung sind sie gegenüber ihren Eltern Meinungsführer. Schon früh, bevor sie in den Kindergarten kommen, werden sie mit ersten Markenbezeichnungen und Markenbildern konfrontiert.

Sie verlangen nicht nach einer Jeans, sondern nach einer Levi's, nicht nach einer Puppe, sondern nach einer Barbie. Beim Frühstück gibt es nicht Schoko-Nuss-Aufstrich, sondern Nutella, keine Margarine, sondern Rama. Schon im

---

[10] ebd.
[11] BAUER SMARAGD KG (Hg.) (1999): Bravo Faktor Jugend 2, Hamburg

Vorschulalter von drei bis sechs Jahren erkennen die Kleinen Markenlogos von McDonalds, Coca-Cola und Milka und weisen außerdem einen hohen Grad an Wiedererkennung auf[12].

Von den Sechs- bis Achtjährigen beziehen immerhin 70% Informationen über Markenprodukte aus dem Fernsehen, bei den Neun- bis Vierzehnjährigen sind es fast 90%.[13] Früh werden auch schon erste eigene Vorstellungen über die Mode und Geschmacksfragen sowie erste Markenpräferenzen ausgebildet, die für bestimmte Lebensstile der Kinder stehen.

Es wird eine regelrecht emotionale Beziehung zur Marke aufgebaut. Kinder und Jugendliche entscheiden sich für Marken, die innovativ, kreativ und leistungsfähig sind. Egal, wie viel es kostet, das Image ist das Wichtigste. Jugendliche erleben ein sicheres, selbstbewussteres Gefühl mit Marken, die „in" sind, da sie auch als Kommunikationsmittel dienen. Marken sind Alltagsbestandteil, sie drücken sowohl Stilsicherheit als auch die Wunschidentität der Jugendlichen aus.

Ist es wirklich so, dass Kinder und Jugendliche sprunghaft sind, nicht wissen, was sie wollen und ständig auf der Suche nach Abwechslung sind? Nun, nach den uns vorliegenden Untersuchungen ist das so. Sind sie dann automatisch auch wechselhaft? Nein, offenbar trotzdem nicht.

In vielen Produktkategorien sind die Kinder und Jugendlichen sogar sehr treu. Insbesondere bei dauerhaft starken Marken, bei gleich bleibenden Produktanforderungen oder hohem Risiko beim Wechsel, haben wir es mit einer starken Markentreue zu tun. Wenn man wechselt, dann im Wesentlichen, weil man kein Kind mehr ist. Kindermarken werden von Jugendlichen nicht mehr verwendet. Darauf müssen wir uns einstellen, aber das war auch nie anders.

Wie kommen Kinder und Jugendliche in Kontakt mit „ihren" Produkten? Zu 47% vom Sehen im Geschäft und zu 34% durch Freunde oder die Clique. Das heißt: Der direkte Kontakt zum Produkt oder dem Angebot ist wichtig, ebenso die Mundpropaganda. Bedeutsam ist dabei die „Fanatische Aufrichtigkeit": Entweder ist alles „voll gut" oder „voll Schrott".

Die Kids nehmen Marken ganzheitlich wahr. Und sie stehen auf Ehrlichkeit. Eine ganz wichtige Dimension ist die Authentizität und Glaubwürdigkeit einer Marke. Labels wie Benetton und Body Shop schaffen das.

Wer entscheidet?

Nicht alles ist kaufbar. Wünsche hin, Wünsche her. Die Eltern dürfen noch bei den Low-interest-Produkten mitentscheiden. Dann wird eben die Seife benutzt, die Wurst, der Käse gegessen, die gerade verfügbar sind. Oder aber es ist teuer. Dann müssen die Eltern mit ins Boot und überzeugt werden. Dann wird gehandelt – oftmals wenig zimperlich: *„Ich flehe meine Mutter an."* Oder: *„Wenn Mutti*

---

[12] B. MELZER-LENA (1998): „Zielgruppe Kinder: Wie sich die Beziehung zu Marken im Vorschulalter entwickelt."
In: Planung & Analyse 4/98, S. 69
[13] S. FELDMEIER (1998): „Fernsehen, Freunde und Freundesfreunde"
In: Media & Marketing 5/98, S. 70

nein sagt, den Vater fragen. Der erlaubt es dann." Oder: *„Nerven, weinen, trampeln und einen Bock bekommen, bis ich es habe."* Dies sind, so das Institut für Jugendforschung, die beliebtesten Mittel der kleinen Egotaktiker[14] zur *„Durchsetzung spezieller Produktwünsche"*[15].
Wer programmiert da eigentlich wen?

Bedeutsam ist es, ob Freunde die Marke auch verwenden. Aber: Mit zunehmendem Alter wird dies tendenziell unwichtiger. Ist es bei den Zehn- bis Elfjährigen noch ein Wert von 46%, so sind es bei den Vierzehn- bis Fünfzehnjährigen noch 35%. Aber die Akzeptanz der Lieblingsmarke bei den Freunden bleibt gleich wichtig und nimmt tendenziell mit höherem Alter noch zu. 75% bei den Zehn- bis Elfjährigen, 79% bei den Sechzehn- bis Siebzehnjährigen. Nur erleben die Jüngeren den Gruppendruck intensiver, da sie noch wenig Marken im Relevant Set haben, auch über ein geringeres Maß an Handlungsalternativen verfügen und daher eine strenge Anwendung der neu erlernten Kontrollnormen erfolgt. Die Älteren haben einen scheinbar höheren Freiheitsgrad, da sie mehr Handlungsalternativen auf Grund des erweiterten Markensets haben[16].

Wichtig aber ist auch hier: Das Markenimage muss stimmen. Und das ist eine nicht mehr neue Erkenntnis im Marketing: Gute Produkte haben wir in ausreichender Anzahl. Aber sie müssen auch die Probleme lösen, die die Zielgruppe hat. Und die Zielgruppe der Kids hat in erster Linie psychologische, weniger rationale Probleme. Übrigens denke ich, dass das bei uns Erwachsenen nicht wesentlich anders ist. So jedenfalls meine persönliche Erfahrung aus knapp 20 Jahren praktischem Marketing in Industrie und Beratung.

Was bedeutet das für das Marketing?

Die These, dass die heutige Jugendkultur eine wesentlich höhere Eigenständigkeit hat als frühere Subkulturen, wird durch das Ergebnis der uns vorliegenden Studien einhellig bestätigt. Kinder und Jugendliche erzeugen durch Markennutzung Gemeinschaft und Distanz, Kooperativen und Abgrenzungen. Auch Lebensabschnittsentscheidungen werden getroffen. Ganz selbstverständlich verwendet der Jugendliche keine Kindermarken mehr, so wie der Erwachsene keine Jugendmarken mehr verwendet (oder besser: es sowieso peinlich vermeiden sollte). Damit lernen die Kids, mit den Anforderungen der Gesellschaft zurechtzukommen. Ich sage bewusst nicht der Konsumgesellschaft, denn das ist nicht ihre hervorstechende Eigenschaft, auch wenn uns das viele Medien und inzwischen an Schaltstellen sitzende unbelehrbare 68er Veteranen glauben machen wollen. Es ist eine ihrer Eigenschaften, ja. Vor allem aber leben wir in einer Gesellschaft, die in der Tradition abendländischer Werte steht. Und das sind christliche Werte wie Individualismus und Freiheit.

Freiheitliche Gesellschaften aber lassen Alternativen zu, im politischen Leben wie im persönlichen. Sie geben Auswahl, nicht staatliche Reglementierung und fordern daher dem Bürger schon früh Entscheidungsfähigkeit und Verantwortung ab. Das impliziert aber zugleich eine hohe Komplexität, denn Entscheidungen sind

---

[14] KLAUS HURRELMANN (2000): „Jugend 2000 – Die romantischen Realisten"
In: Focus 12/2000, S. 62
[15] STERN (1997), a.a.O.
[16] BAUER SMARAGD KG (Hg.) (1999): a.a.O.

nur dann sinnvoll, wenn sie auf Alternativen beruhen. Das gilt genauso für den Konsum: Freiheitliche Gesellschaften lassen die Vielfalt zu, lassen den Wettbewerb zu, lassen den Bürger selbst entscheiden. Man muss aber auch lernen, mit dieser Komplexität umzugehen. Das gilt nicht nur für die Politik, sondern auch für den Konsum und den richtigen Umgang mit ihm. Die Vielfalt des Konsums gehört also zwangsläufig in eine freie Gesellschaft. Unsere Jüngsten dürfen von dieser Vielfalt nicht künstlich ferngehalten werden, nur weil wir selbst sie oft noch nicht richtig verstanden haben.

Mit der bewussten Auseinandersetzung dieser Komplexitäten begreifen die Kleinen, wie man Kaufentscheidungen anderer zu eigenen Gunsten beeinflusst, aber auch, dass man sich bei den eigenen Entscheidungen emanzipieren muss. Wenngleich auch nur im Rahmen der Gruppe, denn jenseits davon lauert die Isolation. Vielleicht sollten auch wir als Eltern das begreifen und annehmen.

Einflussgrößen

Die Peer Group

Heute sind neben Elternhaus und Schule vor allem die Gleichaltrigen für die Markenentscheidung von Bedeutung. Zum einen ist es das Elternhaus, das mit Markenpräferenzen einen frühen Einfluss auf das Kind ausübt, zum anderen aber die Schulkameraden oder andere Gruppenmitglieder, die beträchtlichen Einfluss auf das kindliche Verhalten haben – und nicht nur auf den Konsum! Zunehmend übernehmen die Cliquen auch die Funktion von Geschwistern, die ja auch seltener geworden sind, sowohl in Fragen der Freizeit als auch in Lebens- und Stilfragen.[17]

Die Meinungsführer innerhalb der Gruppe sind die Trendsetter.[18] Hier werden Geschmack bezüglich Kleidung, Musik, Computern, Freizeitverhalten oder anderen Interessen bestimmt. Gruppenzugehörigkeit und Status sind für Kids wichtig, deswegen wird ihr Aussehen, die Kleidung und das Auftreten immer bedeutender. Keiner möchte schlechter oder dümmer als seine Schulfreunde dastehen. Dementsprechend werden die Marken der Meinungsführer akzeptiert und erstrebt.

Wahrnehmung von Werbung

Kinder wachsen in einer Konsum- und Warenwelt auf, sie müssen sich zwischen Tausenden von Angeboten entscheiden. Hier genau setzt die Werbung an, die natürlich beeinflussen will, denn ansonsten wäre sie Geldverschwendung und komplett überflüssig.[19]

Wie aber wirkt nun Werbung auf die Kinder? Da gibt es kaum wirklich relevante Untersuchungen. Das mag am Gegenstand liegen, vor allem aber an der Methodik. Es ist nun einmal sehr schwierig, in einem sozialwissenschaftlichen Bereich experimentelle Bedingungen herzustellen. Trotzdem gibt es gewisse, wenn auch mit Vorsicht zu genießende Resultate.

---

[17] WILFRIED FERCHHOFF (2000): a.a.O., S. 72
[18] IJF (Hg.) (1993): Die Macht der Clique. München, S. 7
[19] T. WOLSING (1995): „Werbung und ihre Wirkung auf das Konsumverhalten von Kindern." In: LANDSCHAFTSVERBAND RHEINLAND LANDESJUGENDAMT (Hg.) (1995): Kinder und Werbung. Köln, S. 70

Betrachtet man als Merkmal: Kind erkennt die Absicht der Werbung, also „Produkt verkaufen" oder „Gewinn erzielen", so sind immerhin gut 70% der Vierjährigen in der Lage, das zu erkennen.[20]

Die Zahl steigt einleuchtenderweise mit zunehmendem Alter. Diese Ergebnisse sind sicherlich noch differenzierter zu betrachten, denn das Sprach- und Bildverständnis der Kinder reicht in vielen Fällen nicht aus, um überhaupt zu einer gesicherten Bewertung zu kommen.

Trotzdem aber stellen Untersuchungen über Werbung bei Kindern fest, dass zwar noch rund 60% der sechsjährigen Kinder Werbung gut finden, hingegen nur noch rund 22,8% der Zwölf- bis Dreizehnjährigen.[21] Sehr früh bereits entwickelt sich eine kritische Einstellung zur Werbung. Kinder von heute lernen deutlich besser damit umzugehen, als ihre Vorgängergenerationen, die noch nicht so selbstverständlich mit Medien aufgewachsen sind. Stimmt zum Beispiel das eigene Produkterleben nicht mit der Werbeaussage überein, wird die Werbung sofort abgewertet. Ebenso wird die Gestaltung der Werbung sehr genau geprüft. Übertriebene oder auf „Jung" gemachte Werbung wird schnell entlarvt.

Auch ist oftmals direkt für Kinder gemachte Werbung geringer akzeptiert, da sich die Kinder meist als zu kindisch dargestellt empfinden. Sie wollen ernst genommen werden. Werbung aus Kindersicht muss unterhaltsam sein und Informationen vermitteln, denn aus dem Fernsehen holen sich die Kiddies oftmals ihre Informationen über Marken und Produkte.[22]

Ein ganz wichtiger Faktor hierbei ist Authentizität. Junge Menschen, die mit Medien heute routiniert umgehen, lassen sich nichts mehr vorgaukeln und sind wesentlich kritischer als ihre Eltern.[23]

Hingegen wird die eigentliche Kaufentscheidung nur zu einem relativ geringen Teil von der Werbung beeinflusst. Den Löwenanteil bestreiten Auslagen in Schaufenstern, Kataloge, vor allem aber Freunde. Daher wird in verstärktem Maß vor allem der Zusatznutzen der sozialen Anerkennung durch den Gebrauch eines Produktes angesprochen, ein Aspekt, der gerade für Kinder von Bedeutung ist.

Werbung kann verschiedenartige Auswirkungen haben. Generell kann jedoch auf Grund der vorliegenden Untersuchungen nicht davon ausgegangen werden, dass Werbung einen negativen psychischen Einfluss auf Kinder ausübt. In keiner Untersuchung konnten bislang längerfristige, direkt auf Werbung zurückzuführende Wirkungen nachgewiesen werden.[24]

Freizeitverhalten

Freizeit ist für Kinder sehr wichtig und wird auch intensiv gelebt und genossen. Untersucht man, welche Aktivitäten die Sechs- bis Siebzehnjährigen sehr oft

---

[20] M. CHARLTON u.a. (1998): „Werbekonsum und Werbekompetenz von 4-14jährigen Kindern" In: H. DICHANZ: Handbuch Medien. Medienforschung. Bonn, S. 219
[21] R. VOLLBRECHT (1998): „Wie Kinder mit Werbung umgehen" In: H. DICHANZ: Handbuch Medien: Medienforschung. Bonn, S. 190
[22] BRAVO (1995): Jugend-Marktreport. Hamburg, S. 20 sowie
B.J. MARTINI (1992): „Jugend ist heute anders als früher zu umwerben"
In: Werben&Verkaufen 21/1992, S. 29
[23] BERND MICHAEL (2000): „Jugend 2000 – Die romantischen Realisten"
In: Focus 12/2000, S. 68
[24] D. BAAKE, U. SANDER, R. VOLLBRECHT (1993): Kinder und Werbung. Bonn, S. 166f.

betreiben, stellt man fest, dass die mit Abstand beliebteste „oft" betriebene Freizeitbeschäftigung „mit Freunden zusammen sein" ist (80,1%), gefolgt von „Musik hören" (71,2%). Mit großem Abstand kommen dann Beschäftigungen wie „malen, zeichnen" (34.4%) oder „Bücher lesen" (31,5%). Klassische Aktivitäten wie das Spielen mit Eisenbahn, Lego, Playmobil oder Autorennbahn sind out. 70-80% der Kinder beschäftigen sich mit diesen Dingen gar nicht.

Auch der Sportbereich ist rückläufig. Außer Fußball (23,8%) und Inliner fahren (18,7%) sind die übrigen Sportarten unter „ferner liefen...".[25] Gerade aber die neuen Trendsportarten sind für Kinder attraktiv. Auch Kleine schon sehen den Abenteuercharakter dieser Beschäftigungen und interessieren sich dafür.[26]

Wenn man sich mit Freunden trifft, sind die beliebtesten Themen das Fernsehprogramm (60%) oder Inhalte aus Zeitschriften (42%).[27] Bevorzugte Interessen sind dabei Freundschaft, Musik, Sport und Mode – jeweils geschlechtsabhängig etwas unterschiedlich ausgeprägt.[28] Freizeit ist längst Konsumzeit geworden.

Kinder als Entscheidungsträger und Markendurchsetzer

Die heutige Familienstruktur ist demokratischer als noch vor einer Generation. Kinder werden eher ernst genommen, sie dürfen mitreden, in vielen Fällen auch mitentscheiden. Waren es 1977 noch 46% aller familiären Entscheidungen, die kollektiv getroffen wurden, so sind es 1996 bereits 55%.[29] Die Bravo Marktstudie „Faktor Jugend" zeigt, dass der Mitbestimmungsgrad der Kinder bei vielen Produktkategorien an den der Eltern heranreicht, so zum Beispiel bei der Anschaffung von Computern.

Aber auch beim Autokauf haben bereits die Zwölf- bis Dreizehnjährigen in mehr als 50% der Haushalte einen Entscheidungseinfluss von 12%. Betrachtet man das differenzierter nach Produkteigenschaften, so haben die Kinder und Jugendlichen bereits zu 42% Einfluss auf die Markenwahl, zu knapp 40% auf Farbe und Art des Wagens. In jedem Fall ist die Anschaffung solcher aber auch anderer Produkte in der Familie ein Thema und wird besprochen.

Kinder entscheiden zu über 40% die Wahl des Urlaubsortes, sie haben entscheidenden Einfluss bei der Markenwahl von Limonade, Süßigkeiten, Shampoo, Zahnpasta und einer Fülle anderer Produkte[30].

38% der Eltern werden mit Überredungsversuchen ihrer Kinder konfrontiert, wenn es um neue Produkte geht. Wenn eine konkrete Anschaffungsplanung besteht, sind es sogar 64%. Insbesondere bei PCs, Mobiltelefonen, Videorecordern und anderen technischen Geräten nutzen die Eltern gerne den oftmals hohen Informationsstand ihres Nachwuchses. Selbst wenn die Markenvorstellungen

---

[25] BAUER SMARAGD KG (Hg.) (1999): a.a.O.
[26] J. PALCZEWSKI (1996): „Werbung für Kinder und gesamtgesellschaftliche Verantwortung." In: Markenartikel 1/96, S. 3
[27] S. FEIERABEND, W. KLINGLER (1998): „Jugendliche Medienwelten. Basisdaten aus der Untersuchung JIM '98 – Jugend, Information, (Multi-) Media."
In: H. DICHANZ: Handbuch Medien. Medienforschung. Bonn, S. 164
[28] ebd., S. 165
[29] o.V. (1997): „Kinder sind Traumgruppen." In: Blick durch die Wirtschaft vom 02.09.1997
[30] BAUER SMARAGD KG (Hg.) (1999): a.a.O.

deutlich auseinander klaffen, setzen in diesen Kategorien die Kids ihre Vorstellungen meist durch. Ihre Beteiligung wird noch stärker, wenn es um Anschaffungen geht, die nicht für die gesamte Familie, sondern für den Nachwuchs allein sind. Dann wird in 85-97% aller Familien auf das Kind gehört und immerhin, je nach Produktkategorie, in 65-90% die Entscheidung zur Hälfte und mehr vom Kind oder Jugendlichen bestimmt.[31]

Aber auch in kleineren Fällen setzen die Kids Kauf- und Markenentscheidungen durch: Jeder dritte Besuch eines Fastfood-Restaurants kommt zustande, weil ein Kind darauf gedrängt hat; 31% aller Kleidungskäufe werden durch die Nörgelei der Kinder beeinflusst und ohne das Quengeln der Kleinen würden den Freizeitparks rund 20% aller Besucher fehlen. Nahezu 40% der BigMacs, Levi's Jeans und Disneyland-Reisen würden nicht in Anspruch genommen, wenn es nicht auf ausdrücklichen Wunsch der Kinder geschähe.[32]

McDonalds ist einer von denen, die es am besten erkannt haben, dass die Zielgruppe Kinder ernst zu nehmen ist: „Kein Kind soll ein McDonalds Restaurant ohne ein Geschenk verlassen", so RALF KREINER, Marketingvorstand McDonalds Deutschland. Konsequent richtet das Unternehmen sein Angebot an den Wünschen der sieben- bis dreizehnjährigen Kinder aus, das ist einer seiner wesentlichsten Erfolgsfaktoren. Damit erzeugt McDonalds nicht nur eine hohe Aufmerksamkeit in der Zielgruppe, die zu 98% schon einmal da gegessen hat und es gerne wieder täte, sondern sorgt auch für langfristige Kundenbindung, unter anderem auch durch einen Kinderclub.[33]

Wenn die Erwartungen des Kunden erfüllt werden, bleibt er langfristig treu. Auch junge Menschen sind da nicht anders, trotz ihrer Aufgeschlossenheit für Neues und Abwechslungsreiches. Dazu muss die Marke allerdings ständig aktualisiert werden, sei es durch Innovation oder Image. Eine gute Marke ist keine vorübergehende Bekanntschaft, sondern ein Lebenspartner.

Kindliche und jugendliche Werte

Die Sinus-Milieus[34] zeigen uns regelmäßig die Veränderungen in den Lebensstilen, vor allem aber in den Werten und Lebensorientierungen auf. Hier können wir entnehmen, dass wir es nicht mit einer Zeit der Wertelosigkeit, sondern im Gegenteil sogar mit einer Zeit des Überflusses an Werten zu tun haben. Nur werden sie nicht mehr gesamtgesellschaftlich getragen, sie haben sozusagen nicht mehr breiten Konsens, sondern – wie in reifen demokratischen Gesellschaften üblich – sie individuieren, sie werden spezieller.

Was ist was wert?

Was etwas wert ist, befindet der Einzelne für sich. Wir werden eine Gesellschaft von Lebensästheten[35]. Diese Lebensästhetik ist ein Kompositum aus Wert-

---

[31] ebd.
[32] o.V. (1998): „Nörgeln ist ein Wirtschaftsfaktor." In: DIE WELT vom 25.08.1998
[33] o.V. (1997): „Kunde Kind: Marken erziehen die nächste Generation."
In: Lebensmittel Zeitung Spezial. S. 12
[34] BURDA-VERLAG (Hg.): Typologie der Wünsche. Update 2000. München
[35] o.V. (1999): „Orientierung." In: AEJN (Hg.): Navigation braucht Orientierung. Hannover, S. 10

haltungen und Konsumorientierung in einer oft einzigartigen individuellen Mischung. *„Was gut für mich ist, weiß ich selber. Hauptsache, es ist gut für mich."* Lebensästheten müssen nicht amoralisch sein, sie sind nur anders, als wir es kennen. Tiefgreifende Veränderungen lassen Beziehungen nicht mehr auf Dauer angelegt sein, das Konzept der Familie gerät in Bedrängnis. Werte, die noch vor nicht allzu langer Zeit als unumstößlich galten, wie zum Beispiel Höflichkeit oder Nachbarschaftspflege, kommen aus der Mode. Warum auch nicht? Wir leben in einer Gesellschaft, in der ich auch ohne Nachbarn zurechtkomme, ohne große Höflichkeitsfloskeln leben und arbeiten kann.

Werte sind nicht verschwunden, sondern vielfältiger. *„Ich will ein Kind, aber keinen Mann"*, forderte 1998 in der Brigitte eine Lebensästhetin. Warum auch nicht? Schließlich kann das perfekt ausgestattete individuelle Lebensuniversum gar keinen Partner mehr vertragen, der vielleicht auch noch Lebensästhet ist mit seinen eigenen Vorstellungen und Werten. Die Anforderungen der Lebensästhetin an ihren Partner sind nur noch durch virtuelle Persönlichkeiten zu erfüllen. Lebende Menschen schaffen das gar nicht mehr. Versorgung des Kindes ist kein Problem, im Netzwerk der unverbindlichen Beziehungen findet sich da sicher jemand. Das so in die Welt gesetzte Projektkind wird verwöhnt und umhegt, entwickelt entsprechende Anspruchshaltungen und wird zum Homo Schlaraffiensis, wie „Die Zeit" 1997 bemerkte.[36]

In dieser Zeit der Orientierungslosigkeit hat die jüngere Generation längst die Kompassnadel nicht mehr einheitlich nach Norden ausgerichtet, sondern auf sich selbst, und damit alleine in Deutschland in rund 9,9 Millionen Richtungen. Dementsprechend unterschiedlich sind die Interessen und die Bedeutungen, die nicht auf gesellschaftlichem Konsens beruhen. So wurde 1998 beinahe ein 50-Millionen-DM-Institutsneubau im niedersächsischen Göttingen von einer Bürgerinitiative vereitelt, die den auf dem Gelände siedelnden rund 150 Feldhamstern ihren Lebensraum erhalten wollte.

Genau diese Individualisierung drückt das Sinus-Milieu aus: Wir haben hier Hedonisten, Materialisten, Postmaterialisten, Postmoderne und andere. Und das ist erst der Anfang. Denn sie haben nur eine grundsätzliche Lebenshaltung gemeinsam, nicht etwa auch gleiche Werte. Und trotzdem gibt es sie noch, die Werte.

In einer Untersuchung von 1998 zeigen Jugendliche, dass Gesundheit (55%), Geld (48%) und Familie (28%) die wichtigsten Werte sind. Noch fünf Jahre vorher waren es in der Reihenfolge Arbeit (37%), Familie (36%) und Geld (31%). Hierin spiegeln sich zunehmendes Gesundheitsbewusstsein, materielle Ausstattung für die Ausgestaltung der individuellen Lebensräume und Familie als „fall back position" wider. Glaube und Kirche spielen für die meisten keine große Rolle. Sie trennen dabei aber sorgfältig zwischen Glauben und Kirche. Glaube kann etwas Positives sein, Kirche als Wert ist negativ besetzt, eine Folge der unzureichenden Anpassung der Kirchen an die veränderten gesellschaftlichen Rahmenbedingungen.[37] Noch weitere wichtige Veränderungen lassen sich empirisch feststellen: Die Einstellung breiter Schichten zum sogenannten Luxus wandelt sich.

---

[36] ebd., S. 13f.
[37] R. MOCH (1999): „Wertehammer." In: AEJN (Hg.): Navigation braucht Orientierung. Hannover, S. 54ff.

Marke als Sinnstifter

Mit der Individualisierung der Werte, der Evolution der Lebensästheten, bekommt die Marke, der Markenartikel eine neue Bedeutung.

In den vergangenen Jahrzehnten wurde das Materielle problematisiert, das Ideelle glorifiziert. In der Folge war Luxus Mammon und Ästhetik Moral. Die Kirchen haben auch nicht aufgehört, materielle Güter als nicht erstrebenswert zu proklamieren und reihen sich damit in die kräftig bröckelnde Phalanx der Konsumdiffameure ein. Dabei übersehen sie, dass Konsum inzwischen weit mehr ist als Haben und Besitz. Es ist die Möglichkeit für den Einzelnen, natürlich auch für das Kind und den Jugendlichen, durch das Überangebot an Waren und Dienstleistungen eine individuelle Lebenswelt zusammenzustellen und Spaß zu haben.

Kirche wird von den Kids als eher spaßfeindlich wahrgenommen. Vielleicht ist das schwer zu verstehen für alle, die die 10 Gebote noch immer als 10 Verbote begreifen und nicht als aktive Lebensgestaltung, wie es Luther in seinen Auslegungen so genial formuliert hat: *„Nicht allein soll er seinem Nächsten keinen Schaden zufügen noch ihm seinen Vorteil entwenden noch beim Kauf oder sonst einem Geschäft irgendwelche Untreue oder Heimtücke an ihm verüben, sondern er soll auch sein Gut treulich beschützen, seinen Nutzen bewirken und fördern, besonders, wenn er sich Geld, Lohn und Nahrung dafür geben lässt"*[38]. Das Gebot „Du sollst nicht stehlen" wird so nicht erst aktiviert, wenn dagegen unmittelbar verstoßen wird, sondern es wird zur Handlungsmaxime.

Zur Spaßfeindlichkeit gehört auch das Negieren breiter gesellschaftlicher Strömungen, die inzwischen im Luxus (was ist das eigentlich?) nichts Verwerfliches mehr sehen können. Zugleich mit dieser materiellen Entwicklung sehen wir empirisch die Werte Frieden, Gesundheit und Ehrlichkeit erstarken. Auch der Lebensästhet benötigt diese Werte, Frieden sichert ihm das Umfeld, in dem er lebt, Gesundheit sichert das Ich, Ehrlichkeit das Miteinander.[39] Dies führt zu neuen Orientierungen, zu neuen Markeninhalten. **Marken werden zu sinnstiftenden Symbolen.**

Sinn stiftende Institute, wie noch vor einigen Jahren die großen Volkskirchen, haben es – wie auch andere Markenartikler – versäumt, diesem Trend Rechnung zu tragen. In der Folge verlieren christliche Werte, insbesondere auch ihre Symbole, an Bedeutung. Die Kirchen versagen in dem Moment, in dem Marketing aktuell wird und gehen konsequent des Monopols an Sinnstiftung verlustig, das sie mittlerweile mit Konsum-Marken teilen müssen. Nur so kann es passieren, dass die Kirchen dem Tod als Werbeträger für Bekleidung ins Auge sehen müssen, statt den Tod unter Sinn stiftender Prämisse selbst zu thematisieren.

Dabei haben gerade die Kirchen ein grundsätzlich hohes Potenzial an Symbolen und an lebensorientierender Bedeutung, ja sogar Sinnstiftung, nur ist es ihnen nicht gelungen, das Kreuz – ihr Markenzeichen – in das veränderte Wertesystem der neuen Zeit einzufügen und dementsprechend zu aktualisieren. Sie haben nicht einmal den Versuch gemacht, den gesellschaftlichen Wertewandel nachzuvollziehen und als reflexive Marke, gleichsam als reflexives Symbol, auf die Werte

---

[38] MARTIN LUTHER: „Der große Katechismus." In: W. METZGER (Hg.) (1996): Calwer Lutherausgabe, Bd. 3, Stuttgart, S. 68
[39] o.V. (1997): „Wertewandel = Luxuswandel?" In: Art. Hamburg

einzugehen, die in der Jetzt-Zeit vorhanden sind und durch das Symbol reflektiert werden müssen. Dadurch verstauben die Kirchen und sind damit automatisch in der Preisdiskussion: Was bringt es mir, wenn ich weiterhin regelmäßig und vor allem so hohe Kirchensteuern zahle? „Zu teuer" heißt ja letztlich oftmals: „Das ist es mir nicht wert!"

Damit sucht sich der neue Konsument, vor allem der junge, seinen eigenen Sinn, seine eigenen Bedeutungen in Form von anderen religiösen Symbolen oder von konsumischen Symbolen.

Was das rein rational orientierte System des alles im Geldwert Ausdrückens an Bedeutung für den Einzelnen auf Null reduziert, muss durch die Produkte, die Dienstleistungen, die Unternehmen, die Kirchen als Symbole zurückgegeben werden. Das ist die neue Verantwortung der Industrie. Aber auch die Chance der Kirchen.

Nicht umsonst schießen Themenparks wie Pilze aus dem Boden, entwirft Ravensburger sein Spieleland, konzipiert Lego sein deutsches Bauklötzchen-Eldorado. So wird durch Erleben, durch Anfassen die Marke lebendig und bekommt ihre Bedeutung für das Leben der jungen Konsumenten. Hier ist Käpt'n Blaubär lebendig, wirklich da und wird von Kindern und Erwachsenen erlebt. Und was sie erleben, bekommt Gewicht. Was Käpt'n Blaubär sagt, wird Realität und bekommt damit Bedeutung im Leben der Zielgruppe. Er kann auch jederzeit auf die sich wandelnden Werte eingehen, sie flexibel reflektieren und damit ständig auch nachfolgenden Kindergenerationen Bedeutung vermitteln. So macht es die Sesamstraße seit über 30 Jahren sehr erfolgreich, so schafft es die Sendung mit der Maus, bei Eltern und Kindern gleichermaßen beliebt zu sein: Beide erzeugen Bedeutung für das Leben der Zielgruppe.

Marken werden Weltverbesserer, die insbesondere die Ideale der jungen Menschen ansprechen wie Body Shop, Benetton oder, auf der anderen Seite, Greenpeace. Sie sponsern Ökologie, Kultur und Soziales.

Marken werden die besseren Freunde, sie vermitteln Ehrlichkeit in Leistung und Kommunikation, Qualität und Gesundheit, sie werden Beschützer und Bewahrer von Umwelt und technischem Fortschritt, sie geben das Gefühl des „Dazugehörens" und haben damit Relevanz im Leben der Kids. Sie stoßen in das Vakuum, das die Kirchen hinterlassen haben und belegen Themen, die die Kirchen Sinn stiftend aufgreifen könnten. Nur nicht mit erhobenem Zeigefinger und auch nicht ex cathedra. Warum können Marken in dieses Vakuum stoßen? Weil die Kirchen noch immer nicht zu einer Einstellung auf die veränderten Rahmenbedingungen bereit sind, immer noch Flickwerk betreiben, Jugendliche heute noch wie gestern ansprechen oder aber sich anbiedern und sich kurzlebigen Trends unterordnen.

Konsequenzen für die kirchliche Jugendarbeit

Wie aus dem Gesagten deutlich geworden ist, sind auch die jungen Menschen bereits kleine Lebensästheten. Die Clique macht der Familie, der Kirche, den Nachbarn Konkurrenz. Soziale Verpflichtungen werden für den Individualisten eher lästig und von der Verantwortung her an die Institutionen abgeschoben, die sich professionell darum kümmern.

Eine ehrenamtliche Mitarbeit in Vereinen wird nur noch von einem Drittel der Bundesbürger als Freizeit empfunden. Bei sozialem Engagement, zum Beispiel beim Roten Kreuz oder der Kirchengemeinde sind zwei von fünf Bundesbürgern „in keinem Fall" mehr der Ansicht, dass es sich dabei um Freizeit handele.[40]

Hinzu kommt die fehlende Anerkennung und soziale Wertschätzung freiwilligen Engagements, das immer noch unter der Überbewertung der bezahlten Arbeit zu leiden hat. Insbesondere die unzureichende gesellschaftliche Anerkennung wird von den Befragten (70%) als problematisch empfunden, weniger die fehlende materielle Belohnung (13%). War noch in den 50er Jahren Freizeit verstanden als „frei von Arbeit", so ist es heute ein „frei zu etwas". Eigene Gestaltung ist angesagt: „*Zeit, in der ich tun und lassen kann, was ich will*" (70%).[41]

Hier hat sich auch bei den Kids etwas gewandelt. Wie der Freizeitforscher OPASCHOWSKY herausgefunden hat, ist das freiwillige Engagement heute zwischen Freizeit und Arbeit, Ehre und Amt, Idealismus und sozialer Pflicht angesiedelt. Der käufliche Freizeitkonsum gibt den Kids sofort den Kick, sozusagen „instant fun". In der freiwilligen Arbeit muss der Erfolg, das Ziel, erst erarbeitet werden. Dazu benötigt man Verantwortung, Engagement und Pflichtgefühl, vor allem aber auch Geduld. Dafür gehört man dann aber auch dazu. Und hier ist eine Chance.

Konsequenzen für die Vermarktung christlicher Angebote

Werte aktualisieren

Wir stehen in der abendländischen Tradition christlicher Werte. Sie sind nur nicht mehr aktuell dargestellt, sie locken die heutigen Kids nicht mehr von den Inlinern oder aus dem Freizeitpark. Doch das Potenzial, das sie haben, ist enorm. Gerade in einer Zeit der individuellen Orientierung, einer Zeit großer Freiheiten, sollten sich die Kirchen auf ihre Wurzeln besinnen. Letztlich sind Individualität und Freiheit zutiefst christliche Werte. Warum scheuen sich die Kirchen, das auch in der praktischen Konsequenz einzugestehen?

Orientierungshilfen, Werte können in der heutigen Zeit nicht mehr korsettartig an die jungen Menschen gebracht werden, um sie sozusagen seelisch in Form zu halten. Starre Regeln sind zu starr, sie lähmen und machen die Kirchen unattraktiv, weil sie Verhaltensmuster vorschreiben und oftmals Handlungsalternativen nicht zulassen. Nun lässt sich aber seit der Bergpredigt spätestens das richtige Handeln und Denken nicht mehr alleine an der Einhaltung bestimmter Regeln, Gesetze und deren Ausführungsbestimmungen fest machen. Vielmehr greift JESUS in seinen Antithesen „...*ich aber sage euch...*" auf etwas zurück, das man den „Geist" oder Sinn der Gebote nennen könnte[42].

Erstens können Regeln nicht alle Eventualitäten des menschlichen Lebens erfassen und zweitens neigen Menschen dazu, sich um die Erfüllung herumzudrücken. Viele Inhalte der Verkündigung Christi sind auf eine dialogische Form

---

[40] H. OPASCHOWSKI (1995): „Zukunftsrisiko Freizeit."
In: J. BOLLWERK: Pro und Contra Kirchenaustritt. Niederhausen, S. 77
[41] ebd., S. 78
[42] DIE BIBEL: Matthäus Kapitel 5, besonders die Verse 17-48

angelegt und stellen Orientierung nicht als absolute Größe dar, sondern als Prozess.[43] Auch PAULUS hat oft genug das Dialogische verwendet und Orientierung zum Prozess gemacht. Als in Korinth die Frage aufkam, ob denn Christen das Fleisch von Opfertieren essen dürften oder sich damit verunreinigten, antwortete PAULUS nicht mit einer klaren Regel, sondern betonte die Liebe zu Gott und das daraus resultierende Erkanntsein durch Gott. *„Speise wird uns nicht vor Gottes Gericht bringen."*[44] Doch es gibt Grenzen: *„Seht aber zu, dass diese eure Freiheit für die Schwachen nicht zum Anstoß wird"*[45]. Was auch immer ich als Christ tue: Ich muss an den Anderen denken.

Warum werden Orientierungen nicht in dieser Form weitergeführt? Warum wird nicht das Dialogische, das wir von JESUS und PAULUS lernen können, wieder verwendet? Damit könnten auch wieder Antworten für die vielen Suchenden in ihren individuellen Lebenssituationen gegeben werden. Denn das ist ja gerade die Stärke des Christentums: Es ist ein flexibles System, in dem es um die optimale Bewältigung der unendlich verschiedenen Lebensproblematiken geht.[46]

Auf Bedarf eingehen

Damit wäre ein wesentlicher Grundstein gelegt: die Aktualisierung der christlichen Werte für eine breite Schicht. So ähnlich könnte es vielleicht aussehen. Nun kommen aber noch weitere Aspekte hinzu. Aktualisierung allein genügt nicht, der Andere muss auch wissen, dass es eine Problemlösung für ihn gibt. Und hier ist gerade für junge Menschen eine entsprechende Nahebringung erstrebenswert. Lassen Sie mich noch einmal zusammenfassend die wesentlichen Bedarfe und Charakteristika der Kids von Heute anmerken:

- Kids wollen ernst genommen werden.
- Sie suchen Anerkennung und Geborgenheit in der Gruppe.
- Sie orientieren sich an Leitbildern.
- Sie hören oft weniger auf ihre Eltern als diese auf sie.
- Sie wollen individualistisch sein.
- Sie mischen verschiedene Lebensstile und sind tolerant.
- Sie wollen unverbindlich sein.
- Sie holen sich ihre Informationen aus den Medien.
- Sie wünschen sich imageträchtige Produkte und Marken.
- Sie identifizieren sich mit Marken und deren Symbolgehalt.
- Sie wollen Abwechslung, sind aber treu, wenn sie einmal Vertrauen gefasst haben.

---

[43] vgl. das Gleichnis vom Schalksknecht: DIE BIBEL: Matthäus Kapitel 18 Verse 21-39
[44] DIE BIBEL: 1.Korinther Kapitel 8 Vers 8
[45] ebd., Vers 9
[46] o.V. (1999): „Vom Gebot zur Geschichte – Orientierung als Prozess." In: AEJN (Hg.): Navigation braucht Orientierung. Hannover, S. 19

Wie wichtig Kinder sind, ist jedem Unternehmen klar, das Markenbindung betreibt. Denn je früher ein Konsument an die Marke herangeführt wird, desto treuer wird er und vor allem, desto mehr konsumiert er. Der Kirche fehlt der Nachwuchs, sie überaltert zunehmend. Das Kundenbindungskonzept – so es denn überhaupt eines gibt – funktioniert nicht ausreichend. Die oft verzweifelten Aktivitäten der Filialleiter, der Pfarrer, in den Shops, den Kirchengemeinden, sind unkoordiniert und ohne Gesamtkonzept. Daher ist die systematische Entwicklung eines frühen Kundenbindungskonzeptes auf gesamtkirchlicher, nicht nur auf gemeindlicher Ebene unumgänglich.

Angebote

Die Angebote für junge Menschen müssen stimmen. Frühe Markenbindung, so wie es McDonalds vormacht, ist entscheidend für die Zukunft der Kirche. Natürlich soll der Pfarrer keine Klopse verkaufen. Wir wissen, dass die Kids auf Trendsportarten abfahren, gerne ins Kino gehen, sich gerne nur so mit Freunden treffen, wir kennen ihre Interessen sehr genau. Das kirchliche Angebot muss sich daran ausrichten. Wichtig sind in diesem Zusammenhang auch die Mitarbeiterauswahl und -qualifikation. Denn Kinder holen sich die entscheidenden Kaufimpulse aus der persönlichen Empfehlung oder dem persönlichen Kontakt. Und dabei spielen die Akteure eine wichtige Rolle. Und das Angebot muss sich an die Kinder direkt richten, nicht an ihre Eltern. Denn die Kinder wollen ernst genommen werden und exklusive Angebote wahrnehmen, mit denen sie sich differenzieren können. Zum Beispiel sind Klubs, Klubmagazine, Mitgliedskarten und der Erhalt eigener Post gerade für Kinder ein wichtiger Anreiz.

Events inszenieren

Events sind besonders gute Maßnahmen, Botschaften an Kinder heranzutragen. Denn strategische Events, sie müssen natürlich zur Markenpersönlichkeit passen, machen das Angebot und den Anbieter erlebbar. Sie ermöglichen aktives Erleben der Markenwelt, sie verstärken die Partnerschaft von Anbieter und Kind und sie aktualisieren die Marke in den Köpfen, denn nur da findet sie wirklich statt.

Events sind Imageträger, sie schaffen zugleich Gemeinschaft, sie fördern den Dialog – im Hinblick auf das Dialogische im Christentum besonders von Bedeutung. Sie lösen Emotionen aus, sie binden, sie schaffen Abwechslung, sie erzeugen Abenteuer, sie zeigen, dass die Kinder und Jugendlichen in ihrem So-sein ernst genommen und nicht als „noch nicht erwachsen" betrachtet werden. Wenn und nur wenn sie gut inszeniert sind. Events sollten nicht „selbstgestrickt" sein, sondern immer professionell organisiert und auch inhaltlich durchgeplant.

Der Kirchentag ist ein solcher Event, man mag über ihn denken, was man will: Er bringt gut 100.000 Menschen mit der Aktualität der Kirche zusammen und schafft wieder Bindung. Warum Events dann nicht auch für die Kinder und Jugendlichen? Nur: Sie müssen die Sprache der Kids sprechen und inhaltlich interessant sein. Events schaffen auch einen hohen Involviertheitsgrad bei den Betroffenen. Nur sind sie an eine wichtige Bedingung geknüpft: Sie müssen in eine ganzheitliche Kommunikationsstrategie eingebettet sein, wenn sie ihre volle verhaltenswirksame Kraft für die Marke entwickeln sollen.[47]

---

[47] O. NICKEL (1996): „Events sind mehr als nur ein Zauberwort."
In: SAZ Spezial Nr.1, S. 6

Nutzung der Medien

Wir wissen, dass Kinder und Jugendliche über viel eigenes Geld verfügen, das sie auch in Zeitschriften stecken. Wir wissen, dass sie Medien nutzen, sehr viel Computerspiele spielen und fernsehen. Warum ist Kirche da praktisch nicht zu finden mit Ausnahme der Übertragung des Sonntagsgottesdienstes? Warum gibt es keine christlichen Kindersendungen, von wenigen Ausnahmen abgesehen? Wir wissen auch, dass Markenbilder sich nur über Medien aufbauen lassen. Warum bauen die Kirchen kein Markenbild über die Medien auf, kein Image? Warum nehmen sie billigend in Kauf, dass durch ihre Medienabstinenz junge Menschen gar nicht erst über den Glauben nachdenken?

Etwas billigend in Kauf nehmen heißt in der Juristensprache „Vorsatz". **Medienabstinenz ist vorsätzliches Nichtgewinnen von jungen Menschen.** Die Kirchen in einem Werbeblock zwischen Nutella und Barbie im Nachmittagsprogramm? Befremdlich. Aber warum befremdlich, und warum sollte sie da eigentlich nicht sein und ihre Angebote an junge Menschen kommunizieren?

Kirche gehört mitten ins Leben und sie gehört dahin, wo die jungen Menschen sind. Sie darf nicht warten, bis die Kids zu ihr kommen, denn das tun sie nicht. Wenn die Informationen aus den Medien gezogen werden, dann gehört Kirche und Glaube da auch hin. In der angemessenen Form, versteht sich, aber vor allem als interessantes Angebot an die Kids.

Kommunikation in Jugendzeitschriften: die Kirche in „Bravo", neben der Sexualberatung von Dr. Sommer? Auch befremdlich, aber warum eigentlich nicht? Kirche muss lebendig sein und sich den Themen der Kids stellen. Und die ziehen einen Großteil ihrer Informationen und Themen aus den Jugendzeitschriften und reden mit ihren Freunden darüber. Das ist eine Riesenchance für den Glauben!

Dann kann man auch das Thema „Akzeptanz in der Gruppe" wieder aktualisieren. Im regionalen Rahmen sind Medienkooperationen mit Schülerzeitungen, Stadtmagazinen, Szene-Magazinen, regionalen Radiosendern und anderen Medien denkbar. Glaubwürdigkeit, Ideenreichtum und eine klare Abgrenzung von der Welt der Erwachsenen – das sind wesentliche Basiskriterien für die inhaltliche Gestaltung, aber auch Anforderungen an das Medium selbst.

Greenpeace macht es mit einem professionellen Medien- und Eventmix vor. Im GenetiXproject, einer Plattform gegen Gentechnik am Beispiel eines Schokoriegels namens „Butterfinger" von Nestlé, betreibt Greenpeace Außenwerbung, holt sich die Unterstützung der „Fantastischen Vier" samt SMUDO als Leitbilder, verteilt virtuelle Internet-Proteste und gestaltet eine Web-Page, arbeitet zusammen mit Jugendmagazinen, Plattenlabels, Modemachern und Fernsehsendern.[48]

Im kommerziellen Bereich schafft es Stabilo, mit einer professionellen Medien-Mischung ein so plattes Produkt wie den Fineliner-Stift „Stabilo 88" zum Kultartikel zu machen.[49]

---

[48] M. DROSTEN, P. STIPPEL (1999): „Planet Y – Wie Kids und Teens das Marketing verändern." In: Absatzwirtschaft 2/99, S. 17f.
[49] o.V. (1999): „Positionierung in jugendlichen Communities." In: Absatzwirtschaft 2/99, S. 50ff.

Image

JESUS war nicht konventionell, er scheute sich nicht, für die damalige Zeit höchst unkonventionelle und sogar gesellschaftlich negativ sanktionierte Wege zu gehen. Er tat es zum Wohl der Menschen, deren Erretter er ist, und zum Wohl des Glaubens, um alle Menschen daran teilhaftig werden zu lassen. Das ist auch die Aufgabe der Kirchen. Kirche muss wieder zum Symbol werden, das Kreuz zum lebendigen und emotional aufgeladenen Markenzeichen! Dazu muss sie die bisher eingeschlagenen Wege verlassen und sich der heutigen Mittel bedienen. Nur hat sie sehr, sehr lange gewartet und ist nicht mehr im Relevant Set der Kids. Wenn sie dort wieder hin will, muss sie sich auch vom Image her aktualisieren.

Wir wissen, dass nur starke und aktuelle Images in der Lage sind, die heutigen Kinder anzusprechen. Das verstaubte Strickstrumpf- und Kräutertee-Image, das die Kirchen heute bei vielen Kindern haben, bedeutet Langeweile pur. Und das in einer Zeit, in der Spaß gefordert ist!

Verstehen sie mich bitte nicht falsch: Ich will kein Comedy-Image für die Kirchen, und die Pfarrer sollen sich auch nicht wie STEFAN RAAB oder HARALD SCHMIDT benehmen, obwohl ersterer immerhin mit 42% den Top-Platz bei männlichen Jugendlichen in der Idol-Skala einnimmt. Nur am Rande: bei den Mädchen ist es mit 32% STEFFI GRAF, gefolgt von VERONA FELDBUSCH mit 20%...[50]. Kein Kommentar! Aber die wirklich Frohe Botschaft, die wir eigentlich täglich feiern müssten, wird oft so bierernst dargestellt und inszeniert, als wenn sie eigentlich eine traurige Botschaft wäre. Wen wundert es da, dass junge Menschen mit dem christlichen Kreuz in erster Linie Beerdigungen verbinden und nicht an Freude denken!

Wenn wir wissen, dass junge Menschen sich an Leitbildern orientieren, die sie insbesondere in Medien als runde Persönlichkeiten präsentiert bekommen – und das geht bis hin zu politischen Leitbildern, wenngleich auch in deutlich geringerem Umfang – wo sind da die christlichen Leitbilder, Persönlichkeiten, mit denen man sich identifizieren kann? Wo ist deren mediale Ausgestaltung? Das Medium Predigt oder Kirchenblatt reicht da schon lange nicht mehr aus, denn jugendliche Zielgruppen werden hier kaum erreicht.

Fazit

Kinder und Jugendliche leben heute ihre eigenen Lebensstile, die ernst genommen werden wollen. Sie haben Kaufkraft, sind aufgeschlossen, neugierig und offen, sie treffen heute weit mehr Entscheidungen als noch vor wenigen Jahrzehnten. Sie können mit Medien und dem Konsum umgehen, sie entscheiden über den Inhalt ihrer Freizeit. Sie wollen erleben, sie wollen Spaß.

Spaß heißt Freude am Erleben, und da hat das Christentum doch – anders als alle anderen Weltreligionen – wirklich viel zu bieten! Aber dafür ist eine Imagekorrektur erforderlich, und die kann man nur mit Hilfe moderner Medien vollziehen. Selbst die AOK hat es geschafft. Von einem recht „vermufften" Image kommend – ich sage nur: AOK-Brille! – hat sie sich durch eine neue strategische

---

[50] WILFRIED FERCHHOFF (2000), a.a.O., S. 70

Ausrichtung zur Gesundheitskasse gemausert und wird von jungen Menschen inzwischen durchaus ernst genommen. Es ist keine Schande mehr, in der AOK zu sein. Wenn das die AOK schaffen kann, warum dann nicht auch die Kirchen?

Schließlich geht es insgesamt um das Wichtigste, das wir auf dieser Welt haben: unsere Kinder. Und deshalb spreche ich nicht nur als Marketing-Fachmann, sondern auch mindestens zu gleichen Teilen als Christ und Vater. Als Vater, der seine Tochter in der Kirche gut aufgehoben wünscht, doch dahin muss sie von alleine wollen. Und da wünsche ich mir die aktive Hilfe der Kirche.

Professorin Violeta Dinescu, Oldenburg

Komponieren zwischen Improvisation und ausnotierter Musik

Kontaktadresse:

Presuhnstr. 39
26129 Oldenburg
Fax 0441-9490455

Professorin Violeta Dinescu, Oldenburg

geb. 1953 in Bukarest
        Studium Komposition, Klavier und Pädagogik am Bukarester CIPRIAN-PORUMBESCU-Konservatorium

1976   Abschluss mit Auszeichnung. Anschließend als GEORGE-ENESCU-Stipendiatin einjährige Zusammenarbeit mit MYRIAM MARBE

seit 1982 in Deutschland

1986-1991 Unterrichtstätigkeit an der Hochschule für Evangelische Kirchenmusik Heidelberg

1989-1992 an der Hochschule für Musik und Darstellenden Kunst Frankfurt

1990-1994 an der Fachakademie für Evangelische Kirchenmusik Bayreuth

seit 1996 Professur für angewandte Komposition an der Carl von Ossietzky-Universität Oldenburg

        Kurse an verschiedenen amerikanischen Universitäten sowie an anderen Institutionen des In- und Auslands

        Werkeverzeichnis:
        u.a. die Kinderoper *Der 35. Mai* nach ERICH KÄSTNER,
        die Opern *Hunger und Durst* nach EUGEN IONESCO, *Eréndira* nach GABRIEL GARCÍA MÁRQUEZ und *Schachnovelle* nach STEFAN ZWEIG,
        die Ballette *Der Kreisel* nach EDUARD MÖRIKE und *Effi Briest* nach THEODOR FONTANE,
        die Musik zum Stummfilm *Tabu* von FRIEDRICH WILHELM MURNAU und das *Pfingstoratorium* nach Texten der Bibel.
        Ein weiterer Schwerpunkt liegt bei Kammermusik in unterschiedlichen Besetzungen.

        Für ihre Kompositionen erhielt sie zahlreiche internationale Preise und Auszeichnungen.

Komponieren zwischen Improvisation und ausnotierter Musik

Zusammenfassung   Deutsch

Der innere Vorgang beim Komponieren wird als eine Sehnsucht definiert, die disziplinierte Arbeit in ihren vielen kontrollierten Phasen mit der Phantasie und der intuitiven Gestaltungskraft des subjektiven Ichs verbindet. Es entsteht ein Spannungsfeld zwischen der langen Suche nach einer neuen Klangwelt und dem Versuch, diesen neuen Klang in eine detaillierte nachvollziehbare Notation zu bringen. Je detaillierter die Notation, desto größer ist die Gefahr einer erstarrten Interpretation ohne „magischen Funken".

Um die Komplexität seines Werkes zu wahren, muss der Komponist die Konventionen der traditionellen Notation akzeptieren, sich aber innerlich von diesem Diktat befreien können. Wenn der Komponist die Grenze des Details bis zum kaum Wahrnehmbaren ausdehnt, entsteht ein fragiler neuer Kontext, der das geschlossene System von nachvollziehbaren thematischen Interaktionen aufhebt.

Eine detaillierte Notation muss in der Lage sein, die Klänge, den Raum zwischen den Klängen und den feinen Übergang des Verlöschens der Klänge zu beschreiben. Die stillen Augenblicke sind nicht nur als kurze oder längere Zäsur oder als Endstation einer musikalischen Artikulation zu verstehen, sondern als belebte und belebende Räume, welche die formale Komplexität einer musikalischen Sprache eines Organismus mitkreieren. Musik kann mit einer Sprache und deren Regeln der Syntax verglichen werden. Musikalische Interpunktionszeichen wie Fermaten, Zäsuren und wechselnde Bewegungsrichtungen können den sprechenden, improvisierenden Charakter der Musik suggerieren.

Die Kreativität des Künstlers ist in der Lage immer neue Kontexte zu schaffen und imaginäre Reisen durch imaginäre Klanglandschaften zu ermöglichen. Dabei arbeitet er auch mit der Abwesenheit des Klanges. Es entstehen Zonen voller Korrespondenzmöglichkeiten und innerer Echowirkungen – der magische Funke kann überspringen.

Music Composition Between Improvisation and Written Notation

Abstract   English

The internal procedure which takes place while composing music can be defined as a longing which combines disciplined work with its various controlled phases with the personal intuitive creative power of the composer. Tension arises between the long search for a new "world of sound" and the attempt to reproduce this "sound" into a detailed executable set of notes. The more complicated the written notation, the larger the danger of a stiff interpretation without a "magic spark" will be.

In order to preserve the complexity of his work, a composer must accept the conventions of traditional notation, but nevertheless not let himself be bound by this. If the composer stretches the limit of details nearly to the utmost extent of perception, a fragile new context arises which suspends the closed system of executable thematic interaction.

A detailed notation must be able to describe the tones, the space between the tones, and the delicate transition to the ending of the tones. The quiet moments are not to be understood as simply short or long caesura, or as the end of a musical articulation, but rather as living space and lived-in spaces which co-create the formal complexity of the musical language of an organism. Music can be compared to a language with its rules of syntax. Musical punctuations such as fermata, caesura, and changing movements can suggest the speaking, improvising character of music.

The creativity of the artist is able to continually create new contexts and imaginary trips through imaginary worlds of sound. In order to do this, he also works with the absence of sound. Zones full of the possibility of correspondence and inner echos appear – the magic spark ignites.

Mein Thema hat auf den ersten Blick nicht viel mit Programmierung zu tun, doch die bisherigen Artikel dieses Berichtsbandes haben gezeigt: wir sind in Gefahr, nur durch Außeninformationen geformt zu werden. Wir haben keine Gelegenheit mehr, in uns hineinzuhorchen, auf der Suche nach dem Ich und zur inneren Reife zu gelangen. Aber nur so entsteht eine gesunde Balance zwischen der Außengesellschaft und der eigenen Persönlichkeit. Diese ästhetische Qualität lässt sich über Komponieren und Musik finden.

Unsere Umgebung ist geprägt von einem fast aggressiven akustischen Dauerreiz. Es ist heute eine Seltenheit, wirklich stille Momente zu erleben, denn egal wohin wir uns wenden, in jedem Restaurant, Bahnhof, Einkaufszentrum werden wir akustisch gefüttert. Haben wir überhaupt noch die Möglichkeit, von innen heraus eigene Meinungen zu entwickeln, wenn wir ständig von außen becirct werden? Mein Anliegen in der Lehre ist es, die Studierenden durch Komponieren zu befähigen, hier einen eigenen Weg zu finden, Widerstand zu leisten und das eigene Denken zu entwickeln, einen eigenen Klangraum zu kreieren.

Das Komponieren ist mit einer langen, imaginären Reise ins Unbekannte zu vergleichen, in der viele Teile verschiedener Größen den Weg bilden. Um diese Reise zu realisieren, hat man schon viel Material vorbereitet. Dieses Material wird nach Prinzipien, die man sich selbst sucht, umgeformt und projiziert. Dabei entstehen flexible Zusammenhänge und neue Möglichkeiten von Klang-Raum-Beziehungen, die kontrollierte oder auch unerwartete Form-Artikulationen provozieren und es erlauben, die Dimension der Zeit plastisch neu zu beschreiben.

Das Werk als Endstation dieser oft mit Umwegen verlaufenden Reise ist ein hörbares ästhetisches Objekt – ein musikalischer Gegenstand, mit dem man auf dem Wege des reflektierenden Hörens kommunizieren kann. Vom Gesichtspunkt der Wahrnehmung kann die Begegnung mit solch einem ästhetischen Objekt ungeplante und unerwartete Reaktionen hervorrufen. Im Idealfall entstehen Ketten von Assoziationen und Erinnerungen, die sich labyrinthisch entfalten. Sie rufen Empfindungen ab, die sich schnell verwandeln und es eventuell ermöglichen, auch Ungeahntes, Ungewolltes, Unerhörtes wahrzunehmen, das vielleicht sogar bis an die Grenze physischen und seelischen Schmerzes vordringt.

Man könnte diesen Prozess als auskomponiertes, symbolisches crescendo[1] und accelerando[2] mit einer kathartischen Wirkung definieren. Die Schmerzgrenze, die durch solch einen Wahrnehmungsprozess erreicht werden kann, ist möglicher-

---

[1] italienisch, musikalische Vortragsbezeichnung: anschwellend, stärker werdend
[2] italienisch, musikalische Vortragsbezeichnung: allmählich schneller werdend

weise identisch mit dem Entstehungsprozess eines musikalischen Objekts. Der Komponist könnte durchaus strategisch denken und bestimmte Wirkungen seiner Musik im Auge, beziehungsweise im inneren Ohr haben.

In der Praxis, bei der konkreten Arbeit, ist ein Komponist weit davon entfernt. Sein akutes Interesse bei der musikalischen Formulierung seiner Gedanken liegt im Rohmaterial. Er versucht, es mehrmals unterschiedlich und überraschend zu ordnen, Entwicklungsebenen zu skizzieren, die in komplexen Beziehungen zueinander stehen. Er strebt danach, sein musikalisches Material in neue Kontexte zu stellen.

Der Weg zur Endstation des fertigen Werkes ist auch definierbar als eine Sehnsucht, die disziplinierte Arbeit in ihren vielen kontrollierten Phasen mit der Phantasie und der intuitiven Gestaltungskraft des subjektiven Ichs zu verbinden.

Die Intensität der emotionalen Reaktion auf den Beobachtungsgegenstand wird durch andere Mittel kreiert als durch das mühsam und schrittweise durchkomponierte Werk. Die Verantwortung, wenn man in unserer Zeit durch eine nachvollziehbare und logische Notation in Form einer Partitur etwas zu sagen versucht, ist groß und oft uferlos. Je detaillierter die Notation, desto größer ist die Gefahr einer erstarrten Interpretation. Einer Interpretation, bei der der magische Funke nicht übersprungen. Wenn dies geschieht, dann ist die ganze Arbeit und der ganze Weg umsonst gewesen.

Eine erstarrte Interpretation droht nicht zuletzt deshalb, weil die so genannte „Neue Musik"[3], die inzwischen fast ein Jahrhundert alt ist, unter einer Art Krankheit leidet, nämlich dem Zwang der Uraufführung. Deswegen hat sie keine Zeit zu reifen, oder anders gesagt, die Interpreten betonen oft die technische Schwierigkeit und vergessen darüber den magischen Identifikationsprozess. Doch Reifen allein ist keine Lösung. Egal wie genau die Partitur notiert ist, die innere Vorstellung bleibt oft auf einer ewigen Suche nach einem unendlichen Augenblick.

Der legendäre Dirigent SERGIU CELIBIDACHE wurde einmal gefragt, warum er so viel Zeit zum Proben brauche und warum er eigentlich nie zufrieden sei. Er antwortete einfach: *„Weil es eine unendliche Zahl von Nein gibt, aber nur ein einziges, großes Ja für das angestrebte Klangobjekt."*

Die Aufgabe eines Komponisten ist noch schwerer als die eines Interpreten. Er muss die Kraft der musikalischen Symbolnotation – die eigentlich eine Konvention geworden ist – kennen, sie unter Kontrolle halten und zielgerichtet einsetzen. Man könnte sagen, dass er für sein Ja theoretisch Jahrhunderte lang suchen müsste.

Eine totalisierende Konstruktion benötigt eine stark kontrollierte musikalische Logik. In dieser Situation ist die Wahrnehmung einer komplexen Situation ausgeliefert und müsste sich im Idealfall auf die Kohärenz der organischen Dimension des Werkes konzentrieren.

---

[3] „Neue Musik" ist ein weder stilistisch noch zeitlich genau zu umgrenzender Begriff, den P. BEKKER 1919 erstmals verwendete; im engeren Sinne die etwa von 1906 von ARNOLD SCHÖNBERGs Kammersinfonie op. 9 bis zur jüngsten Musik reichende Entwicklung der Kunst-Musik. Ihr Hauptmerkmal ist die freigesetzte Dissonanz, die zu eigenen, mit der Tonalität nicht vergleichbaren Hörgesetzen geführt hat. Eine zweite Entwicklungsphase nach 1950 erweiterte sowohl die konstruktiven Kompositionstechniken als auch die Eigenständigkeit der Klangfarbe (Entwicklung der elektronischen Musik). (Anm. d. Hg.)

Komplexität ist eine der wichtigsten stilistischen Eigenschaften der ausnotierten Musik. Aber je komplexer das Leben eines Werkes erscheint, desto nötiger ist es, dass die Ökonomie als Merkmal morphologischer Begrenzung mit dem sinnvollen Ausgleich aller Parameter zu verknüpfen und in Einklang zu bringen ist. In der historischen Perspektive entfaltet sich die Komplexität in einer reichen Palette von Erscheinungsformen. Wichtig für die Wahrnehmung dieser Komplexität ist das Verhältnis von diachronen, synchronen und semantischen Aspekten eines Werkes.

Wenn der Komponist, um ein Werk zu schreiben, die traditionelle Notation oder die Standardnotation der „Neuen Musik" übernimmt, muss er sich ständig anpassen, Konventionen akzeptieren. Innerlich muss er sich jedoch von diesem Diktat befreien können. Entwickelt er aber eine eigene Symbolsprache oder eine Verbindung zwischen Gewesenem und Neuentstandenem, muss er starke Überzeugungsarbeit dafür leisten. Sein Problem dabei ist oft, dass er ein Vokabular entwickelt, ohne dass dieses sich bereits bewährt hätte. Es muss seine Feuerprobe erst noch bestehen. Man bräuchte einen magischen Stift, um ein Vokabular zu erfinden, das in der Lage ist, dieses *„eine und einzige große Ja"* wiederzugeben.

Eine genaue Notation kann flexible Klangträume suggerieren, auch wenn sie mit traditionellen Elementen geschaffen wurde.

Wenn man die Grenze der Detailtreue bis zum kaum noch Wahrnehmbaren ausdehnt, entsteht ein fragiler neuer Kontext, der das geschlossene System von nachvollziehbaren thematischen Interaktionen aufhebt.

Verblendungen für Orchester und Tonband von KAIJA SAARIAHO (1984) und eine große Zahl von Stücken vieler anderer Komponisten, die als Resonanz auf diese Art zu denken entstanden sind, folgen dem Prozess einer Klangidentifikation, die sich in spekulativen Ebenen entfaltet. Es entsteht eine (Klang)Welt aus kleinen Welten.

In einer Zeit, als die Musik noch im Zeichen der quantitativen Dimension der Stille zu verstehen war – und zwar sowohl einer gedachten, als auch einer wahrgenommenen – , entstand das Bedürfnis, diese schweigenden Zonen von unterschiedlicher Länge zu erklären, eine Zeitgeistreaktion visionärer Art. Schon in der Musikphilosophie von IMMANUEL KANT findet man den Begriff des *„Verlöschens"*.

Bei vielen Komponisten unserer Gegenwart spielen diese kaum hörbaren Momente in der Tat eine zentrale Rolle. KANT hat die Musik als Spiegelung menschlicher Empfindungen in seinem hierarchischen System auf einer relativ niedrigen Stufe angesiedelt. In der zentralen Passage seiner „Kritik der Urteilskraft"[4] vergleicht er die Wichtigkeit der Musik mit derjenigen der Gartenbaukunst. In der Musik hat KANT eine für ihn bedrohliche Eigenschaft gefunden, nämlich ein Verlöschen der Empfindung, die unheimliche Wirkung im leeren Raum zwischen den Klängen.

Diese Empfindung der Musik ist nach KANTs Interpretation vergleichbar mit der Intensität anderer menschlicher Empfindungen. Die Intensität existiert weiter – auch in dem leeren Raum nach dem Klang. Empfindungen können augenblicklich vergehen, sie können uns aber auch wie das Bild eines verhangenen Himmels

---

[4] DIETER TEICHERT (Hg.) (1992): Immanuel Kant. Kritik der Urteilskraft. Paderborn

noch eine Weile vor Augen bleiben, obwohl die Klänge inzwischen schon nicht mehr da sind. Es entsteht eine Art Dramaturgie des Verlöschens, die sowohl mit der auskomponierten Musik, als auch mit ihrer Interpretation zu tun hat.

Lange nach KANT, mit den erweiterten Möglichkeiten, Musik zu analysieren und der Semiotik als neuer Betrachtungsweise musikalischer Phänomene, hat man festgestellt, dass Musik nicht nur die Empfindungen, also die emotionalen Erlebnisse des Menschen widerspiegelt. Vielmehr impliziert Musik das ganze Spektrum des psychischen Lebens des Menschen mit. Eine intellektuelle Reaktion als geistige Resonanz findet statt.

Die semiotische Perspektive der Analyse sowie ein Komponieren im Prozess ermöglichen gemeinsam die flexible Form einer adäquaten Art des musikalischen Ausdrucks. Die flexible Form ist dabei als eine kontinuierlich werdende Form zu verstehen. Sie hat in der notierten abendländischen Musik bereits ihre Tradition.

Nach der Theorie von JEAN JAQUES NATIEZ ist die Musik, die wir mit flexibler Form beschreiben und artikulieren, als Sprache zu verstehen. Sie könnte wie eine Rede nach Regeln der Syntax aufgefasst und interpretiert werden, nämlich mit Spannungen, Fragezeichen, Ausrufungszeichen, Punkten, Fermaten, Parenthesen, Gedankenstrichen und so weiter.

Auf Musik angewandt bedeutet das, dass man sich mit der Lehre vom musikalischen Satz in verschiedenen Epochen, mit der Gliederung in Haupt- und Nebensätze, mit Fermaten verschiedener Länge, Zäsuren und zahlreichen rhythmisierten Flussbewegungen beschäftigt. Die Gestaltung dieser musikalischen Strukturen offenbart das Geheimnis einer lebendigen Interpretation und der authentische Gestus kreativer Art erzeugt verschiedenartige Erscheinungsformen. Musik als Sprache ist per se neutral, sie kann weder als kirchlich noch als weltlich apostrophiert werden.

Ein erster Aspekt dieser Art, Musik zu denken, ist die Wahrnehmung der Stille, ihre bewusste Integration in die Komposition und die Überzeugung, dass diese Stille die Kraft des Ausdrucks mitentscheiden kann und die Notwendigkeit einer improvisatorischen Haltung bringen kann. Die stillen Augenblicke sind nicht nur als kurze oder längere Zäsur oder als Endstation einer musikalischen Artikulation zu verstehen, sondern als belebte und belebende Räume, welche die formale Komplexität der musikalischen Sprache mitkreieren.

Es geht um den Raum zwischen den Klängen, der durch musikalische Interpunktionszeichen, wie Fermaten, Zäsuren und wechselnde Bewegungsrichtungen erzeugt wird. Dieser suggeriert den sprechenden, improvisierenden Charakter der Musik. Die Abwesenheit des Klanges ist dabei eine Zone voller Korrespondenzmöglichkeiten und innerer Echowirkungen, voller Spiegelungen und Reflexionsauffächerungen.

Der musikalische Diskurs gewinnt damit einen Bedeutungsreichtum, der das Klingende mit dem Nichtklingenden auf geheimnisvolle Weise verknüpft.

Die Aufmerksamkeit für die unheimliche Spannung des Nichts als belebter und belebender Raum zwischen den Klängen hat sich im Laufe der Zeit verschieden entfaltet und mündet in immer faszinierendere Konstellationen von Musik als Summe von leeren und gefüllten Klangräumen. ALBAN BERG und ANTON WEBERN sind die wohl ersten Komponisten, die bewusst mit dem Schweigen gearbeitet haben. Später sind es JOHN CAGE, GYÖRGI LIGETI, LUIGI NOMO,

KLAUS HUBER, MARTIN FELDMANN, HELMUTH LACHENMANN, BERND ALOIS ZIMMERMANN und viele andere, die fast die Grenzen des Klingens und Verstummens erreicht und die Notwendigkeit der schwebenden Dimension, die dadurch entsteht, gefühlt haben.

BERND ALOIS ZIMMERMANN belebt in seinem letzten Stück für Orchester „Stille und Umkehr" so einen quasi leeren Raum mit besonderem Material. Seine Blues-Rhythmen sind hier als Notwendigkeit einer improvisierten Ebene der gewünschten Interpretation zu verstehen. Obwohl er die Notation bis ins letzte Detail der Dynamik, Agogik und des Metrums exakt definierte, existiert in diesem Stück das Prinzip der Flexibilität des musikalischen Materials. Diese Flexibilität suggeriert beim Hören einen freien Charakter. Während der gesamten Dauer des Werkes ist der Ton „D" kontinuierlich, wie ein Orgelpunkt zu hören. Durch die Überlappung von verschiedenen Klangschichten entsteht eine Art Pulsieren in breiten Wellen von unerhörten und unerwarteten Dimensionen, Wellen, die im ganzen Stück zwischen pianissimo und mezzopiano schwanken. Der gewaltige Klangapparat dieses Stückes ist komplex artikuliert durch interessante Instrumentation, melismatische Melodiebewegungen, Klangflächen verschiedener Richtungen oder Klangsäulen, die trotz schneller innerer Bewegung fest erstarrt wirken. Neben diesen festen klanglichen Merkmalen erscheint die Ebene des ostinaten Blues-Rhythmus entweder als Kontrastpunkt oder als Notwendigkeit, einen anderen schwebenden Charakter in dem Stück zu beleuchten.

Von diesem Gesichtspunkt aus ist die Anmerkung ZIMMERMANNs in der Partitur, dass dieser Blues-Rhythmus unbedingt von einem Jazzmusiker auszuführen sei, nicht nur als technischer Hinweis zu verstehen, sondern als eine Klangraumerweiterung, in der sich seine grundlegende musikalische Einstellung offenbart. In diesem Stück gibt es außer dem Aspekt der Klangschichtenkomposition auch den der vieldiskutierten zeitlichen Dehnung eines ökonomischen musikalischen Materials. B.A. ZIMMERMANN ist damit einem Faden gefolgt, den man schon bei FRANZ SCHUBERT in dem zweiten Satz – Adagio – seines C-Dur Streichquintetts finden kann. Der dreistimmige Satz der Mittelstimmen – vl 2, va, vc 1[5] – bildet einen Choral von homophoner Struktur, der sich mit polyphon fließender Bewegung vereint und als ein durchsichtiger grandioser Ostinato wirkt.

Um neue Klangwelten zu kreieren, ist es nicht unbedingt nötig, einen Durchbruch zu provozieren. Es ist eigentlich notwendig, eine Prozedur zu finden, in der man immer neue Kontexte schafft, um damit imaginäre Reisen durch imaginäre Landschaften zu ermöglichen.

Wenn man versucht, ein Kaleidoskop zu betrachten, nimmt man einen kontinuierlichen Prozess der Veränderung wahr. Die bekannten Teile wirken jedes Mal wieder fremd, obwohl man weiß, dass es dieselben sind. Mit der Zeit und etwas Übung entwickelt man die Fähigkeit, neue Möglichkeiten und Unerhörtes zu provozieren.

Kreativität erscheint in dieser Perspektive als Form von Konzentration, Mut und Hoffnung. Es entsteht ein Prozess mit Wirkung auf die innere Hör-Erfahrung und Gewohnheit. Ein Prozess, der die innere Notwendigkeit bewirkt, diese Veränderung zu signalisieren und einen Ausdruck dafür zu entwickeln. Wenn dieser

---

[5] d.h. Zweite Violine, Viola und Erstes Violoncello

Prozess einen neuen Weg öffnen sollte, wenn auch nur für kurze Strecken, kann dies schmerzhaft empfunden werden. Diese Schmerzgrenze ist nicht vergleichbar derjenigen, die oft den labyrinthischen Weg des Schreibprozesses begleitet.

Manieristische Ausdrucksmittel können oft als Rettung erscheinen, gerade weil man diese Grenze, die man auch als fließend beschreiben kann, nicht erreichen möchte oder nicht erreichen kann. Der mögliche Weg zu einer improvisierten Musik als authentischer Gestus ist das Hören einer inneren Klangkonstellation und die Fähigkeit, diese zum Ausdruck zu bringen.

Für die mentale Wahrnehmung ist nicht nur eine Auseinandersetzung mit verschiedenen Kompositionstechniken nötig, sondern auch eine unbewusste Reaktion auf die Komposition. Beides zusammen verändert unsere Sensibilität. Durch die Beobachtung und immer neue Wahrnehmung dieser Sensibilität mit ihren Veränderungen werden oft neu klingende Welten mit unbekannten Strukturen hervorgerufen.

Das Besondere bei der spontan improvisierten Musik und der zur Improvisation einladenden Musik ist die Leistung, Erfahrungen zu assimilieren. Wichtig dabei ist es, eine überzeugende Sprache zu erfinden, um etwas sagen zu können, etwas Erfahrbares weiterzugeben, um etwas bewusst zu machen, ins Unbekannte zu blicken, um sich selbst zu entdecken.

Es ist nicht einfach, über den authentischen Gestus einer Improvisation nachzudenken, die Improvisation selber zu gestalten, wenn man im Zeichen einer Tradition und dem Diktat des logischen Denkens steht. Jeder Versuch, die komponierte Improvisation oder die improvisierende und improvisierte Komposition systematisch und künstlich zu schaffen, zu studieren oder zu entziffern, ist zum Scheitern verurteilt. In so einer Situation ist der Begriff der Komposition undefinierbar. Trotz des Diktats des immer Neuen, Unerhörten, Noch-nicht-Probierten, wird man ständig vor der Tatsache konfrontiert, dass es nichts Neues mehr gibt – um mit ADORNO zu sprechen.

Ein bekanntes Beispiel für eine quasi grenzlose Freiheit der Interpretation durch einen Kompositionsgestus ist das schon 1951 komponierte Stück für Klavier „Music of Changes" von JOHN CAGE[6].

Der Komponist versteckt dabei seine Rolle als Entscheidungsinstanz und bevorzugt die Anonymität. Er folgt einer Zufallsoperation, die er aus dem legendären und uralten chinesischen Orakelbuch I Ging entnimmt, und entdeckt damit Schritt für Schritt den freien Spielraum des zufälligen Zeichens seiner Intelligenz.

In der Inszenierung von Klangwellen und deren konkretem Auftritt auf der imaginären Bühne liegt eine unendliche Welt. Entscheidungen für jeden Schritt der Komposition sind also dem Autor selbst vorher nicht bekannt. Um sie zu finden, fragt er dafür eine durch ihn ritualisierte Instanz und kann dementsprechend selbst enorme Überraschungen erleben.

---

[6] JOHN CAGE (1912-92), US-amerikanischer Komponist, erweiterte die Möglichkeiten des „präparierten" Klaviers (mit Dämpfung der Saiten durch Holz, Metall, Gummiteile u.a.). Er führte den Zufall in die Komposition ein. Diese „Zufallsoperationen"gingen bei CAGE so weit, dass Partituren bisweilen erst durch die stattgefundene Aufführung festgelegt wurden.

Durch die nicht steuerbare Abfolge von Ja und Nein für die Zusammensetzung des Stückes, könnte man theoretisch sogar ein Stück voller Stille, also voller Pausen, erhalten. Durch diesen authentischen Gestus kreativer Art hat CAGE eine neue Definition vom ästhetischen hörbaren Kunstwerk provoziert, ohne sie im Sinne UMBERTO ECOS als Opera aperta[7] zu bezeichnen. Sein Begriff vom musikalischen Kunstwerk bewahrt die geschlossene Dimension, bricht aber endgültig mit der Tradition.

Das Wechselspiel von An- und Abwesenheit des Klanges wird extrem flexibel, durchlässig, unberechenbar und die Musik, die durch so einen Prozess entsteht, ist das spontane Ereignis eines unwiederholbaren Augenblicks.

---

[7] UMBERTO ECO (1973): Das offene Kunstwerk (Originaltitel: Opera aperta). Frankfurt

III.

Programmierung und Prägung durch das Umfeld

Professor Dr. Matthias Franz, Düsseldorf

Wenn der Vater fehlt –
Spätfolgen einer vaterlosen Gesellschaft

Korrespondenzadresse:

Klinisches Institut für
Psychosomatische Medizin und Psychotherapie
Postfach 10 10 07
40001 Düsseldorf
matthias.franz@uni-duesseldorf.de

Professor Dr. Matthias Franz, Düsseldorf

geb. 1955, verheiratet, zwei Kinder

              Facharzt für Psychotherapeutische Medizin, Facharzt für Neurologie und Psychiatrie, Psychoanalytiker, Lehranalytiker

seit 1995   Professur für Psychosomatische Medizin und Psychotherapie an der Heinrich-Heine-Universität Düsseldorf, Leitung des psychosomatischen Konsiliardienstes im Bereich Universitätskliniken

Wissenschaftliche Arbeitsschwerpunkte:

Epidemiologie psychogener Erkrankungen (Häufigkeit, Verlauf, Ursachen, soziale Determinanten psychischer Gesundheit), Psychotherapieakzeptanz, Psychotherapieforschung, psychophysiologische Affektforschung

Wenn der Vater fehlt –
Spätfolgen einer vaterlosen Gesellschaft

Zusammenfassung Deutsch

Die über lange Zeit hinweg ideologisch überlagerte Diskussion über die Bedeutung früher Kindheitsbelastungen kann von Seiten der empirischen Forschung heute zunehmend mit Fakten ausgestattet werden. Insbesondere neuere epidemiologische Längsschnittstudien zu psychosozialen Risikofaktoren der frühkindlichen Entwicklung haben in den letzten zehn Jahren differenzierte Ergebnisse erbracht.

Die Mannheimer Kohortenstudie zur Epidemiologie psychogener Erkrankungen erbrachte als Hauptergebnis eine große Häufigkeit psychogener Erkrankungen in der Normalbevölkerung von zirka 25 Prozent. Unter diesen Fällen waren Frauen, Angehörige der Unterschicht, Ledige, getrennt Lebende und Geschiedene überproportional vertreten.

Bei einer hohen frühkindlichen Belastung, zum Beispiel einer deutlichen Psychopathologie der Mutter, bei unehelicher Geburt, pathologischen Elternbeziehungen, häufiger Abwesenheit der Mutter, bestand ebenfalls ein erhöhtes Fallrisiko. Es zeigte sich bezüglich der kindlichen Entwicklungsbedingungen, dass bei den chronisch sehr schwer beeinträchtigten Probanden deutliche Defizite, vor allem in der Mutterbeziehung und, wenn auch geringer ausgeprägt, in der Vaterbeziehung, bestanden.

Das Fehlen des Vaters in den frühen Entwicklungsjahren stellt per se keinen direkt monokausalen Einflussfaktor auf psychogene Beeinträchtigung im späteren Erwachsenenleben dar. Eine überdurchschnittlich hohe psychogene Beeinträchtigung resultiert letztlich aus dem Zusammenwirken zahlreicher Variablen, wie zum Beispiel Persönlichkeitsmerkmalen, sozialer Unterstützung, chronischen Belastungen, erbgenetischen Einflüssen und eben frühkindlichen Belastungen. Eine Trennung vom Vater über einen längeren Zeitraum ist im Sinne einer Risikoerhöhung wirksam.

Die biographische Reichweite der Abwesenheit des Vaters und seiner Unterstützung der Mutter bei dem Versuch, eine sichere Bindung zum Kind herzustellen, wird möglicherweise bis heute unterschätzt und sollte größere Beachtung finden.

The Absent Father –
The Consequences of a fatherless society

Abstract English

The discussion about the significance of negative experiences in early childhood, which for years has been primarily ideological in nature, is now gaining increased support by facts gleaned from empirical research. New epidemic studies concerning the psychological/sociological risk factors of early childhood development have brought new light to the subject in the last ten years.

The Mannheim Kohorten study concerning the epidemic of psychological disorders indicated an occurrence of psychological disorders in about 25% of the normal population. Among these cases there was a higher proportion among women, persons from the lower-class, singles, and those separated or divorced. A high proportion of cases resulted among those with high occurance of negative experiences in early childhood, stemming from, for instance, a psychopathic mother, an unwed mother, pathological parental relationships, or a mother who was often absent.

The study showed that evident deficits, above all in the relationship to the mother, but also to a lesser degree in the relationship to the father, were apparent among chronically psychologically impaired patients. The absence of the father in early childhood years in and of itself is not direct single cause leading to psychological difficulties in later life. An above average psychological deficit results from a number of combined variables, for instance personality traits, social support, chronic stress, genetic influences, and early childhood negative experiences. A separation from the father does produce a higher risk factor.

The biographical influence of an absent father who provides no support for the mother in creating a firm relationship to the child is perhaps underestimated even yet today and should be examined more closely.

Thema meines Artikels sind die psychosozialen Risikofaktoren der frühkindlichen Entwicklung, die zum späteren Entstehen psychischer oder psychosomatischer Erkrankungen beitragen können. Bevor ich Ihnen anhand neuerer Studien diese kindlichen Entwicklungsrisiken erläutere, möchte ich den Gegenstand noch etwas genauer eingrenzen.

Psychische oder psychosomatische Erkrankungen werden – den Ausschluss einer organischen Verursachung hier vorausgesetzt – typischerweise ausgelöst durch eine vorangegangene psychosoziale Belastung, wie zum Beispiel einen Verlust, eine Kränkung oder eine sexuelle Konfliktsituation. Mit verursacht und aufrechterhalten werden diese Erkrankungen außerdem durch eine konflikthafte persönliche Erlebnisverarbeitung. In Entstehung und Verlauf sind diese auch als psychogene Erkrankungen bezeichneten Störungen abhängig von der psychosozialen Biographie des betreffenden Individuums. Nicht zu dieser Gruppe zählen die Wahnerkrankungen, Demenzen oder andere hirnorganische Störungen.

Aus psychoanalytischer Sicht sind psychogene Erkrankungen Ausdruck unbewusster, aktuell wiederbelebter kindlicher Entwicklungskonflikte oder Traumatisierungen. Gewissermaßen existiert eine unbewusste Sollbruchstelle im sozialen Erleben und Handeln der betreffenden Person. Stehen für die Bewältigung von Verlusten und Kränkungen oder im Umgang mit sexuellen Triebimpulsen bestimmte Kompetenzen auf Grund kindlicher Entwicklungskonflikte nicht zur Verfügung, kommt es mit hoher Regelmäßigkeit zu psychischen Symptomen wie Ängsten, Depressivität oder auch psychosomatischen Körperbeschwerden.

Gerade diese so genannten somatoformen Beschwerden drücken als Affektäquivalente oft unerträgliche Gefühlszustände wie Ohnmacht oder Hilflosigkeit aus. Hintergrund der verschiedenen klinischen Krankheitsbilder sind häufig Selbstwertstörungen, Beziehungsstörungen, sexuelle/aggressive Triebkonflikte oder traumatische Früherfahrungen. Aus verhaltenstheoretischer Sicht sind die psychogenen Erkrankungen Ausdruck pathologischer sozialer Lernprozesse.

Psychogene Erkrankungen lassen sich je nach Hauptmanifestationsebene einteilen in

- körperliche Störungen: zum Beispiel somatoforme Unterbauchschmerzen, funktionelle Lähmungen der Extremitäten oder bestimmte Formen des Bluthochdrucks,
- psychische Störungen: wie die verschiedenen Angsterkrankungen, depressive Neurosen, posttraumatische Belastungsreaktionen,
- Verhaltensstörungen: zum Beispiel Persönlichkeitsstörungen oder Suchterkrankungen.

Weitere Differenzierungen zu Forschungszwecken ermöglichen verschiedene international gebräuchliche diagnostische Klassifikationssysteme. Typisch für diese Erkrankungen ist nicht nur die gemeinsame Verwurzelung in der Biographie und Lebenssituation der Betroffenen, sondern auch das sehr häufige gleichzeitige Bestehen mehrerer psychogener Symptome und die hohe Variabilität dieser Beschwerden, die im Langzeitverlauf häufig ineinander übergehen.

Es existiert eine Fülle wissenschaftlicher Ansätze zum Verständnis von Entstehung und Verlauf dieser Erkrankungen. In der Stressforschung wurden verschiedene psychophysiologische Entstehungsmodelle entwickelt, in welchen ein erhöhter Spiegel so genannter Stresshormone als pathogenes Prinzip beschrieben wird.

Daneben existieren neurobiologische Modellvorstellungen, die eine gestörte Reifung neuronaler Netze im Bereich des limbischen Systems, des Hypothalamus, und des Hypophysen-Nebennierensystems als ursächlich beispielsweise für depressive Störungen ansehen. In verschiedenen Tiermodellen wurden in neuerer Zeit tatsächlich Belege dafür gefunden, dass nach früher Trennung von der Mutter Jungtiere nicht nur stressanfälliger oder in ihrem sozialen Verhaltensrepertoire eingeschränkt waren, sondern auch wichtige verhaltensregulierende Gehirnareale in ihrer Zytoarchitektur irreversibel geschädigt waren.

Weiterhin nachgewiesen ist der Einfluss psychischer Belastungen auf das Immunsystem, aber auch erbgenetische Faktoren spielen bei der Entstehung und dem Verlauf von psychogenen Erkrankungen eine wesentliche Rolle. Dies im Einzelnen auszuführen würde den Rahmen dieses Artikels sprengen.

Unser Thema sind hier die heute gut abgesicherten psychosozialen Risikofaktoren und Belastungen während der prägungssensiblen frühen Entwicklungsjahre der Kindheit. Befunde hierzu sind angesichts der Häufigkeit psychogener Erkrankungen in der erwachsenen Normalbevölkerung von zirka 25 Prozent und des weit überwiegend schlechten Spontanverlaufes von großem Interesse.

Generell gilt, dass die Entwicklung eines Kindes zu einer vollständigen, selbstbewussten und beziehungsfähigen Persönlichkeit durch liebevolle, einfühlungsfähige, zuverlässige und fürsorglich Grenzen setzende Eltern nachhaltig gefördert wird. Familiäre Desintegration, die Abwesenheit der Mutter oder des Vaters, Erfahrungen sexueller oder körperlicher Gewalt, die emotionale Ablehnung des Kindes oder die hinter materieller Wohlstandsverwahrlosung waltende Gleichgültigkeit gegenüber seinen Bindungs- und Entwicklungsbedürfnissen sind großenteils empirisch belegte Risikofaktoren für die seelische und körperliche Gesundheit des Kindes auch im späteren Leben.[1]

Epidemiologische Längsschnittstudien zu unserer Fragestellung haben in den letzten zehn Jahren zunehmend differenzierte Ergebnisse erbracht. Die über lange Zeit hinweg ideologisch überlagerte Diskussion über die Bedeutung früher

---

[1] Übersichten bei
U.T. EGLE, S.O. HOFFMANN, M. STEFFENS (1997): „Psychosoziale Risiko- und Schutzfaktoren in Kindheit und Jugend als Prädisposition für psychische Störungen im Erwachsenenalter." In: Nervenarzt 68, S. 683-695;
M. FRANZ, H. SCHEPANK (1995): „Psychogene Erkrankungen. Häufigkeit, Verlauf und Ursachen." In: TW Neurologie Psychiatrie 9, S. 246-256

Kindheitsbelastungen kann von Seiten der empirischen Forschung heute daher zunehmend mit Fakten ausgestattet werden. Insbesondere auf folgende, neuere Längsschnittstudien zu psychosozialen Risikofaktoren der frühkindlichen Entwicklung beziehe ich mich bei der weiteren Darstellung bekannter Risikofaktoren:

Autor	Jahr	Stichprobenumfang
ELDER[2]	1974	381
MEYER-PROBST, TEICHMANN[3]	1984	279
LÖSEL et al.[4]	1989	776
BAYDAR, BROOKS-GUNN[5]	1991	1181
MATEJCEK[6]	1991	220
WERNER, SMITH[7]	1992	698
FURSTENBERG, TEITLER[8]	1994	950
FRANZ et al.[9]	1999	301

Aus dieser Tabelle möchte ich besonders zwei sehr eindrucksvolle Studien aus dem Ausland sowie die Mannheimer Kohortenstudie herausgreifen.

Zunächst zur Prager Studie zum Schicksal unerwünschter Kinder: MATEJCEK und andere hatten vor zirka 30 Jahren in Prag 220 unerwünscht geborene Kinder in ihre Studie aufgenommen[10]. Die von deren Müttern beantragte Abtreibung war

---

[2] G.H. ELDER (1974): Children of the Great Depression: social change in life experience. Chicago
[3] B. MEYER-PROBST, H. TEICHMANN (1984): Rostocker Längsschnittuntersuchung – Risiken für die Persönlichkeitsentwicklung im Kindesalter. Leipzig
[4] F. LÖSEL, T. BLIESENER, P. KÖFERL (1989): "On the concept of 'Invulnerability': Evaluation and first results of the Bielefeld Project."
In: M. BRAMBRING, F. LÖSEL, H. SKOWRONEK (Hg.): Children at risk: Assessment, longitudinal research, and intervention. Berlin/New York
[5] N. BAYDAR, J. BROOKS-GUNN (1991): "Effects of maternal employment and child-care arrangements on preschoolers' cognitive and behavioral outcome: Evidence from the children of the National Longitudinal Survey of Youth Development."
In: Psychologie 27, S. 932-945
[6] Z. MATEJCEK (1991): „Die langfristige Entwicklung unerwünscht geborener Kinder."
In: H. TEICHMANN, B. MEYER-PROBST, D. ROETHER (Hg.): Risikobewältigung in der lebenslangen psychischen Entwicklung.
Berlin, S. 117-128
[7] E.E. WERNER, R.S. SMITH (1992): Overcoming the odds. High risk children from birth to adulthood. London
[8] F. FURSTENBERG, J.O. TEITLER (1994): "Reconsidering the effects of marital disruption. What happens to children of divorce in early adulthood?"
In: J. Fam. Iss. 15, S. 173-190
[9] M. FRANZ, K. LIEBERZ, N. SCHMITZ, H. SCHEPANK (1999): "A decade of spontaneous long-term course of psychogenic impairment in a community population sample."
In: Soc. Psychiatry Psychiatr. Epidemiol. 34, S. 651-656
[10] Z. MATEJCEK (1991), a.a.O.

von den damals zuständigen Behörden zweimal abgelehnt worden. Diese Kinder wurden dann quasi im staatlichen Auftrag und sicherlich mit hochambivalenten Gefühlen der Mütter geboren. MATEJCEK und Mitarbeiter verfolgten das Schicksal dieser Kinder und verglichen sie mit einer parallelisierten Kontrollgruppe. Es zeigte sich, dass die unerwünscht geborenen Kinder signifikant häufiger an Beziehungsstörungen und Persönlichkeitsstörungen litten, mit ihrem Leben deutlich unzufriedener waren und häufiger sozial auffällig wurden.

Dieser Befund wurde 1992 in einer umfassenden Literaturstudie durch AMENDT und SCHWARZ nachhaltig bestätigt.[11] WERNER[12] und ihre Mitarbeiter untersuchten vor ebenfalls zirka 30 Jahren einen kompletten Geburtsjahrgang von 698 Kindern prospektiv bis heute. Es handelt sich um die gesamte Geburtskohorte einer Insel des Hawaii-Archipels, weshalb diese Studie auch als Kauai-Studie bekannt geworden ist.

Auf Grund der genannten Untersuchungen können heute als gesicherte Risikofaktoren, welche das spätere Auftreten einer psychogenen Erkrankung im Erwachsenenalter begünstigen, gelten:

- schwere körperliche Erkrankung der Mutter oder des Vaters
- psychische Erkrankungen eines Elternteils
- chronische Familienkonflikte
- Kriminalität oder dissoziale Verhaltensstörungen eines Elternteils
- Verlust der Mutter oder des Vaters
- häufig wechselnde frühe Bezugspersonen
- allein erziehende Mutter (insbesondere ohne weitere Unterstützung)
- volle mütterliche Berufstätigkeit im ersten Lebensjahr des Kindes
- uneheliche Geburt
- Unerwünschtheit des Kindes
- sehr junge Mütter bei Geburt des ersten Kindes
- ernste und häufige körperliche Erkrankungen in der Kindheit
- sexueller und/oder aggressiver Missbrauch
- unsicheres Bindungsverhalten im 12. bis 18. Lebensmonat
- tyrannisch rigides väterliches Erziehungsverhalten
- Altersabstand zum nächsten Geschwister weniger als 18 Monate
- Kontakte mit Einrichtungen der sozialen Kontrolle

Konvergent machen diese Befunde deutlich, dass Einflüsse, welche die Herstellung einer festen und sicheren Bindung zu einer emotional einfühlsamen und zuverlässig engagierten primären Bezugsperson, in der Regel die Mutter, erschweren oder verhindern, das spätere Erkrankungsrisiko erhöhen.

---

[11] G. AMENDT, M. SCHWARZ (1992): Das Leben unerwünschter Kinder. Bremen
[12] E.E. WERNER, R.S. SMITH (1992), a.a.O.

Aber auch sozial vermittelte Faktoren haben einen starken Einfluss:
- niedriger sozioökonomischer Status
- schlechte Schulbildung der Eltern
- große Familien, wenig Wohnraum
- schlecht ausgeprägte Kontakte zu Gleichaltrigen
- Jungen bis zur Pubertät stärker belastet als Mädchen
- hohe (multiple) Gesamtbelastung

Es können neben diesen Risikofaktoren heute auch protektive Schutzfaktoren benannt werden, welche trotz bestehender Belastungen psychogene Beeinträchtigung verhindern oder vermindern können:
- eine emotional gute Beziehung zu einer weiteren zuverlässigen Bezugsperson
- Aufwachsen in einer Familie mit Entlastung der Mutter
- weitere kompensatorische Bezugspersonen
- insgesamt attraktives Mutterbild
- gutes Ersatzmilieu nach Mutterverlust
- sicheres Bindungsverhalten
- mindestens durchschnittliche Intelligenz
- robustes, aktives und kontaktfreudiges Temperament
- soziale Förderung durch Vereine, Schule, Kirche, Jugendgruppen, ...
- verlässlich unterstützende Bezugspersonen im Erwachsenenalter
- spätes Eingehen schwer auflösbarer Bindungen
- geringe Risikogesamtbelastung

Ich möchte Ihnen nun noch einige eigene Befunde aus der Mannheimer Kohortenstudie zur Epidemiologie psychogener Erkrankungen vorstellen. Die Studie wurde in den 70er Jahren von SCHEPANK und seinen Mitarbeitern in Mannheim begonnen.[13]

Die Ausgangsstichprobe bestand aus jeweils 100 Männern und Frauen der Geburtsjahrgänge 1935, 1945 und 1955, also aus insgesamt 600 zufällig aus der deutschen Erwachsenenbevölkerung Mannheims gezogenen Personen. Diese repräsentative Bevölkerungsstichprobe wurde um 1980 erstmals von erfahrenen Untersuchern, Ärzten und Psychologen mit Hilfe eines mehrstündigen Interviews und zahlreichen Fragebögen untersucht.

Die erste Untersuchung erbrachte als Hauptergebnis die große Häufigkeit psychogener Erkrankungen in der Normalbevölkerung von zirka 25 Prozent. Unter diesen Fällen waren Frauen, Angehörige der Unterschicht, Ledige, getrennt Lebende und Geschiedene überproportional vertreten. Bei einer hohen frühkindlichen Belastung, zum Beispiel einer deutlichen Psychopathologie der Mutter, bei

---

[13] H. SCHEPANK (1987): Psychogene Erkrankungen der Stadtbevölkerung. Heidelberg

unehelicher Geburt, pathologischen Elternbeziehungen, häufiger Abwesenheit der Mutter, bestand ebenfalls ein erhöhtes Fallrisiko. Die bislang letzte Querschnittuntersuchung wurde an derselben Stichprobe 1994 beendet.[14]

Wir konnten in Mannheim also über mehr als zehn Jahre hinweg extrem stark beeinträchtigte Probanden mit solchen vergleichen, die konstant seelisch gesund waren. Es zeigte sich bezüglich der kindlichen Entwicklungsbedingungen wiederum, dass bei den chronisch sehr schwer beeinträchtigten Probanden deutliche Defizite, vor allem in der Mutterbeziehung und, wenn auch geringer ausgeprägt, in der Vaterbeziehung bestanden.

Weniger Beeinträchtigte, vor allem in der Lebensmitte erstmalig dekompensierende Probanden, wiesen bei weitgehend unauffälliger Mutterbeziehung aber vor allem Defizite in ihrer Vaterbeziehung und vermehrte Belastungen zwischen dem siebten und zwölften Lebensjahr auf.

Untersucht man die Verlaufsstichprobe in einem komplexen statistischen Langzeitmodell als Ganzes – und nicht nur bestimmte Risikogruppen – so zeigt sich, dass das Fehlen des Vaters während der ersten sechs Lebensjahre ein eigenständiges Entwicklungsrisiko darstellt. Dieses konnte sich als eigenständiger Faktor qualifizieren, weil in Folge des zweiten Weltkrieges einer Vielzahl unserer Probanden, insbesondere der Geburtsjahrgänge 1935 und 1945, der Vater fehlte.

Bei den Probanden des Geburtsjahrgangs 1935 fehlten in 58 Prozent der Fälle die Väter, bei den Probanden des Jahrganges 1945 in 41 Prozent! Wesentlicher und zentraler Befund der vorgelegten Untersuchung ist der statistisch bedeutsame und im Verlauf sogar noch deutlicher werdende Zusammenhang zwischen Anwesenheit beziehungsweise Fehlen des Vaters in den prägungssensiblen ersten sechs kindlichen Entwicklungsjahren und der im späteren Leben bestehenden psychogenen Beeinträchtigung. Das Risiko eines Probanden, konstant als Fall einer psychogenen Erkrankung klassifiziert zu werden, war beim Fehlen des Vaters um das 2,2-fache erhöht.

Diese „Kinder des Krieges" weisen also 50 Jahre später eine statistisch signifikant höhere psychogene Beeinträchtigung auf als die Probanden der gleichen Kriegsjahrgänge, bei welchen der Vater in der Frühkindheit präsent war. Die erhöhte psychogene Beeinträchtigung im späteren Leben kann daher nicht allein auf die Not der Kriegs- und Nachkriegsjahre zurückgeführt werden. Vielleicht ist die

---

[14] Diagnostiziert wurden die psychogenen Erkrankungen nach ICD und – was die Mannheimer Studie besonders auszeichnet – die psychogene Beeinträchtigung wurde nicht nur qualitativ, sondern auch quantitativ mit Hilfe eines Beeinträchtigungsmaßes (Beeinträchtigungsschwerescore, BSS nach SCHEPANK, 1995) erfasst. Der Beeinträchtigungsschwerescore erlaubt die sehr zuverlässige Einschätzung der bestehenden psychogenen Beeinträchtigung durch entsprechend trainierte Experten.
Der BSS besteht aus drei Subskalen: körperliche, seelische und sozialkommunikative Beeinträchtigung, die jeweils 5-stufig zwischen 0 und 4 eingeschätzt werden. Es resultiert ein Gesamtwert, der sich zwischen 0 (also keinerlei psychogene Beeinträchtigung) und 12 (extreme psychogene Beeinträchtigung) bewegen kann. Als Fall einer psychogenen Erkrankung galt ein Proband, bei welchem eine ICD-Diagnose einer psychogenen Erkrankung vergeben wurde, die psychogene Beeinträchtigung gemessen mittels des BSS einen Gesamtwert von 4 für die letzten 7 Tage überschritt.
H. SCHEPANK, (1995): Der Beeinträchtigungsschwerescore (BSS). Ein Instrument zur Bestimmung der Schwere einer psychogenen Erkrankung. Göttingen

Spekulation gerade in Frankfurt[15] erlaubt, dass dieses kollektiv von der Kriegsgeneration in hoher Zahl erlittene Trauma und dessen nachfolgende kollektive Verdrängung zu der „Rache" an den fern und unglaubwürdig erlebten Vaterautoritäten der 60er und 70er Jahre und zu deren Substitution durch ideologisch idealisierte Ersatzväter beigetragen haben könnte.

Jedenfalls unterstützen unsere Befunde tiefenpsychologische Überlegungen und Konzepte zur entwicklungspsychologischen Bedeutung des Vaters[16] und gleichartige Ergebnisse epidemiologischer[17] oder klinischer Studien.[18]

Aus psychoanalytischer Sicht besitzt die Präsenz und Zuwendung des Vaters für die kindliche Entwicklung und die psychische Gesundheit im späteren Erwachsenenleben eine entscheidende Bedeutung.[19]

Zu Beginn der psychoanalytischen Theoriebildung beschrieb SIGMUND FREUD den Vater zwar noch als Objekt ödipaler Phantasien, gefürchteten Rivalen und als aufgezwungene Identifikationsfigur des Jungen. Der Patriarch FREUD stellte sich mit dieser Auffassung weniger auf die Seite des Kindes, sondern vielmehr auf die der erwachsenen Autorität. Später beschrieb der Kinderarzt und Psychoanalytiker WINNICOTT den bis dahin eher mit aversiven Attributen ausgestatteten Vater auch in seiner entwicklungsförderlichen Funktion.

---

[15] Professor FRANZ bezieht sich hier auf den Veranstaltungsort des Symposiums und seine Geschichte (Anm. der Herausgeber).
[16] E. ABELIN (1971): "The role of the father in the separation–individuation process." In: J. MCDEVITT, C.F. SETTLAGE (Hg.): Separation-individuation: Essays in honor of Margaret S. Mahler. New York, S. 229-252;
E. ABELIN (1975): "Some further oberservations and comments on the earliest role of the father." In: Int. J. Psycho-Anal. 56, S. 293-302;
M. ROTMANN (1978): „Über die Bedeutung des Vaters in der ‚Wiederannäherungs-Phase'." In: Psych. 32(12), S. 1105-1147;
M. BURGNER (1985): "The oedipal experience: Effects on development of an absent father." In: Internat. J. of Psycho-Analysis 66(3), S. 311-320
[17] E.E. WERNER (1989): „High-risk children in young adulthood: a longitudinal study from birth to 32 years." In: Am. J. Orthopsychiatry 59, S. 72-81
[18] A. DÜHRSSEN (1984): „Risikofaktoren für die neurotische Krankheitsentwicklung." In: Zschr. psychosom. Med. 30, S. 18-42;
A. ROY (1985): "Early parental separation and adult depression." In: Arch. Gen. Psychiatry 42(10), S. 987-91;
K. LIEBERZ (1990): Familienumwelt und Neurose. Göttingen;
B. BRON, M. STRACK, G. RUDOLPH (1991): "Childhood experiences of loss and suicide attempts: significance in depressive states of major depressed and dysthymic or adjustment disordered patients." In: J. Affect. Disord. 23(4), S. 165-72; sowie Übersicht bei D. BUTTERWORTH (1994): "Are fathers really necessary to the family unit in early childhood?" In: International review of early childhood (26)1, S. 1-5
[19] W. SCHWIDDER (1972): Neurose und Psychoanalyse. Göttingen;
E. ABELIN (1971 und 1975), a.a.O.;
M. ROTMANN (1978), a.a.O.;
M. BURGNER (1985), a.a.O.;
S. TUTTMANN (1986): "The father's role in the child's development of the capacity to cope with separation and loss." In: J. American Academy of Psychoanalysis 14(3), S. 309-322;
R. LOHR, C. LEGG, A.E. MENDELL, B.S. RIEMER (1989): "Clinical observations on interferences of early father absence in the achievement of femininity." Clinical Social Work Journal 17(4), S. 351-365

Aus WINNICOTTs Sicht obliegt es dem Vater, die Mutter fürsorglich dabei zu unterstützen, ihr Kind feinfühlig in seinem Wachstum zu begleiten. Er trägt dadurch dazu bei, dem Kind traumatisch-entfremdende Anpassungsleistungen an die Bedürfnisse der Mutter zu ersparen. Als solcher aber ist auch der reale Vater bedeutsam für die seelische Entwicklung. Anschließend an die Forschungen von MARGRET MAHLER wurde der Vater als zunehmend wichtig für den Prozess der Individuation und seelischen Strukturbildung des Kindes erkannt.

In der so genannten Wiederannäherungskrise erleichtert der Vater dem Kind den durch Reifungsdruck erzwungenen Abschied aus der umfassenden mütterlichen Beziehung. Die mit diesem Prozess einhergehenden aversiven Enttäuschungsgefühle gegenüber der Mutter bewältigt das Kind auch mit Hilfe des Vaters, wenn dieser zur Mutter eine Beziehung hat, in welcher sowohl liebevolle Abhängigkeit als auch Selbstständigkeit gestaltet werden kann.

Der Vater ermöglicht also bereits sehr früh die begleitete und notwendige Individuation des Kindes aus der umfassenden Beziehung zur Mutter hinein in eine Welt vielfältig abgestufter Beziehungsmöglichkeiten. Seine positive emotionale Zuwendung fördert außerdem die Entwicklung einer selbstbewussten und stabilen sexuellen Identität des Kindes. So stellt aus heutiger psychoanalytischer Sicht die mit Hilfe des Vaters erfolgte und abgesicherte Individuation die Voraussetzung für lebensentscheidende Reifungsschritte und Kompetenzen dar.

Heute werden Väter – zumindest bei uns – glücklicherweise nicht mehr von sadistischen Führergestalten für destruktive Exzesse missbraucht. Die Väter fehlen ihren Kindern aber zunehmend aus anderen Gründen.

Zum einen ist das traditionelle patriarchalische Vaterbild aus vielen Gründen heraus nicht mehr referenziell. Auf den Vater gerichtete Bindungswünsche existieren aber davon unabhängig als latente, zum Beispiel von der Werbe- oder Unterhaltungsindustrie genutzte Fragmente. Mediale Platzhalter und fragwürdige Projektionsfiguren sprechen kommerziell zum Teil sehr erfolgreich kindliche Bindungswünsche nach einem starken, fürsorglichen Vater an. Angesichts fehlender echter Väter gewinnen diese Einflüsse immer früher an Bedeutung.[20]

So ist der frei verfügbare Fernseher als kommerzieller Brückenkopf und Beziehungssurrogat im Kinderzimmer Vierjähriger keine Seltenheit – eine emotionale Entwertungserfahrung, die einer Körperverletzung gleichgesetzt werden muss. In einer kompetitiv und gleichzeitig liberal-hedonistisch organisierten Individualgesellschaft können aber die nicht innerhalb einer lebendigen Beziehung vermittelten medialen Projektionen und Überkompensate defizienter Männlichkeit keine Beruhigung des Kindes und Stabilisierung des männlichen Selbstwertgefühles bewirken. Im Gegenteil fördern diese Bilder häufig noch die narzisstische Krise des Männlichkeitsbildes, mit den zugehörigen auch gewalttätigen Reaktionsbildungen. Dass diese gesellschaftlichen Einflüsse auch zu einer Krise der väterlichen Rolle und Verantwortungsfähigkeit beitragen, liegt nahe.

Es scheint so, als ob durch diese zunehmende medialisierte Vermarktung menschlicher Bedürfnisse nach Bindung und Wertschätzung ein Phantasieraum

---

[20] H. SPEIDEL (1993): „Psychische Spätfolgen bei Scheidungswaisen. Psychotherapeutische Aspekte, gesellschaftliche Voraussetzungen und Folgen." In: Joachim Jungius-Ges. Wiss. Hamburg 70, S. 135-152.

erschlossen wird, der nicht mehr vorwiegend von einer potenziell sadistischen Vaterautorität und entsprechenden Wertehierarchien geprägt ist, sondern auch oder vielleicht sogar vorwiegend von Aspekten eines übermächtigen, auch das männliche Individuum aufsaugenden archaisch-mütterlichen Attraktors, der Terminator, Teletubbies oder Tamagochis sezerniert: Hinter dem Big brother verbirgt sich möglicherweise eine Magna mater. Einer solchen unbewussten Matrix entsprechen umfassende Realitätskonstrukte wie zum Beispiel weltumspannende anonyme Großkonzerne, das Internet oder die so genannte Globalisierung. Diese schaffen und erfordern funktionale, vielleicht auch androgyne Identitäten, die wenig Platz lassen für die Vorstellung einer selbstbestimmten, personalen und selbstbewussten Männlichkeit. Der Vater verliert daher heute auch im Sog von Marktmechanismen und familiärer Desintegration seine Umrisse.

Der emotional spürbare, reale Vater als prägender männlicher Partner ist also schon in Zweielternfamilien über weite Bereiche der frühkindlichen Entwicklung wenig präsent. Die frühkindliche Entwicklungsumgebung ist bis in die Kindergärten und Grundschulen überwiegend von weiblichen Bezugspersonen geprägt. Vielen in ihrem Rollenbild und Selbstverständnis verunsicherten Männern ist darüber hinaus offensichtlich nicht bewusst, wie wichtig ihre spürbare Gegenwart für eine gesunde Entwicklung ihrer Kinder ist. Ein Beleg dafür sind empirische Untersuchungsbefunde in westlichen Industriegesellschaften zum Zuwendungsverhalten von Vätern ihren Kindern gegenüber. Unabhängig davon, ob die Mütter zu Hause oder berufstätig sind, wenden sich Väter laut dieser Studien ihren Kindern emotional und in direkten Versorgungsfunktionen deutlich seltener zu als die Mütter.[21]

Zum anderen verschärft sich dieses allgemeine väterliche Erfahrungsdefizit noch durch die wachsende soziale Vereinsamung und steigende Scheidungsraten. Nach Angaben des statistischen Bundesamtes steigt die Zahl der Ehescheidungen kontinuierlich und erreichte 1997 mit zirka 190.000 Fällen bis dato den höchsten Wert in der Nachkriegszeit. Zirka 150.000 minderjährige Kinder sind jährlich von der Ehescheidung ihrer Eltern betroffen. In Deutschland lebten 1998 zirka 2,8 Millionen allein erziehende Eltern, 80 Prozent davon Frauen. In absoluten Zahlen leben zirka 0,6 Millionen Kinder unter sechs Jahren in Deutschland allein bei der Mutter. In den USA wuchsen noch in den 60er Jahren nahezu 90 Prozent aller Kinder bei beiden biologischen Eltern auf. Heute sind es weniger als die Hälfte; ein Drittel wird außerehelich geboren, bei einem weiteren Drittel kommt es zur Scheidung der Eltern bevor die Kinder erwachsen sind.

Auch wenn es vielleicht nicht zum Zeitgeistideal der allzeit leistungsfähigen familiär und beruflich überall erfolgreich und kompetent agierenden Frau passt (Stichwort: HERA LIND[22]): allein erziehende Mütter haben ein weit überdurchschnittliches Armuts- und Sozialhilferisiko, sie sind in ihrer sozialen Teilnahme eingeschränkt, leiden unter Rollenkonflikten und aversiven Vorurteilen der Umgebung. In ihrer beruflichen Weiterqualifikation werden sie oft behindert. Ihre

---

[21] R. LA ROSSA (1988): "Fatherhood and social change."
In: Family Relations 37(4), S. 451-457;
M.E. LAMB (1987): "Introduction. The emergent American Father."
In: M.E. LAMB (Hg.): The father's role: Crosscultural perspectives 3-25, Hillsdale
[22] HERA LIND veröffentlichte unter anderem die Bücher:
Ein Mann für jede Tonart, Frankfurt, 1989; Frau zu sein bedarf es wenig, Frankfurt, 1992;
Das Superweib, Frankfurt 1994

psychische und psychosomatische Belastung ist dementsprechend überdurchschnittlich hoch. Dies gilt sicherlich nicht für alle und jede einzelne allein erziehende Mutter, aber allein Erziehen heißt hier und heute zu häufig auch allein gelassen sein.

Während an der Bedeutung der liebevoll präsenten Mutter für die Entwicklung eines Kleinkindes heute kein vernünftiger Zweifel mehr möglich ist, scheint die Wichtigkeit des Vaters aber noch immer nicht im selben Maße erkannt zu sein.

Dabei ist bei vaterlos aufwachsenden Scheidungskindern das Risiko für Armut, psychische Störungen, Schulabbruch, spätere Arbeitslosigkeit, Delinquenz und Frühschwangerschaften erhöht[23]. Als Erwachsene haben sie ein erhöhtes Risiko beispielsweise an psychischen Störungen oder psychosomatischen Erkrankungen zu leiden. Insbesondere bei depressiv erkrankten Personen, Angsterkrankungen oder bei aggressiv-impulsnah agierenden männlichen Jugendlichen und Erwachsenen wurde von verschiedenen Untersuchern ein in den kindlichen Entwicklungsjahren abwesender Vater beschrieben[24].

---

[23] S.S. MC LANAHAN (1999): Fragile Families and Child Well Being, Princeton
[24] J.W. SANTROCK (1972): "Relation of type and onset of father absence to cognitive development." In: Child Development 43(2), S. 455-469;
P. MATUSSEK, U. MAY (1981): „Verlustereignisse in der Kindheit als paradisponierende Faktoren für neurotische und psychotische Depressionen."
In: Arch. Psychiatr. Nervenkr. 229(3), S. 189-204;
K.S. ADAMS, A. BOUCKOMS, D. STREINER (1982): "Parental loss and family stability in attempted suicide." In: Arch. Gen. Psychiatry 39(9), S. 1081-5;
A. ROY (1985), a.a.O.;
A.U. RICKEL, T.S. LANGNER (1985): "Short- and long-term effects of marital disruption on children." In: American Journal of Community Psychology 13(5), S. 599-611;
W.F. HODGES, T. LANDIS, E. DAY, N. ODERBERG (1991): "Infant and toddlers and post divorce parental access: An initial exploration."
In: Journal of Divorce and Remarriage 16(3-4), S. 239-252;
L. FORSMANN (1989): "Parent child gender interaction in the relation between retrospective self-reports on parental love and current self-esteem."
Scandinavian Journal of Psychology 30(4), S. 275-283.
E.E. WERNER (1989), a.a.O.;
H. SCHEPANK (1987), a.a.O.;
H. SCHEPANK (Hg.) (1990): Verläufe. Seelische Gesundheit und
psychogene Erkrankungen heute. Heidelberg;
K. LIEBERZ (1990), a.a.O.;
B. BRON, M. STRACK, G. RUDOLPH (1991), a.a.O.;
A. ROBINSON, S. PLATT (1993): "Age, parasuicide and problem drinking."
In: Int. J. Social Psychiatry 39(2), S. 81-86;
D. BUTTERWORTH (1994), a.a.O.;
L. BERDONDINI, P.K. SMITH (1996): "Cohesion and power in the families of children involved in bully/victim problems at school: An Italian replication."
In: Journal of Family Therapie 18(1), S. 99-102;
M. TOUSIGNANT, M.F. BASTIEN, S. HAMEL (1993): "Suicidal attempts and ideations among adolescents and young adults: The contribution of the father's and mother's care and of parental separation."
In: Social Psychiatry and Psychiatric Epidemiology 28(5), S. 256-261;
S.L. KIVELA, P. KONGAS-SAVIARO, P. LAIPPALA, K. PAHKALA, E. KESTI (1996): "Social and psychosocial factors predicting depression in old age: a longitudinal study."
In: Int. Psychogeriatr. 8(4), S. 635-44;
L.W. APPLEWHITE, R.A. MAYS (1996): "Parent-child separation: A comparison of

Vor diesem Hintergrund haben wir in Düsseldorf eine Untersuchung zur Lebenssituation und Belastung allein erziehender Mütter durchgeführt und ein entsprechendes Unterstützungsprogramm entwickelt. Im Rahmen der Schuleingangsuntersuchung in Düsseldorf haben wir im Jahre 1999 unter den mehr als 5000 Müttern, die mit ihren Kindern zur Untersuchung erschienen, 900 Kinder in Einelternfamilien identifiziert. Das entspricht einer Häufigkeit von 18 Prozent und damit dem Erwartungswert. Die Einschlusskriterien unserer Studie erfüllten 534 allein erziehende Mütter. 35 Prozent dieser Mütter sind ledig, 60 Prozent leben getrennt oder sind geschieden. Darüber hinaus haben wir die sozialen und klinischen Daten von 280 verheirateten Müttern in der gleichen Untersuchungssituation erhoben.

Die allein erziehenden Mütter sind sozial in hohem Maße benachteiligt. Sie wohnen in problematischen Stadtteilen, verfügen eher über niedrigere Bildungsabschlüsse, arbeiten trotz ihrer Überlastung doppelt so häufig vollzeitig wie verheiratete Mütter. Sie verfügen über ein deutlich geringeres Einkommen, ihre Sozialhilferate ist mit 40 Prozent zehnmal höher als in der Kontrollgruppe. Ebenfalls schildern sie eine signifikant höhere psychosomatische Beeinträchtigung als verheiratete Mütter.

Insbesondere Depressivität, Ängste, Unsicherheitsgefühle und körperliche Stressbeschwerden sind bei den allein erziehenden Müttern deutlich stärker ausgeprägt. Die höchsten Beeinträchtigungswerte erreichen allein erziehende Mütter ohne ausreichende finanzielle Unterstützung, ohne Berufsabschluss und ohne eine weitere Bezugsperson für das Kind. Oft sind sie auf Grund zahlreicher Belastungen selber hilfsbedürftig oder müssen einer Erwerbsarbeit nachgehen. Auch die soziale Ablehnung und der Verlust sozialer Beziehungen sind wichtige Ursachen psychischer Belastungen und Ängste bei allein Erziehenden. Für allein erziehende Mütter ist es entsprechend schwerer, ihren Kindern in Krisenzeiten zeitlich und emotional zur Verfügung zu stehen.

Die Überforderung des einen und das Fehlen des anderen Elternteils stellen entwicklungstypische Unterstützungs- und Identifikationsbedürfnisse des Kindes in Frage. Dass all diese vielfältigen Belastungen also auch von den Kindern wahrgenommen werden und bei ihnen nicht selten ebenfalls zu Beschwerden beitragen können, liegt auf der Hand.

Insbesondere die Jungen der allein Erziehenden zeigen in unserer Untersuchung aus der Sicht ihrer Mütter statistisch bedeutsam stärker ausgeprägte Verhaltensauffälligkeiten wie Aggressivität oder Aufmerksamkeitsstörungen als die Jungen in der Kontrollgruppe. Die Mädchen allein erziehender Mütter sind ebenfalls stärker beeinträchtigt, jedoch sind die Unterschiede zu den Mädchen der Kontrollgruppe nicht signifikant.

Die Bewältigung der Schulintegration, die hiermit verbundene Rollenfindung und die weitere Lösung von der Mutter haben in besonderer Weise emotionale Sicherheit sowie soziale und kognitive Kompetenzen der Kinder zur Vorraussetzung. Wenn gerade in dieser sensiblen Konstellation die erforderlichen

---

maternally and paternally separated children in military families."
In: Child and Adolescent Social Work Journal 13(1), S. 23-39;
N. WINTER, A.J. HOLLAND, S. COLLINS (1997): "Factors predisposing to suspected offending by adults with self-reported learning disabilities."
In: Psychological Medicine 27(3), S. 595-607

Kompetenzen gefährdet erscheinen, wäre es angesichts der möglichen Konsequenzen hier zum Beispiel sinnvoll, den Müttern und ihren Kindern eine gezielte Unterstützung zu geben. Dies erfolgte in unserem Projekt in Form einer Gruppenintervention für die Mütter. In diesen Gruppen wurde unter professioneller Leitung supportiv-themenbezogen mit den Müttern gearbeitet. Es wurde aber auch affektzentriert die Wahrnehmung der eigenen Emotionalität und Ambivalenz dem Kind gegenüber thematisiert. Das Angebot stieß auf großes Interesse und erste Auswertungen zeigen positive Effekte bei den Kindern.

Das Fehlen des Vaters in den frühen Entwicklungsjahren stellt per se keinen direkt monokausalen Einflussfaktor auf die psychogene Beeinträchtigung im späteren Erwachsenenleben dar.[25] Unter bestimmten Umständen, beispielsweise im Fall einer sehr konflikthaften Elternbeziehung, kann die Abwesenheit des Vaters sogar von Vorteil für die weitere Entwicklung sein.[26] Eine überdurchschnittlich hohe psychogene Beeinträchtigung resultiert letztlich aus dem Zusammenwirken zahlreicher Variablen, wie zum Beispiel Persönlichkeitsmerkmalen, sozialer Unterstützung, chronischen Belastungen, erbgenetischen Einflüssen und eben frühkindlichen Belastungen. Eine Trennung vom Vater über einen längeren Zeitraum ist aber im Sinne einer Risikoerhöhung wirksam. Die biographische Reichweite der Abwesenheit des Vaters und seiner Unterstützung der Mutter bei dem Versuch, eine sichere Bindung zum Kind herzustellen, wird möglicherweise bis heute unterschätzt und sollte größere Beachtung finden.

Schlussfolgernd für die Prävention psychogener Erkrankungen ergeben sich – und damit möchte ich schließen – aus den heute vorliegenden Langzeitstudien folgende wesentliche Aussagen:

Psychogene Erkrankungen sind häufig, sie verlaufen weit überwiegend ungünstig in Abhängigkeit von bestimmten Persönlichkeitsmerkmalen und frühen Bindungserfahrungen. Wir benötigen aus diesen Gründen möglichst frühzeitige Hilfsangebote.

Insbesondere ist die Entwicklung von präventionswirksamen Versorgungsangeboten für bestimmte Zielgruppen, wie zum Beispiel für allein Erziehende, von großer sozial- und gesundheitspolitischer Bedeutung. Besonders den Vätern aber sei ins Stammbuch geschrieben: Ihr seid wichtig!

---

[25] A. BREIER, J.R. KELSONE, P.D. KIRWIN, S.A. BELLER, O.M. WOLKOWITZ, D. PICKAR (1988): "Early parental loss and development of adult psychopathology." In: Arch. Gen. Psychiatry 45, S. 987-993
[26] W. TRESS (1986): Das Rätsel der seelischen Gesundheit. Göttingen

Professorin Dr. Herta Schlosser, Koblenz

Praeambula fidei irrationabilia –
Die Bedeutung der Vorerlebnisse
aus der Sicht Josef Kentenichs

Korrespondenzadresse:

Gilgenborn 26
56179 Vallendar

Professorin Dr. Herta Schlosser, Koblenz

geb. 1926 in Reischdorf/Böhmen

1958	Abitur
	Studium Germanistik, Wirtschafts-Pädagogik, Allgemeine Pädagogik, Politikwissenschaft, Katholische Theologie und Philosophie an den Universitäten Frankfurt, Köln und Mainz
	Diplom-Handelslehrerin, Promotion in Philosophie
1971-85	Politikwissenschaft/Sozialkunde an der Erziehungswissenschaftlichen Hochschule Koblenz
1984	Habilitation in Philosophie an der Johannes-Gutenberg-Universität Mainz
	Außerplanmäßige Professorin an der Universität Koblenz, Philosophie

Forschungsschwerpunkte:
Marxismus-Forschung
Kentenich-Forschung

Leiterin von drei Projekten des „Forschungsschwerpunktes Josef Kentenich" an der Universität Koblenz;
Gründungsmitglied des „Internationalen Josef Kentenich-Instituts für Forschung und Lehre e.V.", Vorsitzende bis 1994;
Leiterin des Forschungsprojektes „Schönstatt-Lexikon",
abgeschlossen 1996

Praeambula fidei irrationabilia – Die Bedeutung der Vorerlebnisse aus der Sicht Josef Kentenichs

Zusammenfassung   Deutsch

Es war KENTENICHS Anliegen, die neu entdeckte Seinsstufe – das unbewusste und unterbewusste Seelenleben – in das christliche Menschenbild zu integrieren. Zu den natürlichen Voraussetzungen der Beziehung zu Gott gehören *„nicht nur Vorerkenntnisse, sondern auch Vorerlebnisse"*. Durch ihre Berücksichtigung soll der Mensch von Gott bis in die unbewussten und unterbewussten Seelentiefen erfasst werden.

„Drei Gattungen von Vorerlebnissen sind zu unterscheiden: praeambula fidei psychologica, ascetica, experimentalia – psychologische, aszetische, experimentelle Vorerlebnisse." Letztere sind am bedeutsamsten für eine vitale Gottesbeziehung. Nach KENTENICH das „vorgelebte Leben".

Die Schöpfung, vor allem die menschliche Person, erweist sich nach den psychologischen Gesetzmäßigkeiten der Übertragung und Weiterleitung als naturgegebene Brücke zu Gott. Damit ist schon angesprochen, was Kentenich mit vorgelebtem Leben meint. Dem Menschen werden Gottes Eigenschaften nicht nur geistig erfassbar in der Erkenntnis, sondern auch erfahrbar und erlebbar durch Gefühls- und Affektübertragung.

Bei mangelnden Vorerlebnissen zeigt KENTENICH Wege, die zur Erlebnisfähigkeit führen: den Weg des Nacherlebnisses – er ist am fruchtbarsten, kommt aber aus leicht begreiflichen Gründen nur selten in Frage, den Weg des Kontrasterlebnisses und den des Ersatz- oder Ergänzungserlebnisses.

Der erste Weg ist die totale Erneuerung des Familienlebens. Das Erlebnis des Angenommen- und Geliebtseins im Kindesalter, das Vorerlebnis, hat im Prozess der Selbstwerdung integrierende Funktion. Das Vater-/Muttererlebnis ist daher für die Lebensgeschichte des Kindes, für das Gelingen menschlicher Existenz unersetzlich. Die Erfahrung der Vater-Kind-Beziehung wie der Mutter-Kind-Beziehung ist eine existenziell bedeutsame Voraussetzung der Beziehung zu Gott, zum Vatergott. KENTENICH ist davon überzeugt: *„Das Kernstück der Reform liegt in der Familie."*

Praeambula fidei irrationabilia – The Importance of Pre-Experience According to Josef Kentenich

Abstract English

It was KENTENICH's desire to integrate the newly discovered level of being – the unconscious and the subconscious life of the soul – into the Christian view of man. *"Not only pre-knowledge, but also pre-experience"* is a part of the natural prerequisites for a relationship to God. Taking this into consideration allows God to lay hold of man even at the unconscious and subconscious level of the soul.

"One must distinguish between three categories of pre-experience: praeambula fidei psycholgica, ascetica, experimentalia – psychological, ascetical, and experimental pre-experiences." Experimental pre-experiences are of importance for a vital relationship to God. According to KENTENICH this is the "exemplary life".

Because of its psychological conformity to transference and transport, creation, above all the human person, gives evidence to a natural-given bridge to God. This is what KENTENICH meant when he used the term "exemplary life". Humans can grasp God's character not only intellectually through knowledge, but also experientially through the transference of feelings and emotions.

KENTENICH discusses ways of increasing the ability to experience for those with inadequate pre-experiences: post-experiencing, which is the most dreadful and as such is seldom a good idea, contrast-experiencing, and substitute or supplemental experiencing.

Post-experiencing is a total renewal of life experienced within the family. The experience of being accepted and loved as a child, the pre-experience, has an integrating function in the process of self-development. The experience of father/mother is, as a result, irreplaceable for the life-history of the child and for the success of human existence. The experience of a father-child relationship and the mother-child relationship is an existentially important prerequisite for a relationship to God, to Father-God. KENTENICH is convinced: „*The central point of reform is in the family.*"

Hinführung zum Thema

Ich gehe davon aus, dass JOSEF KENTENICH in wissenschaftlichen Kreisen kaum bekannt ist. Ihm ging es nicht um Forschung als solche, sondern um die Gestaltung des praktischen Lebens aus dem christlichen Glauben. Er war kein Fachwissenschaftler im eigentlichen Sinn. Es ist daher verständlich, dass die innovatorischen Impulse seiner Lehre von den entsprechenden Wissenschaften noch nicht rezipiert sind. Daher schicke ich einige themenbezogene Anmerkungen voraus.

Josef Kentenich

JOSEF KENTENICH (1885-1968) ist der Gründer der Internationalen Schönstatt-Bewegung, die auf allen Kontinenten verbreitet ist. Es handelt sich dabei um eine 1914 gegründete Gliedgemeinschaft innerhalb der katholischen Kirche, die ein vielverzweigtes Sozialgebilde darstellt.

KENTENICH hat seine Erkenntnisse gewonnen in der Auseinandersetzung mit dem Leben und das christliche Menschenbild dann reflexiv immer weiter entfaltet in seinem Bemühen, die Verbindung herzustellen zwischen allen Zweigen der Wissenschaft und dem Leben. Obwohl er kein Wissenschaftler war, entwickelte er eine Forschungsmethode, die er mit den Worten kennzeichnet: *„Beobachten, Vergleichen, Straffen und Anwenden".*

Seine Erkenntnisse sah er bestätigt, sowohl als Gefangener im Konzentrationslager Dachau von 1942-1945 als auch auf ausgedehnten Reisen durch Südafrika, Süd- und Nordamerika in der Begegnung mit anderen Kulturen. Der unerschrockene persönliche Einsatz für die von ihm gewonnenen Erkenntnisse brachte ihm von 1951 bis zu seiner Rehabilitierung 1965 sogar eine Verbannung seitens der Kirche ein. Von Kardinal AUGUSTIN BEA, SJ, stammt der Satz, dass ohne das Konzil[1] KENTENICH *„nie von der Kirche verstanden worden wäre".*[2]

---

[1] Gemeint ist das Zweite Vatikanische Konzil in Rom vom 11. Oktober 1962 bis zum 8. Dezember 1965
[2] JOACHIM SCHMIEDL (1996): „Augustin Bea." In: Schönstatt-Lexikon. Fakten - Ideen – Leben. Vallendar-Schönstatt, S. 23

Sein umfassender Nachlass ist noch nicht erschlossen.[3] Eine adäquate Gesamtdarstellung seiner Erkenntnisse bezüglich der von ihm entwickelten Spiritualität gibt es noch nicht, wohl aber zahlreiche Diplomarbeiten, Dissertationen, Monographien und als ersten Versuch eines Gesamtüberblickes das 1996 erschienene „Schönstatt-Lexikon"[4].

Zur neuen Sicht des christlichen Menschenbildes

Jede historische Epoche macht neue Züge der allgemeinen Menschheitsidee sichtbar, je nachdem die Akzente mehr auf dem Individualen oder Sozialen liegen und das Menschenbild vorwiegend theozentrisch oder anthropozentrisch gedeutet wird. Wie Menschsein ganz allgemein, so schließt auch Christsein viele Verwirklichungsmöglichkeiten ein. Neue, zeitbedingte Formen der Verwirklichung lassen immer neue Züge des christlichen Menschenbildes hervortreten.

PAULUS prägte für den Christen im Gegensatz zum Nicht-Christen den Terminus „*nova creatura*"[5]. In philosophisch-anthropologischer Sicht ist der „*neue Mensch*" die in sich stehende, integrierte Person. In theologischer Sicht ist der neue Mensch als Bundespartner Gottes der bis in die personale Tiefenseele hinein von Gott erfasste Mensch, der in einer Familie, einer Gemeinschaft beheimatet ist.

KENTENICH vertritt die folgende These: Die Erlebnisfähigkeit ist wesentlich gewandelt gegenüber früher, „*und zwar deshalb, weil das neue Jahrhundert eine neue Seinsstufe entdeckt hat, eine neue Seinsstufe, die man früher zwar auch ahnte, aber nicht reflexiv genügend erfasste. Wie heißt diese neue Seinsstufe?*" Diese neu entdeckte Seinsstufe ist das unterbewusste Seelenleben. Die Vorerlebnisse „*sind Jahrhunderte lang vernachlässigt worden.*" Um die Frage zuzuspitzen, hebt er gleichzeitig hervor: „*So wie man eine neue Seinsstufe entdeckt, hat man auch gleichzeitig eine andere Seinsstufe entfernt.*" Die Seinsstufe, die nicht oder nicht genügend berücksichtigt wird, ist die „*übernatürliche Welt*", der Glaube. Es war KENTENICHs Anliegen, die neu entdeckte Seinsstufe in das christliche Menschenbild zu integrieren.[6]

Zur pädagogischen Konzeption Josef Kentenichs

KENTENICH hat im Laufe seiner Tätigkeit eine pädagogische Konzeption entwickelt. Die reflexive Durchdringung seines über Jahrzehnte gewonnenen Erfahrungswissens ist den Mitschriften der von ihm gehaltenen Pädagogischen Tagungen zu entnehmen.

Die Lehre von den unverzichtbaren Voraussetzungen jeder Erziehung – gegenseitiges Vertrauen und Anknüpfen an die jeweilige Erfahrungswelt des zu Erziehenden – fasst KENTENICH in seiner Vertrauens- und Bewegungspädagogik

---

[3] HERTA SCHLOSSER, URSULA KOWALSKI (1995): „Annotierte Bibliographie der Veröffentlichungen aus dem Nachlass Pater Kentenichs – 54 Titel: Bücher und Kleinschriften." In: Regnum. Internationale Vierteljahresschrift der Schönstattbewegung, Kentenich-Forschung an der Universität Koblenz. Beiheft, S. 23-48
[4] SCHÖNSTATT-LEXIKON (1996), a.a.O. Der Einfachheit halber wird auf die entsprechenden Artikel verwiesen, dort finden sich weiterführende Quellenangaben
[5] DIE BIBEL: 2.Korinther Kapitel 5 Vers 17
[6] JOSEF KENTENICH (1966), Vortrag, nicht ediert

zusammen. Schwerpunkte seiner pädagogischen Konzeption sind die Idealpädagogik, die Bindungspädagogik und die Bündnispädagogik.

Die Idealpädagogik umfasst die Lehre vom „Persönlichen Ideal" und vom Gemeinschaftsideal. Im Zusammenhang mit der Thematik sei ein kurzer Hinweis auf das „Persönliche Ideal" gestattet. Wie kann der Mensch zur Übereinstimmung mit sich selbst gelangen, Identität gewinnen? Wie baut sich Ichbewusstsein auf im Prozess menschlicher Sozialisation und Kulturation? KENTENICH entfaltet die Lehre vom Persönlichen Ideal von der Philosophie, von der Psychologie und von der Theologie her. Die philosophische und psychologische Definition zusammengefasst besagt: *„Das Persönliche Ideal ist das im göttlichen Geiste von Ewigkeit her bestehende Urbild jedes Menschen, das dieser aus der gottgewollten seelischen Grundhaltung erschließen und verwirklichen soll."*[7]

Unter einem anderen Aspekt als die Idealpädagogik sieht die Bindungspädagogik den Erziehungsprozess. Der Mensch ist fähig, unterschiedliche Bindungen einzugehen: Er kann sich binden an Orte, Ideen, Aufgaben und Personen. Die Pflege dieser Bindungen hilft, die Wurzellosigkeit und Entfremdung des modernen Menschen zu überwinden. Darauf ist im Zusammenhang mit dem „Bindungsorganismus" kurz einzugehen.

Die Bündnispädagogik betrifft die Ausreifung der personalen Bindungen, vor allem die Bindung an das göttliche Du. Der Bündnispädagogik liegt daher ein Gottesbegriff zugrunde, bei dem *„Gott weder theoretisch noch praktisch eine bloße Idee, sondern eine Person, ein Gott der unendlichen Liebe"* ist. Nach KENTENICH antwortet die Bündnispädagogik *„auf die Sehnsucht unseres Herzens"*[8] und sucht praktisch den Deismus und den Fatalismus zu überwinden. Das menschliche Leben ist in dieser Sicht ein individueller Nach- und Mitvollzug der Heilsgeschichte als Bundesgeschichte.

Zum Begriff Bindungsorganismus

KENTENICH diagnostiziert als *„schwerste moderne Lebenskrise"* die Angst vor allseitiger Ungewissheit und lebensmäßiger Unsicherheit. Als Rettung *„aus der verzweifelten pädagogischen Situation der Gegenwart"* und als zuverlässigen *„Führer in die Labyrinthe der Zukunft"* versteht er die *„sorgfältige Beachtung des Bindungsorganismus"*, der *„Stand- und Wurzelfestigkeit"*[9] verleiht.

Die Bindungen zwischen dem Menschen und der Schöpfung in ihrer Gesamtheit bezeichnet KENTENICH mit dem Terminus natürlicher Bindungsorganismus. Er sucht damit Antwort auf die Frage: Wie entstehen und entfalten sich seelische Bindungen an Personen, Dinge, Orte und Ideen in einem gelebten Bindungsorganismus? Dieser ist in seiner Ganzheit beim Kind und Jugendlichen zu pflegen als Voraussetzung für eine vitale Gottesbeziehung.

KENTENICH spricht nicht nur vom natürlichen, sondern auch vom übernatürlichen Bindungsorganismus. Im Sinne des christlichen dreipersonalen

---

[7] M. ERIKA FRÖMBOGEN (1996): „Persönliches Ideal."
In: SCHÖNSTATT-LEXIKON, a.a.O., S. 306-310
[8] JOSEF KENTENICH (1971): Grundriss einer neuzeitlichen Pädagogik für den katholischen Erzieher. Vallendar, S. 189
[9] Vgl. GÜNTHER M. BOLL (1996): „Bindungsorganismus."
In: SCHÖNSTATT-LEXIKON, a.a.O., S. 34-38

Gottesbildes ist das Leben – verkürzt gesagt – ein Heimweg „*durch Christus im Heiligen Geist zum Vater*". Der natürliche und der übernatürliche Bindungsorganismus sind aufeinander bezogen durch das Gesetz der organischen Übertragung und Weiterleitung, worauf in späterem Zusammenhang einzugehen ist.

Ein Zentralgedanke dieser Thematik ist die Beziehung zwischen Erst-Ursache (causa prima) und Zweit-Ursache (causa secunda). In der Konzeption KENTENICHs hat aber auch die Lehre von der Exemplar-Ursache (causa exemplaris) große Bedeutung, besonders im Hinblick auf die philosophische Definition des persönlichen Ideals. KENTENICH hat das diesbezügliche Traditionsgut nicht nur kritisch übernommen, sondern auch wesentlich ergänzt. Über die Theologie und Philosophie der Zweit-Ursachen hinaus bringt er als originelle Erweiterung im Sinn der Problematik unserer Epoche die Psychologie der Zweit-Ursachen ein, vor allem die Dimension der Tiefenpsychologie.

Den Grundsatz THOMAS VON AQUINS „*Deus operatur per causas secundas liberas*" – Gott wirkt durch freie Zweit-Ursachen – fasst KENTENICH, ihn dadurch weiterführend, in den vorwiegend psychologisch zu verstehenden Grundsatz: „*Gott regiert die Welt nach dem Gesetz der organischen Übertragung und Weiterleitung.*" Normalerweise bedarf es einer Assoziationsbrücke, vor allem über personale Zweit-Ursachen, um in lebendigen Bezug zu Gott zu kommen. Allerdings ist die seinsgemäße Grundlage zu unterscheiden vom seelischen Vorgang.

Praeambula fidei irrationabilia

Natürliche Voraussetzungen sind die Grundlage für die Beziehung zu Gott. Da ist zunächst die gegenseitige Verwiesenheit zwischen Wissen und Glauben. Darüber hinaus kommt bei den natürlichen Voraussetzungen auch der irrationalen Dimension personalen Seins große Bedeutung zu. Wenn neben den rationalen auch die irrationalen Voraussetzungen gegeben sind, nämlich die Vorerlebnisse, dann vollzieht sich der Wachstumsprozess zur reifen Persönlichkeit über Reflexion und Meditation zur Motivation.

Verständnis der Tradition: Vorerkenntnisse

Die katholische Theologie legte bisher bei den natürlichen Voraussetzungen des Gottesbezuges den Akzent vorwiegend auf die natürliche Erkenntnis Gottes, die Gottesbeweise. KENTENICH greift zurück auf diese Vorerkenntnisse. Im Sinne eines kritischen Realismus vertritt er die Erkennbarkeit innerweltlicher Gegebenheiten auf Grund der natürlichen Erkenntnisfähigkeit des Menschen, der Vernunft. Er geht vom Standpunkt der gläubigen Voreingenommenheit aus. Nach seiner Auffassung ist der ordo essendi erkennbar und Norm für den ordo agendi. Das Sein ist eine Erkenntnisquelle. KENTENICH bezieht die Ergebnisse der Wissenschaft ein. Er warnt allerdings vor unkritischer Übernahme moderner Theorien, vor spekulativer Systematisierung und Theorienbildung ohne Erprobung in der Praxis.

Eine weitere Erkenntnisquelle ist für KENTENICH die Zeit, die Analyse des Zeitgeschehens, die Zeichen der Zeit. Er vergleicht die ihm zugänglichen anthropologischen Konzeptionen im Quer- und Längsschnitt der Geschichte miteinander, um hinter den vielfältigen Phänomenen Grundstrukturen und

Gesetzmäßigkeiten als letzte Prinzipien zu finden. Es geht ihm um die Erkenntnis der Eigengesetzlichkeit und Eigenwertigkeit des Menschen in all seinen Lebensbeziehungen und Lebensäußerungen unter Berücksichtigung seiner lebens- und zeitgeschichtlichen Entwicklungsphasen.

Als dritte Erkenntnisquelle nennt KENTENICH die Seele. Das sind die Erfahrungen, die er im praktischen Umgang mit Menschen aus den verschiedenen Kulturkreisen gewann. Auch die Aussagen, Ratschläge, Wünsche, Vorschläge, Erfordernisse und Bedürfnisse seiner jeweiligen Mitarbeiter dienten ihm zur Erfassung individual- und sozialpsychologischer Gegebenheiten. Das aus der eigenen Lebensbeobachtung und durch Vergleich gewonnene Erfahrungswissen um den Menschen führt unter Auswertung der genannten Erkenntnisquellen zu Forschungsergebnissen, die – immer wieder auf den neuesten Stand gebracht – den Glauben stützen.

Nach KENTENICHs Auffassung müssen dem personalen Bezug zu Gott nicht nur rationelle oder rational-voluntaristische Bedingungen vorausgehen. Vorerkenntnisse und Vorentscheidungen sind Grundlagen. Auch im Irrationalen – zumeist Unbewussten – gründende Voraussetzungen sind unabdingbare Forderung. Über die praeambula fidei rationabilia hinaus macht KENTENICH daher auf die praeambula fidei irrationabilia aufmerksam.

Zeitbedingte Akzentuierung: Vorerlebnisse

Für die Glaubenserziehung gibt es nach KENTENICH *„nicht nur Vorerkenntnisse, sondern auch Vorerlebnisse, die hineinragen in die Region des Unterbewussten."*[10] Die Vollendung der menschlichen Natur bezieht sich demnach auch auf das Erfasst-Werden von Gott bis in die unbewussten und unterbewussten Seelentiefen. Die Tiefenseele erfährt durch Erlebnisse, Eindrücke und Erfahrungen eine entwicklungsbedingte Prägung. Von besonderer Bedeutung ist im Zusammenhang mit der Tiefenseele das Gemüt, das KENTENICH als Zusammenklingen des höheren und niederen Strebevermögens umschreibt.

Umfassenderes versteht er unter dem Symbol des Herzens, das er als Inbegriff und Kern der ganzen Persönlichkeit auffasst. Das Herz weist nach KENTENICH aber auf eine doppelte Tiefe hin: Es ist das Symbol des Gemütes und umfasst das Unbewusstsein und das Unterbewusstsein. Da das Herz nicht nur das Bewusstsein, sondern auch das Unbewusste und das Unterbewusste mitumgreift, ist über das Herz die personale Tiefenseele zu erfassen, zu läutern, zu durchgeistigen und zu versittlichen.

In diesem Zusammenhang hat nach KENTENICH das Erlebnis – vor allem das Erlebnis einer personalen Liebe – große Bedeutung. Denn dem Erlebnis kommt bei der Kommunikation zwischen Bewusstsein, Unbewusstem und Unterbewusstem eine integrierende Funktion zu.

Aus dem Gesagten ergibt sich die große Bedeutung der Vorerlebnisse, die lebensbestimmende Bedeutung des sozialen Umfeldes für das Kind. Zu den natürlichen Voraussetzungen des Glaubens gehört nicht nur die Entfaltung des

---

[10] JOSEF KENTENICH (1971): Dass neue Menschen werden. Eine pädagogische Religionspsychologie. Vallendar-Schönstatt, S. 155

Gemütes, sondern auch die Integration des unbewussten und unterbewussten Seelenlebens in die geistig-personale Existenz. Vorerlebnisse betreffen vor allem den personalen Tiefenbereich.

Es geht um die emotionalen Tiefenschichten, also um die integrierende Wirkung von Erlebnissen. Wie schon angedeutet, ist der Mensch entweder durch Mangel an Erlebnissen unentfaltet, durch negative Erlebnisse negativ oder durch positive Erlebnisse positiv geprägt. Er kann daher durch negative Erlebnisse verbildet sein, durch entgegengesetzte Erlebnisse aber umorientiert werden.

KENTENICH betont daher nachdrücklich: Die Vorerlebnisse müssen immer Miterlebnisse und Nacherlebnisse werden. Vorerlebnisse begleiten „*den biographischen Glaubensweg als einen zeitlebens nicht abgeschlossenen Prozess der Glaubenserkenntnis in allen Etappen. Als solche sind sie daher nicht nur ‚Vorerlebnisse', sondern auch ‚Mit- und Nacherlebnisse'.*"[11] Sie sind von großer Bedeutung für den lebenslangen Glaubensvollzug.

Diese Zusammenhänge, besonders die Bedeutung der Integration des Unbewussten und Unterbewussten in die geistig-personale Existenz als Voraussetzung für das religiöse Leben, stellte KENTENICH erstmalig heraus.

Psychologische, aszetische, experimentelle Vorerlebnisse

Die praeambula fidei irrationabilia, die Vorerlebnisse, sind vielgestaltig. Den Begriff praeambula fidei irrationabilia übernimmt JOSEF KENTENICH von LINUS BOPP. „*Dieser unterscheidet affektive, aszetische und erfahrungsmäßige ‚Vor-Erlebnisse' des Glaubens*".[12]

Auch KENTENICH weist hin auf die dreigliedrigen praeambula fidei irrationabilia beziehungsweise auf ihre dreifache Gestalt. Er fasst sie systematisch in praeambula affectiva – diese nennt er gelegentlich auch psychologica[13] –, ascetica und experimentalia. „*Drei Gattungen von Vorerlebnissen sind zu unterscheiden: praeambula fidei psychologica, ascetica, experimentalia – psychologische, aszetische, experimentelle Vorerlebnisse.*"[14]

Als praeambula affectiva bezeichnet er die erlebnisbedingte Prägung durch die Pflege der Sehnsucht, der Ehrfurcht und eines geordneten Trieblebens. Das hilft zu einer diesbezüglichen affektiven Disposition. „*Unter den affektiven Vorerlebnissen*", so KENTENICH, „*versteht man eine lebendige Sehnsucht nach dem Wahren und Guten, schlechthin nach Gott.*"[15]

Unter praeambula ascetica fasst er die erlebnisbedingte Prägung durch die Pflege der humilitas. Es ist die Pflege der Demut, des Geschöpflichkeitscharakters, kurz die Anerkennung der Grenzerlebnisse. Das hilft zu einer aszetischen Disposition. „*Aszetisch werden die Vorerlebnisse genannt, die Sinn für persönliche Begrenztheit oder Demut und für sittliche Reinheit in sich schließen.*"[16] Die

---

[11] OTTO AMBERGER (1996): „Praeambula fidei irrationabilia."
In: SCHÖNSTATT-LEXIKON, a.a.O., S. 312
[12] ebd., S. 312f.
[13] JOSEF KENTENICH (1971): Grundriss einer neuzeitlichen Pädagogik, a.a.O., S. 58 ff.
[14] JOSEF KENTENICH (1971): Dass neue Menschen werden, a.a.O., S. 155
[15] JOSEF KENTENICH (1955), Chroniknotizen, S. 546, nicht ediert
[16] ebd., S. 546

aszetischen Vorerlebnisse *„schaffen die Vorbedingung für das Abhängigkeitserlebnis von Gott"*[17].

Bedeutsam und die genannten unter anderem Gesichtspunkt einschließend und übergreifend sind die praeambula experimentalia. Damit sind jene seelischen Eindrücke der Kindheit und Jugend gemeint, die das spätere Leben wesentlich mitbestimmen und mitprägen, *„das vorgelebte Leben"*[18]. Diese Eindrücke sinken leicht ins Unbewusste und Unterbewusste ab, um sich dort als positive oder negative Vorbilder auswirkend haften zu bleiben. Das verhilft zu einer erlebnismäßigen Disposition. Darauf ist in späterem Zusammenhang zurückzukommen.

Zu den Gesetzmäßigkeiten Übertragung und Weiterleitung

Hier sei zunächst eingeschaltet, was im Zusammenhang mit dem Begriff Bindungsorganismus angedeutet wurde. Es geht KENTENICH um die Psychologie der Zweit-Ursachen, vor allem um die Berücksichtigung der psychologischen vorreflexiven Gesetzmäßigkeiten. In einer wurzel- und bindungslosen Zeit ist es wichtig, nicht nur den Willen an Gott zu binden. Auch das unbewusste und unterbewusste Seelenleben muss eingebunden werden. KENTENICH versteht unter Weltregierungsgesetz aus psychologischer Sicht das „Gesetz der organischen Übertragung und Weiterleitung", demnach überträgt Gott auf Menschen etwas von seinen personalen Eigenschaften.

Mit Übertragung ist einerseits das Teilgeben Gottes an seinen Eigenschaften gemeint, andererseits das Teilnehmen der Schöpfung beziehungsweise der Geschöpfe an Gottes Eigenschaften. Dieser Teilgabe, einer Seinsteilgabe an personalem Sein, entspricht auf Seiten des Menschen die Teilnahme. Indem der Mensch frei schöpferisch teilnimmt an den von Gott auf ihn übertragenen Eigenschaften, macht er sie für diejenigen erfahrbar, denen er sich zuwendet. Dadurch werden dem Menschen Gottes Eigenschaften nicht nur geistig erfassbar in der Erkenntnis, sondern auch erfahrbar und erlebbar durch Gefühls- und Affektübertragung.[19]

Das gilt für die Schöpfung allgemein, insbesondere aber für die zwischenmenschlichen Beziehungen, beispielsweise zwischen Eltern und Kindern. Diese erlebnisbedingte Erfahrung überträgt der Mensch zunächst auf die teilnehmende Zweit-Ursache und über diese auf die teilgebende Erst-Ursache. Die dadurch geweckten reziproken Haltungen und Gesinnungen, etwa der Liebe, der Dankbarkeit, übertragen zum Beispiel Kinder, sei es bewusst oder unbewusst, auf die Eltern, die Träger dieser von Gott geschenkten Eigenschaften. Die Eltern fungieren auf diese Weise als Vermittler zu Gott.

Neben dem Gesetz der Übertragung findet das Gesetz der Weiterleitung Beachtung. Nach KENTENICH kommt der Schöpfung dabei eine negative und eine positive Funktion zu. Durch die negative Funktion der Enttäuschung weist die Schöpfung über sich selbst hinaus und kann weiterleiten zu Gott. Neben dieser negativen Funktion ist es der personalen Schöpfung – dem Menschen – möglich, eine positive Weiterleitungsfunktion zu erfüllen durch die eigene personale Bindung an Gott.

---

[17] JOSEF KENTENICH (1971): Grundriss einer neuzeitlichen Pädagogik, a.a.O., S. 58
[18] JOSEF KENTENICH (1971): Dass neue Menschen werden. a.a.O., S. 155
[19] Vgl. PAUL VAUTIER (1996): „Übertragung und Weiterleitung."
In: SCHÖNSTATT-LEXIKON, a.a.O., S. 399

Die vielgestaltige Bindung an die Schöpfung ist auf die Dauer nicht sinnerfüllend für den Menschen, da die menschliche Person offen ist für das Absolute. Im christlichen Denken geht es um das Gelingen menschlichen Lebens mit der Zielrichtung auf Ewigkeit hin.

Die Schöpfung, vor allem die menschliche Person, erweist sich nach diesen psychologischen Gesetzmäßigkeiten der Übertragung und Weiterleitung als naturgegebene Brücke zu Gott. Damit ist schon angesprochen, was KENTENICH meint mit dem *„vorgelebten Leben"* oder hinsichtlich der Weitergabe des Glaubens mit dem Apostolat des Seins. Und hier ist noch einmal zurückzukommen auf die praeambula experimentalia.

Die Bedeutung des vorgelebten Lebens

KENTENICH weist nachdrücklich darauf hin, dass der werdende Mensch sein Ich nur in der Kommunikation mit einem Du zu integrieren vermag. Es bedarf einer erlebten personalen Liebe, um dem werdenden Menschen seinen einmaligen, unwiederholbaren Selbstwert zu bestätigen und ihn dadurch zu seinem ureigenen Sein zu bringen. Nur dann, wenn der Mensch bejaht und angenommen ist, vermag er sich selbst in seiner unverwechselbaren Einmaligkeit zu bejahen und anzunehmen.

Es ist ein lebensmäßiger Dialog, der personales Sein zur Entfaltung bringt. Die wesensnotwendige Hilfe bei der Gestaltwerdung der geistigen Person ist Lebensübertragung hier im weitesten, in einem geistigen Sinne gemeint. Leben wird *„nur vom und am Leben entzündet. Ideen sind noch kein Leben. Sie werden erst Leben, wenn sie im Träger eine Inkarnation"*[20] finden. Eine psychologische Grundlage ist *„die Verifikation, das vorgelebte Leben, das gute Beispiel des echten Erziehers, das angepasst ist dem modernen Leben".*[21]

Unter vorgelebtem Beispiel versteht KENTENICH psychologisch gesehen die Gleichschaltung mit dem idealen Streben des zu Erziehenden. Vorgelebtes Leben bedeutet, das Ideal des Werdenden anzustreben, so weit wie möglich zu verkörpern, sofern es sich auf Gemeinsames bezieht. Das setzt gemeinsame Werte voraus. Damit ist ganzheitliche, das heißt auch triebmäßige, nicht nur willentliche und verstandesmäßige, *„Gleichschaltung mit dem idealen Streben"*[22] des Werdenden gemeint. Nur dann bringt er durch den selbstlosen Dienst am Du, an der werdenden Person deren Originalität hervor, bringt diese zu ihrem ureigenen Sein.

Das setzt nach KENTENICH einen interpersonalen Raum des Vertrauens, der Ehrfurcht und Liebe voraus, eine Spannungseinheit zwischen Nähe und Ferne. Ehrfurcht und Liebe sind, bildlich gesprochen, zwei Linien zwischen den beiden Partnern vergleichbar: Liebe ist die hinlaufende (Hingabe, Beziehung), Ehrfurcht die rücklaufende (Bewahrung, Distanz). Bedingt durch diese Grundeinstellung wird sich der Werdende vertrauend erschließen, der erziehende Partner in dienender Haltung hinhören, heraushören, sich einfühlen und führen.

Diese zwischenmenschliche Beziehung hat vorbereitenden Charakter für die Begegnung mit dem personalen, transzendenten Du, mit der absoluten Person,

---

[20] JOSEF KENTENICH (1971): Dass neue Menschen werden. a.a.O., S. 139
[21] ebd., S. 159
[22] ebd., S. 140

denn Gottesbild und Menschenbild stehen in Wechselbeziehung zueinander. Positive oder negative Erlebnisse mit Menschen bestimmen das Gotteserlebnis wesentlich mit. In diesem Zusammenhang ist vor allem eine positive Prägung durch Vorbilder gemeint, die eine lebendige Verifikation der Glaubenswahrheiten darstellen. KENTENICH legt den Akzent auf den Bereich des Psychologischen, *„insofern hier schon durch das unbewusste Erlebnis geglückter menschlicher Liebe das Erlebnis Gottes als ganzheitliches personales Erlebnis grundgelegt wird."*[23]

Das zeigt: Die praeambula fidei irrationabilia, die Vorerlebnisse, sind zwar nicht ausschließlich, aber vorwiegend durch den Sozialbezug bedingt. Als vitale, irrationale Voraussetzungen des Glaubens können sie dem Menschen nur im Lebensvollzug innerhalb eines Lebensgebildes geschenkt werden, das diesen Bedürfnissen funktional Rechnung trägt, nämlich der Familie.

Das setzt ein soziales Umfeld von affektiven hin- und rücklaufenden Beziehungen voraus. Diese müssen den Personkern des Menschen berühren, das Herz, die emotionale Mitte. *„Mein Gemüt, meine ganze Persönlichkeit muss ja vom Glauben erfasst werden."*[24] Hier ist Begegnung mit Menschen als Transparenten Gottes von unersetzbarer Bedeutung, besonders Erlebnisse mit Vater und Mutter. Darauf ist im Zusammenhang mit der Familie zurückzukommen.

Vorbildfunktion haben auch große Gestalten der Heilsgeschichte. Hier ist die Heiligenverehrung einzuordnen, auch die Marienverehrung in ihrer zweitursächlichen Bedeutung auf dem Glaubensweg.

Ein Weg zu religiöser Erlebnisfähigkeit – Marienverehrung

Das tiefste Erlebnis des unmündigen Kindes ist normalerweise das Muttererlebnis. Es ist demnach leicht übertragbar auf MARIA. KENTENICH hat mit Intensität in Angriff genommen, die anthropologische Dimension der Mariologie wirksam werden zu lassen. Das gilt vor allem in der Erziehung. Die Bedeutung Mariens für die Lösung moderner Probleme ist nach seiner Auffassung noch nicht annähernd ins Blickfeld gerückt. Auf MARIA trifft modellhaft zu, was KENTENICH von der Philosophie und Psychologie der Zweit-Ursachen vertritt.

Wie bereits erörtert, weist KENTENICH nachdrücklich auf die Eigengesetzlichkeit des freien Menschen hin, auf die freiwirkende Zweit-Ursache. Die menschliche Freiheit ist Ausgangspunkt christlicher Anthropologie. Auf MARIA ist daher beispielhaft zutreffend, was KENTENICH im Rahmen der Psychologie der Zweit-Ursachen mit den Gesetzmäßigkeiten der Übertragung und Weiterleitung meint.

MARIA ist der integrale, freie Mensch. Es gehört zum Wesen der menschlichen Person als natürliches Ebenbild Gottes, *„eine eigene zusammenhängende innere Welt zu haben."*[25] Die Entfaltung des Ebenbildes Gottes *„kann nur aus dem Inneren kommen."*[26] Aber die Person ist ebenso wesenhaft bezogen auf „ein

---

[23] OTTO AMBERGER (1996), a.a.O., S. 312
[24] JOSEF KENTENICH (1971): Grundriss einer neuzeitlichen Pädagogik, a.a.O., S. 58
[25] JOSEF KENTENICH (1973): Maria – Mutter und Erzieherin. Eine angewandte Mariologie. Vallendar-Schönstatt, S. 342
[26] ebd., S. 342

personales Du".²⁷ Wegen der Begrenztheit des Geschöpfes wird *„das Sich-Bewahren und Sich-Verschenken, das In-sich-selbst-Stehen und das Stehen im personalen Du praktisch in ewiger Spannung zueinander sein und allezeit um Spannungseinheit ringen."*²⁸ Diese Spannungseinheit wird an Maria vorbildhaft deutlich: Sie hat ihr freies Ja gegeben – aus innerem Selbststand – und sie war ganz geöffnet für das personale Du im Sich-Verschenken. Sie hat ihr Ja durch alle Schwierigkeiten des Lebens durchgetragen und ist dadurch hineingezogen in den heilsgeschichtlichen Bund Gottes mit den Menschen.

Bedeutung der Vorerlebnisse für die Gottgebundenheit des Menschen im sozialen Umfeld heute

Es wurde deutlich, dass sich der Mensch in der Bindung an Geschöpfe – philosophisch ausgedrückt an Zweit-Ursachen – immer auch schon an den Schöpfer bindet, die Erst-Ursache. Im Prozess der Weiterleitung reift in der bleibenden Bindung an die Geschöpfe langsam auch die Intensität der Bindung an den Schöpfer, an Gott.

Die Voraussetzungen dafür sind aber im sozialen Umfeld heute nicht mehr ohne weiteres gegeben, denn der Mensch ist nicht mehr selbstverständlich gebunden. KENTENICHS Diagnose der kommenden Zeit – schon aus der ersten Hälfte des vergangenen Jahrhunderts – weist auf den völlig entwurzelten Menschen hin. Dazu einige Facetten seiner Zeitdiagnose.

Zeitdiagnose Josef Kentenichs: Wurzellosigkeit

Wir leben in einer Zeit gewaltigen Umbruchs. Gesellschaftlich-politisch geht die Entwicklung auf eine Weltgesellschaft zu, aber es wird eine pluralistische Weltgesellschaft sein. Kulturen begegnen sich, die Weltreligionen treten in Wettstreit zueinander.

Traditionen bieten keinen Halt mehr. Nirgendwo gibt es einen Halt, nicht einmal in den ersten Erkenntnisprinzipien, die der traditionellen abendländischen Philosophie als unmittelbar evident galten. Man wird erinnert an PETER WUST, dem diese großen Denker der Tradition vorkommen *„wie ganz glückliche Kinder"*²⁹ die am Abgrund spielen aber nicht wissen, dass sie am Abgrund spielen.

Und es ist zu verstehen, was SIGMUND FREUD von der Demütigung des Menschen sagt, die er von der Wissenschaft erdulden musste. Durch die biologische Forschung erfuhr er seine Abstammung aus dem Tierreich und die psychologische Forschung weist dem Menschen nach, dass das Ich *„nicht einmal Herr ist im eigenen Hause, sondern auf kärgliche Nachrichten angewiesen bleibt von dem, was unbewusst in seinem Seelenleben vorgeht"*.³⁰ Das macht einsichtig, warum Stimmen in der modernen Philosophie Angst als die Grundbefindlichkeit des Menschen feststellen und den Menschen als einen ins Nichts Geworfenen verstehen.

---

²⁷ ebd., S. 339
²⁸ ebd., S. 343
²⁹ PETER WUST (1986): Ungewissheit und Wagnis. München, S. 141
³⁰ SIGMUND FREUD (1969): „Vorlesungen zur Einführung in die Psychoanalyse." In: Studienausgabe Band 1, Frankfurt/Main, S. 283 f.

Diese wenigen Facetten des Lebensgefühles und Weltverständnisses der Moderne oder besser der Postmoderne machen verständlicher, was KENTENICH meint, wenn er von Heimatlosigkeit als dem Zentralproblem der heutigen Kultur spricht. Heimatlosigkeit ist „*das Kernstück der heutigen Kulturkrise*".[31] Zur Überwindung dieser Krise hat er bereits Anfang der 30er Jahre eine Art Reformprogramm für einen spezifischen Bereich aus der Perspektive des Industrialisierungsprozesses formuliert: Heimatlosigkeit überwinden, Heimat schaffen, Heimat schenken![32] KENTENICH erkannte, dass die menschliche Person sich nur durch den Lebensvollzug in einer Heimat entfalten kann. Die Heimat ist Assoziationszentrum und Summationszentrum einer vielgestaltigen Geborgenheit.

Im Zusammenhang mit der Thematik dieses Artikels ist der Ausgangspunkt des Verständnisses von Heimat hervorzuheben. Sie ist nach KENTENICH das, was uns unmittelbar zugänglich ist, das eigene Ich. Psychologisch betrachtet ist die Urheimat des Menschen das Ich. KENTENICH legt das Hauptgewicht auf die Pflege eines in Gott gegründeten Selbstbewusstseins.

Wir müssen lernen, so sagte KENTENICH 1966, das Ich wiederzufinden. „*Ich will mein Ich neu finden, aber im Zusammenhang mit dieser unterbewussten Schicht.*" Das ist wichtig in einer Zeit der Gleichmacherei! Es ist die Frage, wie wir unser originales Ich finden. „*Wir dürfen das nicht übersehen: In der pluralistischen Gesellschaftsordnung sind wir mehr denn je darauf angewiesen, dass wir nichts individuell Wesensfremdes in uns aufnehmen.*" Wenn wir uns auch vom Standpunkt des unterbewussten Seelenlebens aus neu entdecken, neu erobern wollen, dann ist der erste Schritt: Weg mit allem Wesensfremden. Das geschieht dann, wenn es uns glückt, „*dieses Ur-Ich zu greifen und von innen heraus zur Entwicklung zu bringen*". Diese Akzentverschiebung ist nach KENTENICH „*von elementarer Bedeutung. Selbstbewertungsbewusstsein. Also Ich-Findung.*"[33]

Heimatliebe versteht KENTENICH als die Grundform einer gesunden Selbstliebe. Was aber ist gesunde Selbstliebe? Darunter fasst er verkürzt gesagt die organische Verbindung zwischen der naturhaften, der natürlichen und der übernatürlichen Liebe. Der Hinweis auf die übernatürliche Liebe macht schon deutlich, dass die These, die Urheimat des Menschen sei das Ich, mit der zweiten These unlöslich verbunden ist: „*Meine Urheimat, theologisch betrachtet, ist Gott.*"[34]

Das Ich wird zur Urheimat in einem Prozess der Integration, der innerlichen, affektiven Verknüpfung mit Menschen, Dingen und Orten und des Aufnehmens der Umgebung in das Ich. Mit dieser Erweiterung meines Ich „*durch Aufnehmen der Personen und Sachen in mein Ich* (ist) *ein Stück Geborgenheit und Sicherheit verbunden*".[35] Der Mensch lebt in einem ganzen Netz von Beziehungen und ist dadurch ganzheitlich gebunden. Ziel der Erziehung ist, dass die psychologische Ur-Heimat zusammenfällt mit der theologischen Ur-Heimat.

---

[31] JOSEF KENTENICH (1971): Dass neue Menschen werden, a.a.O., S. 165
[32] JOSEF KENTENICH (1990): Zur sozialen Frage. Vallendar; zum Thema Heimat vgl.: JOSEF KENTENICH (1971): Dass neue Menschen werden, a.a.O., S. 163-225
[33] JOSEF KENTENICH (1966),Vortrag, nicht ediert
[34] JOSEF KENTENICH (1971): Dass neue Menschen werden, a.a.O., S. 202
[35] ebd., S. 203

Wege zur Erlebnisfähigkeit bei mangelnden Vorerlebnissen

Hinsichtlich des Wandels der Erlebnisfähigkeit des modernen Menschen ist eine Vorbemerkung erforderlich. KENTENICH spricht in diesem Zusammenhang *„von der psychologischen Grundlage der religiösen Erlebnisfähigkeit".*[36] Schon 1951 stellte er fest, die Seele sei keine *„unbeschriebene Tafel"*, sondern *„überaus reich beschrieben."*[37]
Die menschliche Seele ist beschrieben erstens durch unsere Erbanlagen. Die Seele ist zweitens beschrieben durch Grundanlagen, denn jeder Mensch ist einmalig. *„Die Grundanlage wurzelt in der konstitutiven Verschiedenheit der menschlichen Natur."* Die menschliche Seele ist drittens beschrieben durch Grundaufnahmen. *„Das sind die Eindrücke, die wir von der ersten Kindheit an, also fast von der Geburt an, in uns aufgenommen haben."*[38]
Zum Wandel der Erlebnisfähigkeit des modernen Menschen ist eine weitere Vorbemerkung nötig. In Bezug auf das Unterbewusste weist KENTENICH bereits 1966 mit Nachdruck darauf hin, dass für ihn *„eine derartige Behandlung total anders, als die nach FREUD gedacht ist. Dass es eine unterbewusste Seelenschicht gibt und dass die gefüllt ist, oft krank ist, oder dass wir gemeiniglich das viel mehr wollen, was wir unterbewusst (in)tendieren, als das, was wir bewusst wollen, ist eine allgemeine Tatsache. Es fragt sich jetzt nur, was wir tun können, um die Seele davon freizumachen."*[39]

KENTENICH wurde *„sehr bald klar"*, dass der Mensch in der Regel mehr das tut, *„was im unterbewussten Seelenleben als unverdauter Eindruck oder als Voreinstellung lebt und wirkt."* Dies führt zur Voreinstellung. *„Unsere Handlungen sind insgesamt bedeutend mehr getragen und getrieben von den unterbewussten Strömungen als von dem bewussten Wollen."*[40] Wenn das Gemüt nicht erfasst ist, kann sich die schöpferische Entfaltungskraft nicht auswirken.

Die Richtung des Gefühlslebens wird – im Sinne der Thematik des Symposiums gesprochen – durch diese Programmierung wesentlich mitbestimmt. Das gilt auch für das religiöse Erlebnis, das normalerweise ein entsprechendes Erlebnis in der natürlichen Ordnung voraussetzt. Ist dies nicht vorhanden, dann gibt es Wege, die zur Erlebnisfähigkeit führen. KENTENICH nennt sie gedrängt und weist auf einen dreifachen Weg hin. *„Es ist der Weg des Nacherlebnisses – er ist am fruchtbarsten, kommt aber aus leicht begreiflichen Gründen nur selten in Frage –, es ist der Weg des Kontrasterlebnisses und des Ersatzerlebnisses oder Ergänzungserlebnisses."*[41] Vor allem auf der pädagogischen Tagung im Jahr 1951 setzt er sich mit diesen drei Wegen auseinander.

Nacherlebnis

Da ist zunächst der Weg über das Nacherlebnis: Es geht um Erleben, nicht um Wissen. Erleben ist eine innere individuelle Anteilnahme an einem Ereignis.

---

[36] ebd., S. 104
[37] ebd., S. 42
[38] ebd., S. 43
[39] JOSEF KENTENICH (1966), Vortrag, nicht ediert
[40] JOSEF KENTENICH (1971): Dass neue Menschen werden, a.a.O., S. 44
[41] JOSEF KENTENICH (1993²): Philosophie der Erziehung. Prinzipien zur Formung eines neuen Menschen- und Gemeinschaftstyps. Vallendar, S. 91

Erlebnis hält Erlebtes, diese innere Erfahrung, bewusst oder unterbewusst in Erinnerung. Erlebnisse werden modifiziert durch Vorerlebnisse. KENTENICH definiert das Wesen des religiösen Erlebnisses als „*ein gemütsmäßiges Aufnehmen und Verarbeiten der religiösen Wahrheiten.*" Das religiöse Erlebnis hat eine integrierende Funktion, es „*rührt an den tiefsten Grund der menschlichen Seele*"[42] und es setzt normalerweise entsprechende Vorerlebnisse in der natürlichen Ordnung voraus.

Beim Nacherlebnis von Kindsein kommt es auf das „*unterbewusste, gemüthafte Durchdrungen- und Erfasstsein*" an[43]. Was der Mensch als Kind in der natürlichen Familie „*nicht oder nicht genügend*" erleben durfte, darf er – als Jugendlicher oder im fortgeschrittenen Alter – nacherleben. Das setzt voraus, dass der Mensch „*einen Ersatzvater, eine Ersatzmutter*"[44] findet.

Damit ist schon gesagt, wie wenige diesen Weg beschreiten können. Wo sind die Menschen, „*die heute Zeit und Opferkraft haben und die endlose Liebe aufbringen, um an mir Vater- und Mutterstelle zu vertreten?*" Denn diese Aufgabe ist schwer. „*Jahrzehntelang kann es dauern, bis diese Arbeit zum Abschluss gebracht ist.*" Viele Krisen sind zu überwinden. Aber KENTENICH sagt aus reicher Erfahrung geistlicher Begleitung, dass es möglich ist. Nach seiner Auffassung sind Erzieher „*ja Liebende, die nie von ihrer Liebe lassen.*"[45]

Gegensatzerlebnis

Ein weiterer Weg zur Disponierung religiöser Erlebnisfähigkeit ist das Gegensatzerlebnis, gelegentlich von KENTENICH auch Kontrasterlebnis genannt. Gäbe es diesen Weg nicht, „*bliebe eine Unsumme der heutigen Menschen unfähig für religiöse Wertempfänglichkeit.*" KENTENICH erörtert seine Beobachtung aus dem praktischen Leben. Der so betroffene Mensch geht aus von Gegensatzerkenntnissen, etwa durch die Lektüre der Bibel. „*Es wird über die Verstandeserkenntnis ein Gegensatzerlebnis vermittelt.*"[46] Denn auch die Glaubenswelt ist eine Wirklichkeit mit ihren Entfaltungsmöglichkeiten.

Ferner kann das „*entgegengesetzte Erlebnis bei anderen*" zu einem Gegensatzerlebnis führen, wenn etwa eine Person aus einer zerrütteten Familie bei Bekannten die glückliche Geborgenheit in einer harmonischen Familie erlebt, nach der sie sich selbst sehnt. KENTENICH geht diesbezüglich aus von einer „*Unsumme von Beobachtungen*". Allerdings betont er, dass wohl in diesem Fall „*bis zum Ende des Lebens ein gewisser Zwang*" bleibt. Daher sollte möglichst dafür gesorgt werden, dass das „*Gegensatzerlebnis ergänzt wird durch ein Nacherlebnis.*"[47]

Ergänzungserlebnis

Als dritten Weg nennt KENTENICH das Ergänzungserlebnis oder Ersatzerlebnis. Wenn der Mensch ohne Vorerlebnisse „*später im eigenen Leben Vater- oder*

---

[42] JOSEF KENTENICH, Dass neue Menschen werden, a.a.O., S. 39-45
[43] ebd., S. 101
[44] ebd., S. 101
[45] ebd., S. 101f.
[46] ebd., S. 102f.
[47] ebd., S. 103f.

Mutterliebe an leibliche oder geistige Kinder verschenken darf", dann erlebt er ein Doppeltes: Väterlichkeit beziehungsweise Mütterlichkeit bei sich selber und dazu Kindlichkeit. *"So wird es möglich, als reifer Mensch ein tiefgreifendes Nacherlebnis echter Kindlichkeit zu erhalten."*[48] Bei normaler Anlage ist das *"trotz Mangel an Assoziationserlebnissen aus früherer Zeit durchaus möglich und wahrscheinlich."*[49] Jeder Erziehungsvorgang, wenn er schöpferisch ist, schließt *"ein gegenseitiges Geben und Nehmen"* ein. Dann lehrt das Kind den Vater oder die Mutter *"ohne zweckhafte Absicht"*[50] das Geheimnis des Kindessinnes. Und dann versteht der so Beschenkte erst in der rechten Weise die Mahnung des Herrn: *"Wenn ihr nicht werdet wie die Kinder ..."*[51]

Erneuerung des Familienlebens – Kernstück der Reform

Auf die Frage: Was können wir tun, um den *"modernen Menschen wieder religiös erlebnisfähig zu machen?"* entwirft KENTENICH *"ein umfassendes Kulturprogramm"*.[52] Er ist überzeugt: *"Das Kernstück der Reform liegt in der Familie."*[53] Er weist auf die dargestellten drei Wege hin, nennt aber als grundsätzlichen die totale Erneuerung des Familienlebens. *"Wie sieht dieser Weg im einzelnen aus?"*[54]

KENTENICH beantwortet diese Frage auch an Beispielen, die ihm reichlich zur Verfügung standen. An dieser Stelle ist anzumerken, dass er im Rahmen der Schönstatt-Bewegung auch ein Familienwerk gründete. Schon 1933 hielt er – für die damalige Zeit ungewöhnlich – erstmals eine Tagung über Ehepädagogik.[55]

Im Konzentrationslager Dachau gründete er am 16. Juli 1942 den Familienverband. Damit beabsichtigte KENTENICH *"etwas völlig Neues: Ehegatten wird der Weg zum ‚Stand der Vollkommenheit' und zum Leben in einer religiösen Gemeinschaft eröffnet."* Er bezeichnet das Familienwerk als *"Fundament und Krone"*[56] der Schönstatt-Bewegung. Denn nicht nur von den Vererbungsgesetzen gehen außerordentlich starke Einflüsse aus, sondern auch vom Milieugesetz.[57]

Das Erlebnis des Angenommen- und Geliebtseins im Kindesalter hat als Vorerlebnis im Prozess der Selbstwerdung integrierende Funktion. Das heißt, das Vater-/Muttererlebnis ist für die Lebensgeschichte des Einzelnen und für das Gelingen menschlicher Existenz unersetzlich. Wer von krankhafter Einsamkeit befreit werden oder vor dieser Not bewahrt bleiben will, muss in der Familie

---

[48] ebd., S. 104f.
[49] JOSEF KENTENICH (1993): Autorität und Freiheit in schöpferischer Spannung. Vallendar, S. 90
[50] ebd., S. 91
[51] DIE BIBEL: Matthäus Kapitel 18 Vers 3
[52] JOSEF KENTENICH (1971): Dass neue Menschen werden, a.a.O., S. 98 f.
[53] ebd., S. 192
[54] ebd., S. 99ff.
[55] HUBERTS BRANTZEN (1996): „Familienwerk, Familienbewegung." In: SCHÖNSTATT-LEXIKON, a.a.O., S. 81 f.
[56] ebd., S. 82.; vgl. dazu:
JOSEF KENTENICH (1994): Am Montagabend. Mit Familien im Gespräch. Vallendar
[57] JOSEF KENTENICH (1971): Grundriss einer neuzeitlichen Pädagogik, a.a.O., S. 214

lieben lernen und lieben lehren. In gesunden natürlichen Familienverhältnissen kann sich Kindesliebe *"ungehindert entfalten"*.[58]

Die Bedeutung der Familie wird noch unter einem anderen Gesichtspunkt einsichtig. Nach KENTENICHs Auffassung gehört zum ganzheitlichen Menschen bleibend das Kindsein vor Gott, und zwar für den Mann und für die Frau. Gerade weil das so ist, hält er die Erfahrung der Vater-Kind-Beziehung wie die der Mutter-Kind-Beziehung für eine existenziell bedeutsame Voraussetzung der Beziehung zu Gott.

Die Eltern werden zu Teilhabern an der Schöpfertätigkeit Gottes. Für das Kind heißt das: Was eigentlich letztlich Gott gehört, nämlich Achtung, Ehrfurcht und Liebe, darf es auf die Eltern als Stellvertreter Gottes übertragen. Im Sinne organischen Denkens ist die Bindung an die Geschöpfe – in unserem Zusammenhang des Kindes an die Eltern – immer Ausdruck einer Bindung an Gott. Diese Bindung wird damit auch zu einem wirksamen Mittel, die Liebe zum unsichtbaren Gott zu verlebendigen. Sie ist auch ein Schutz gegen die Verflüchtigung der Gottesbeziehung, das heißt, die Bindung an Zweit-Ursachen ist Ausdruck der Bindung an Gott, sie ist Mittel zur Pflege und Vertiefung dieser Bindung und darüber hinaus ihre wirksame Sicherung.

KENTENICH veranschaulicht es am Beispiel der Kindesliebe zum irdischen Vater: *"Ist sie vorhanden, greift sie tief bis ins vor-, un- und unterbewusste Seelenleben, so ist es nach dem Gesetz der organischen Übertragung leicht, sie lebensmäßig auf den Himmelsvater zu übertragen."*[59] Wie die Erfahrung zeigt, kommen viele Christen zu keinem tiefen Kindesverhältnis zum Vatergott, weil ihnen die Erfahrung in der natürlichen Familie fehlt. Aus demselben Grund wird für viele mit der Zeit der Vatergott entwirklicht. *"Er verflüchtigt sich zu einer bloßen Idee."*[60]

Der Gedanke, Gott ist mein Vater, wird das Innerste des Menschen normalerweise nicht ergreifen, *"wenn nicht ein naturhaftes, unterbewusstes, tiefes Vater- und Muttererlebnis vorausgegangen ist."*[61]

Die Bedeutung der geforderten Grundhaltung Väterlichkeit/Mütterlichkeit wird unter diesem Gesichtspunkt für die Erzieherpersönlichkeit verständlich. Damit ist die entscheidende Rolle der Familie für die Entwicklung des Kindes einsichtig.

Menschsein zwischen neuro-biologischer Steuerung und Ebenbild des Schöpfers? Abschließende Anmerkung

Ich bin keine Fachwissenschaftlerin. Aber nach meinem Kenntnisstand kann die Neurobiologie nicht beantworten, wie Bewusstseinsvorgänge in der von uns erlebten Form entstehen. Ebenso wenig vermag sie, Willensfreiheit zu deuten oder auf die Frage nach dem Sinn des Lebens eine Antwort zu geben.

Hier möchte ich abschließend ein für Christen ermutigendes Beispiel anfügen. In einem völlig anderen Zusammenhang stoßen marxistische Wissenschaftler auf diese Thematik, nämlich bei dem Problem: Wie ist in der Evolutionstheorie die

---

[58] JOSEF KENTENICH (1993): Autorität und Freiheit in schöpferischer Spannung, a.a.O., S. 80
[59] JOSEF KENTENICH (1972): „Bündnisfrömmigkeit."
In: Das Lebensgeheimnis Schönstatts. II. Teil. Vallendar-Schönstatt, S. 134
[60] ebd., S. 134
[61] JOSEF KENTENICH (1971): Dass neue Menschen werden, a.a.O., S. 172

Wechselbeziehung zwischen Biologischem und Sozialem zu verstehen? Wie ist der Übergang von der biologischen zur gesellschaftlichen Bewegungsform der Materie zu erklären? Wie ist das Prinzip der Kausalität durch das der Finalität zu ergänzen? Schlüsselbegriff der finalen Betrachtungsweise ist der Begriff Zweck. Doch wer setzt einem geschichtlichen Prozess Zwecke?

Mit dem Übergang von biologischer zu gesellschaftlicher Daseinsweise – so der Lösungsversuch von Seiten marxistischer Wissenschaftler – hat sich in der historischen Entwicklung des Menschen die Einheit von Biologischem und Gesellschaftlichem herausgebildet. Während die Gesellschaft die genetisch vererbten Anlagen lediglich steuern kann, ist eine Korrektur des gesellschaftlichen Erbes grundsätzlich möglich, da in diesem dialektischen Prozess das Soziale zum Determinierenden wird. Der Mensch erhebt sich im Rahmen seiner gesellschaftlichen Existenzform durch Herausbildung von Bewusstsein und Sprache über das Tier.

Das Problem des Bewusstseins, seine Abhängigkeit und Bestimmung durch das gesellschaftliche Sein, wurde im monistischen Materialismus noch schwerer lösbar durch die nicht mehr umgehbare Anerkennung des Unbewussten und Unterbewussten. Es musste zugestanden werden, dass der Mensch mit etwas konfrontiert ist, was nur ihn betrifft und wovon er weitgehend bestimmt wird. Er erlangt Herrschaft über sich selbst nur indirekt über die Erziehung der Gefühle, und zwar unabhängig von der jeweiligen Gesellschaftsform, in der er lebt.

Entgegen der von MARX formulierten und lange vertretenen These vom Wesen des Menschen als dem *„Ensemble der gesellschaftlichen Verhältnisse"* wird der Mensch schließlich, vom Standpunkt dieser Weltanschauung her unbegründbar, als schöpferische Persönlichkeit gesehen. Dieser Wandel in der Auffassung vom Menschen ist erstaunlich. Umso erstaunlicher, als er ein von Vertretern des Marxismus-Leninismus selbst erzieltes Forschungsergebnis ist.

Dabei ist zu bedenken, dass sich der philosophische Marxismus-Leninismus auffasste als die einzige „wissenschaftliche Weltanschauung". Es gäbe grundsätzlich nichts, was sich dem Zugriff menschlicher Erkenntnis entziehen könnte, keine Frage, die von dieser wissenschaftlichen Weltanschauung unbeantwortbar sei. Entgegen dieser These hatten die Wissenschaftler nicht einmal auf die eigenen Forschungsergebnisse eine Antwort. Im Gegenteil: Sie bestätigten, selbstverständlich unbewusst und ungewollt, das christliche Menschenbild.

Diese geschichtliche Erfahrung hat die These KENTENICHs verifiziert: Das Sein, verstanden als Schöpfung Gottes und damit der Mensch als Ebenbild des Schöpfers, setzt sich durch.[62]

Trotz einer unvereinbar unterschiedlichen Grundeinstellung und Ausgangsposition erkennen marxistische Wissenschaftler den Menschen als schöpferische Persönlichkeit und akzeptieren damit den Zentralbegriff des christlichen Menschenbildes. Dieses Erfahrungswissen kann uns ermutigen. Wir Christen anerkennen unsere seinsgegebene Begrenztheit in Bezug auf unsere Erkenntnismöglichkeit.

Wir beugen uns vor dem bleibenden Geheimnis Mensch und dem noch tieferen Geheimnis Gott. Aber sogar marxistische Wissenschaftler liefern uns für unser

---

[62] JOSEF KENTENICH (1971): Grundriss einer neuzeitlichen Pädagogik, a.a.O., S. 250

christliches Menschenbild Argumente. Daher dürfen wir es wagen, als geliebte Kinder Gottes „*auf ein Minimum von natürlicher Erkenntnis und auf einen geringen Grad hell-dunkler Glaubenserkenntnis hin ein Maximum von Liebe und Demut aufzubringen.*"[63]

Dieses Wagnis wird das dritte Jahrtausend bestimmend mitprägen. Wir dürfen glauben, Gott ist nicht nur unser Schöpfer und wir sein Ebenbild, er ist auch der Lenker der Geschichte und – im Sinne unserer Thematik – Weggefährte und Ziel jeder menschlichen Person.

---

[63] JOSEF KENTENICH (1979): Kindsein vor Gott. Vallendar, S. 304

Professor Dr. Theodor Bartmann, Münster

Weisheit im Kindesalter: Das Kind als Denker

Korrespondenzadresse:

Breslauer Str. 26
48157 Münster

Professor Dr. Theodor Bartmann, Münster

geb. 1928 in Bielefeld, verheiratet, 2 Kinder

        Volksschullehrer

        Studium der Psychologie, Philosophie und Physiologie an der Universität Münster

1958   Diplom-Psychologe

1963   Promotion zum Dr. phil., Hauptfach Psychologie, an der Universität Münster

1964   Dozent für Psychologie an der Pädagogischen Akademie Bielefeld

1966   Professor für Psychologie an der Pädagogischen Hochschule Westfalen-Lippe, Abt. Münster

1984   Professor für Psychologie an der Universität Münster

        Mitarbeit in der Hochschulselbstverwaltung als Senatsmitglied, Dekan und Prodekan

        Autor, Herausgeber und Mitherausgeber von zirka 40 wissenschaftlichen Veröffentlichungen zu Themen der Pädagogischen Psychologie, der Entwicklungspsychologie und der Kognitionspsychologie

Weisheit im Kindesalter: Das Kind als Denker

Zusammenfassung Deutsch

Weisheit – verstanden als Kompetenz in schwierigen Fragen der Lebensführung – ist nicht erst im Alter anzutreffen. Ausgehend von biblischen Berichten über Äußerungen von Weisheit bei jungen Menschen werden zunächst Befunde der zeitgenössischen Persönlichkeits- und Entwicklungspsychologie zu Voraussetzungen und Beeinträchtigungen der Weisheitsentwicklung im Kindesalter beleuchtet.

Zur Darstellung der psychologischen Bedingungen für die Verwirklichung von Weisheit im Kindesalter wird zusätzlich auf Forschungsergebnisse aus der Psychologie des produktiven Denkens und der Erziehungspsychologie zurückgegriffen.

Es werden vier Leitgedanken hinsichtlich der Gestaltung zwischenmenschlicher Beziehungen mit der Zielsetzung kindlicher Weisheitsförderung entwickelt; dabei treten folgende Aspekte jeweils in den Vordergrund der Betrachtung:

- der kognitive Aspekt (dem Denken des Kindes Zeit geben)
- der motivationale Aspekt (Handeln im entspannten Feld ermöglichen)
- der emotionale Aspekt (auf die Verbalisierung von Gefühlen achten)
- der soziale Aspekt (personale Interaktionen in Gruppen pflegen)

Diese Erkenntnisse werden abschließend in Beziehung gesetzt zu einem Weisheitskonzept, das dem laufenden Forschungsprogramm „Weisheit und Weisheitsentwicklung" am Max-Planck-Institut für Bildungsforschung, Berlin, zu Grunde liegt.

Wisdom in Childhood: The Child as a Thinker

Abstract   English

Wisdom – defined as being competent in difficult questions of life skills and conduct – is not found only in older adults. Beginning with the biblical accounts about wisdom being exhibited by young people, I will discuss findings of contemporary psychology of personality and developmental psychology in relationship to the prerequisites and barriers to the development of wisdom in childhood.

The results of research done in the psychology of productive thinking and training will be examined in order to present the psychological requirements for the development of wisdom in childhood. Four main points relating to the shaping of interpersonal relationships with a view to encouraging wisdom in childhood will be examined. The following aspects will be examined more closely:

- the cognitive aspect (Giving the thinking of children time)
- the motivational aspect (Making behavior in a relaxed atmosphere possible)
- the emotional aspect (Paying attention to the verbalisation of feelings)
- the social aspect (Cultivating personal interaction in groups)

In conclusion, these topics will then be connected to the concept of wisdom which is the basis for a current research project "Wisdom and its Development" at the Max-Planck-Institute in Berlin.

Die Psychologie als empirische Wissenschaft hat das in den Nachbardisziplinen Philosophie und Theologie seit Jahrtausenden diskutierte Thema Weisheit erst in den 80er Jahren als Forschungsgegenstand aufgegriffen. Dieser Umstand mag im Wesentlichen darin begründet sein, dass einer empirisch ausgerichteten Disziplin das Konzept Weisheit so komplex und operational wenig fassbar erschien, dass für seine Bearbeitung im *„Vernunftgeschäft"* ein *„sicherer Gang der Wissenschaft"* im Sinne KANTS[1] nicht zu erwarten war.

Mit dem Paradigmenwechsel der psychologischen Forschung in den 60er Jahren, der so genannten Kognitiven Wende, begann die Lage sich jedoch zu ändern. Die Psychologie nahm Abschied von der bis dahin vorherrschenden, behavioristischen Eingrenzung ihres Forschungsgegenstandes auf das Verhalten und erweiterte ihn systematisch um emotionale, motivationale und kognitive Dimensionen. Damit rückten komplexere Begriffe, wie zum Beispiel die Leistungsmotivation, Willenshandlung und eben Weisheit, in den Blickpunkt des Forschungsinteresses.

Es dauerte dann aber etwa zwei Jahrzehnte, bis endlich eine Weisheitsdefinition vorlag, die bei Psychologen diesseits und jenseits des Atlantiks auf generelle Zustimmung stieß und seither als Grundlage für den Dialog in der psychologischen Weisheitsforschung dient. Es ist die von den amerikanischen Psychologen BIRREN und FISHER[2] unter Bezugnahme auf das Oxford English Dictionary vorgeschlagene Kennzeichnung der Weisheit als *„Fähigkeit, in Dingen, die das Leben und die Lebensführung betreffen, richtig zu urteilen"*. Weisheit wird hier verstanden als *„Lebensklugheit"* und als *„das Gegenteil von Torheit"*.[3]

Im Unterschied zur alltagspsychologischen Vorstellung, Weisheit im Sinne von Lebensklugheit sei als Ergebnis lebenslanger Erfahrung dem alten Menschen vorbehalten, wird nun in der psychologischen Weisheitsforschung Alter als nicht zentral für das Konzept Weisheit angesehen.

---

[1] IMMANUEL KANT (1787): Kritik der reinen Vernunft. Hamburg (Ausgabe 1993), S. 14
[2] J.E. BIRREN, L.M. FISHER (1990): "The elements of wisdom: overview and integration." In: R.J. STERNBERG (Hg.): Wisdom. Its nature, origins and development. Cambridge, S. 318
[3] Im Vergleich zur Bedeutungsvielfalt des Weisheitsbegriffs in der deutschen Sprache ist mit dieser Definition zwar nur ein Aspekt von insgesamt acht im GRIMM'schen Wörterbuch unterschiedenen Einzelbedeutungen herausgegriffen: Weisheit als Lebensklugheit (prudentia). Der Verlauf der wissenschaftlichen Diskussion hat jedoch gezeigt, dass der in ihr ausgewählte, pragmatische Aspekt per Ausdifferenzierung die Bezugnahme auf mindestens drei weitere der im GRIMM'schen Wörterbuch genannten Bedeutungen nahe legt: Weisheit als Einsicht (sapientia), als Wissen (scientia) und als Tugend (disciplina).
Im Übrigen weisen die Gebrüder GRIMM einleitend darauf hin, dass im tatsächlichen Sprachgebrauch verschiedene Aspekte, insbesondere Wissen und Wissensverwirklichung, meist ungeschieden enthalten sind und dass gelegentlich auch das eine (das Wissen) oder das andere (das Handeln danach) deutlicher betont wird.
Vgl. JACOB UND WILHELM GRIMM (1955/1999): Deutsches Wörterbuch, Band 28

Ein entschiedener Vertreter dieser Position ist zum Beispiel der amerikanische Psychologe J.A. MEACHAM. In einem 1990 erschienen Artikel über den Verlust(!) der Weisheit im Lebenslauf vertritt er, gestützt auf Befragungen von Personen aus allen Altersgruppen, die Hypothese: *„Alle Menschen sind als Kinder weise, aber die meisten verlieren diese Weisheit mit dem Älterwerden"*[4]. Als Gründe für die Zuordnung von Weisheit zu Alter in der öffentlichen Meinung führt MEACHAM neben dem bei jungen Menschen häufig anzutreffenden Bedürfnis, sich bei Älteren Rat zu holen, vor allem die im mittleren Erwachsenenalter sich häufenden Probleme der beruflichen Bewährung an, welche die „abgehobene" Lebensqualität des höheren Alters als „Belohnung" erleben lassen[5].

Zur Stützung seiner Hypothese, die ja nicht nur die Unabhängigkeit von Weisheit und Alter, sondern geradezu die Entgegensetzung beider Begriffe zum Inhalt hat, verweist MEACHAN unter anderem auch auf biblisches Material, zum Beispiel auf die Überlieferung, dass Salomo als junger König sein bekanntes, weises Urteil gesprochen habe, während er im Alter einem lasterhaften Lebenswandel verfiel[6]. Ferner erinnert MEACHAM daran, dass im Buch HIOB der junge ELIHU gegenüber den alten Freunden HIOBs die Oberhand behält mit den Worten: *„Die Großen sind nicht die Weisesten, und die Alten verstehen nicht das Recht."*[7].

Diese Überlegungen MEACHAMs aufgreifend und sie weiterführend, möchte ich hier aus dem Neuen Testament an die Erzählung vom zwölfjährigen JESUS im Tempel erinnern[8] sowie an das Wort JESU, dass man das Reich Gottes empfangen müsse wie ein Kind.[9]

Die in diesen Beispielen im Vordergrund stehende, theologische Dimension schließt nun meines Erachtens einen eminent praktischen Aspekt der individuellen Lebensführung ein: das Vertrauen des jungen Menschen in die Sinnhaftigkeit des Daseins und die Bereitschaft des Kindes, von anderen zu lernen. Im Folgenden will ich darlegen, inwiefern diese Merkmale kindlicher Lebensführung von der zeitgenössischen Psychologie als Entwicklungsaufgaben für die gesamte Lebensspanne interpretiert werden.

Voraussetzungen von Weisheit im Kindesalter

Der Wissenskörper Weisheit mit seinen Eckdaten Vertrauen und Lernbereitschaft muss von weisen Menschen in Verhalten umgesetzt werden, wenn Weisheit Wirklichkeit werden soll. Die personalen Voraussetzungen dieser Umsetzungsleistung sind innerhalb der Psychologie von der Persönlichkeitstheorie – und hier besonders von der Tiefenpsychologie – untersucht worden. Das Hauptergebnis dieser Untersuchungen besteht in der Erkenntnis, dass es im Wesentlichen drei in der frühen Kindheit zu erwerbende Veränderungen im Persönlichkeitsaufbau sind, die die Bedingungen der Möglichkeit zur Realisierung von Weisheit darstellen. Dies sind die Veränderungen

---

[4] J.A. MEACHAM (1990): "The loss of wisdom."
In: R.J. STERNBERG (Hg.), a.a.O., S. 198f.
[5] ebd., S. 194f.
[6] DIE BIBEL: 1.Könige Kapitel 3 Verse 16-28 im Vergleich zu 1.Könige Kapitel 11
[7] DIE BIBEL: Hiob Kapitel 32 Vers 9
[8] DIE BIBEL: Lukas Kapitel 2 Verse 41-52
[9] DIE BIBEL: Markus Kapitel 10 Verse 13-16

- vom Es zum Ich,
- vom Ich zum Selbst und
- vom Selbst zum Wir.

Im Folgenden gehe ich näher auf diese Modifikationen ein.

Vom Es zum Ich – SIGMUND FREUD

Wir verdanken SIGMUND FREUD[10], dem Begründer der Psychoanalyse, die Erkenntnis des Systemcharakters der menschlichen Persönlichkeit. Damit innerhalb dieses Systems das Ich als Persönlichkeitskern seine spezifische Funktion gegenüber der Außenwelt, nämlich die Kontrolle des Verhaltens, wahrnehmen kann, muss es als eigene Instanz gegenüber dem zunächst alles beherrschenden Triebreservoir des Es und der rasch an Energie gewinnenden Gewissensinstanz des Über-Ich aufgebaut und in seiner Ausgleichsfunktion erhalten werden.

Der Weg vom Lustprinzip des Es zum Realitätsprinzip des Ich sollte innerhalb der ersten fünf Lebensjahre zurückgelegt sein. Das Kind verfügt dann – rechtzeitig vor dem Einsetzen neuer Triebkonstellationen in der Pubertät – über die für die Gestaltung der eigenen Lebensführung grundlegende Erfahrung, dass der psychologische Ort der Kontrolle seines Verhaltens in der eigenen Persönlichkeit liegt und nicht länger in der Umwelt, wie zum Beispiel im Sanktionsverhalten von Eltern und Lehrern.

Vom Ich zum Selbst – CARL GUSTAV JUNG

Während für FREUD die Entwicklung der Persönlichkeit in der Bewältigung immer neuer Formen der Triebproblematik besteht, gibt es für seinen ältesten Mitarbeiter und späteren Kritiker CARL GUSTAV JUNG[11] eine über die Triebproblematik hinausweisende, schöpferische Persönlichkeitsentwicklung.

Diese vollzieht sich im lebenslangen Prozess der Individuation, innerhalb dessen Bewusstes (zusammengefasst im Ich) und Unbewusstes (einschließlich des von JUNG ausführlich erforschten kollektiven Unbewussten) in der Persönlichkeit sich einander annähern und vom Selbst als dem neuen Zentrum im Gleichgewicht gehalten werden. Erst das Selbst – und nicht schon das Ich – hält die Teilsysteme des Systems Persönlichkeit zusammen und stattet diese mit Einheit und Stabilität aus.

Die große Wertschätzung des Unbewussten durch JUNG liegt darin begründet, dass er – anders als FREUD in dem vergleichbaren Konzept des Es – innerhalb des kollektiven Unbewussten strukturelle Komponenten annimmt, für die er den Begriff des Archetypus eingeführt hat. Darunter versteht er universelle, bei allen Menschen anzutreffende Leitgedanken oder Ideen, die einen großen Anteil an Emotionen enthalten und lebhafte Bildvorstellungen erzeugen.

JUNG nimmt an, dass das kollektive Unbewusste sehr viele Archetypen enthält. Zu den von ihm anhand der Analyse von Märchen und Mythen der Völker

---

[10] Zum Sprachgebrauch vgl. SIGMUND FREUD (1923): „Das Ich und das Es."
In: (1975) Freud-Studienausgabe, Band III, Frankfurt/Main, S. 273-330
[11] Zum Sprachgebrauch vgl. C.G. JUNG (1957): „Über die Archetypen und das kollektive Unbewusste." In: Bewusstes und Unbewusstes. Frankfurt/Main, S. 11-53

identifizierten gehören die Archetypen der Geburt, der Wiedergeburt, des Helden, der Mutter, des alten Weisen und des Kindes als Heilsbringer. In der Begegnung des Kindes mit diesen Leitgedanken in den Märchenerzählungen der frühen Kindheit werden Bildvorstellungen erzeugt, die den Ich-Bereich transzendieren und insofern eine entscheidende Voraussetzung für die Heranbildung von Weisheit im Kindesalter sind.

Vom Selbst zum Wir – ALFRED ADLER

Auch nach ALFRED ADLER[12], ebenso wie JUNG zunächst Mitarbeiter und später Kritiker FREUDS, ist das schöpferische Selbst das aktive Prinzip des Menschen. ADLERS Sinngebung weist aber über das von JUNG vertretene Ziel der möglichst vollkommenen Ausdifferenzierung der eigenen Persönlichkeit hinaus. Gemäß der ADLERschen Grundauffassung von der sozialen Natur des menschlichen Seelenlebens besteht die zentrale Leistung des schöpferischen Selbst in der Herbeiführung des Einstellungswandels von der Ich-Haftigkeit zur Wir-Haftigkeit oder Sachlichkeit. Beide Ausdrücke werden innerhalb der von ADLER gegründeten Schule der Individualpsychologie gebraucht.

Die ich-hafte Einstellung ist gekennzeichnet durch Irritabilität: das Stimmungsbarometer schwankt unvermittelt zwischen den extremen emotionalen Polen. Infolge der geringen Weltverbundenheit hat der Ichhafte allzu viel Zeit, sich um sich selbst zu kümmern. Die sachliche, wir-hafte Einstellung ist durch Sensibilität bestimmt, also durch Einfühlsamkeit in die Probleme anderer, verbunden mit reduzierter persönlicher Reizbarkeit.

Beeinträchtigungen der Weisheitsentwicklung im Kindesalter

Die Notwendigkeit für den eben genannten Einstellungswandel ergibt sich aus individualpsychologischer Sicht, da die frühkindliche Entwicklung in der Regel auf die Ausbildung von Ich-Haftigkeit hinausläuft. Hier ist der psychologische Ort für die im Thema dieses Forums akzentuierte „Programmierung und Prägung durch das Umfeld" anzusiedeln.

Die beiden ADLER-Schüler FRITZ KÜNKEL und RUDOLF DREIKURS haben bereits um 1960 auf die Gefahr der Entstehung sogenannter Dressate durch Fehler in der frühkindlichen Erziehung aufmerksam gemacht. Unter Dressaten versteht KÜNKEL *„Ansichten, die gleichsam den festgewordenen Niederschlag tendenziöser Erfahrungen darstellen, die ... durch eine Art von Dressur ohne das Dazutun ihres Trägers zustande kommen "*[13].

Dressate lassen sich oft als willkürliche Behauptungen formulieren, zum Beispiel *„ich bin begabt"* oder *„ich bin unbegabt"* oder *„die anderen müssen mir helfen"*. Solche zunächst bewusstseinsnahen, formelhaften Vorsätze können im Verlauf der Kindheit zu unbewussten, gleichwohl verhaltenswirksamen Subsystemen werden, die dann als Dressate wie eingeschlagene Pflöcke der optimalen Entwicklung im Wege stehen.

---

[12] Zum Sprachgebrauch vgl. ALFRED ADLER (1966): „Soziale Beschaffenheit des Seelenlebens." In: Menschenkenntnis. Frankfurt/Main, S. 36-42 und
F. KÜNKEL (1962): Einführung in die Charakterkunde. Stuttgart, S. 1-10
[13] ebd., S. 12f.

Lernpsychologisch gesehen, verdanken Dressate ihre Entstehung dem Prozess der instrumentellen Konditionierung. Dabei werden Verhaltensweisen des Individuums als Instrumente zur Veränderung seines Erlebens und Verhaltens eingesetzt, und zwar dadurch, dass die Umwelt systematisch mit Belohnung und Bestrafung auf zunächst spontan vom Individuum geäußerte Verhaltenseinheiten reagiert. Gemäß dem lernpsychologischen Grundgesetz der Wirkung, wonach ein befriedigender Gefühlszustand das Individuum veranlasst, die mit diesem Gefühlszustand verbundene Verhaltensweise in Zukunft häufiger als andere aus seinem Repertoire zu wiederholen, formt sich so das Erleben und Verhalten des Individuums nach dem in seiner Umwelt jeweils zur Anwendung kommenden, sogenannten Verstärkungsplan.

Der amerikanische Psychologe B.F. SKINNER, der mit besonders ausdifferenzierten Verstärkungsplänen arbeitete, konnte auf diese Weise seinen Studenten demonstrieren, wie beispielsweise Tauben innerhalb einer Vorlesungsstunde lernten, ihr Futter, statt es vom Boden aufzupicken, aus jeder vom Versuchsleiter gewünschten Höhe anzunehmen.

Entsprechend verläuft die Dressatbildung beim Kind, wenn seine zunächst spontan und um ihrer selbst willen aktivierten Handlungen seitens der erzieherischen Umwelt durch Belohnung und Bestrafung zu Instrumenten programmiert werden, um das Kind nach dem Menschenbild zu formen, das Vater oder Mutter, Lehrer oder Lehrerin sich von ihm gemacht haben. Andererseits lernt auch das Kind nach demselben Lerngesetz, sein Verhalten als Instrument zur Durchsetzung seiner Wünsche in der Interaktion mit der Umwelt einzusetzen.

Realisierung von Weisheit im Kindesalter

Gegenüber den von der Individualpsychologie zutreffend aufgewiesenen Gefahren der frühkindlichen Persönlichkeitsentwicklung gilt es nun zunächst einmal festzuhalten:

Es gibt durchaus Beispiele einer optimalen, auf die Verwirklichung von Weisheit im Kindesalter gerichteten, seelisch-geistigen Interaktion von Kindern und Jugendlichen in der Gegenwart. Ich berichte im folgenden von einem solchen Beispiel, das der deutsche Gestaltpsychologe MAX WERTHEIMER, als Jude 1934 zur Auswanderung in die USA gezwungen, in seinem Hauptwerk „Produktives Denken" anschaulich beschreibt und, sich dabei in die Lage der kindlichen Akteure versetzend, interpretiert. Ich zitiere aus der deutschen Übersetzung des in den USA erschienenen Originals[14]:

„Zwei Jungen spielten im Garten Federball. Von meinem Fenster aus konnte ich sie hören und sehen, ohne dass sie mich sahen. Der eine Junge war zwölf, der andere zehn Jahre alt. Sie spielten mehrere Spiele. Der Jüngere war weit schwächer, er wurde in jedem Spiel geschlagen. Ich hörte einiges von ihrem Gespräch. Der Verlierer – wir wollen ihn B nennen – wurde immer missmutiger. ... A gab oft so scharf an, dass es ihm (B) schon unmöglich war, den ersten Ball zurückzugeben. ... Schließlich warf B seinen Schläger ins Gras, setzte sich auf einen Baumstamm und sagte: „Ich mag nicht mehr". A versuchte, ihn zum Weiterspielen zu überreden. Keine Antwort von B. A setzte sich neben ihn. Beide sahen recht niedergeschlagen aus."

---

[14] MAX WERTHEIMER (1957): Produktives Denken. Frankfurt/M, S. 148-159

An dieser Stelle unterbricht WERTHEIMER die Geschichte mit der Frage an den Leser: *„Was schlagen Sie vor? Was würden Sie tun, wenn Sie der ältere Junge wären?"* Er bringt dann eine aufschlussreiche Liste von Vorschlägen, die ihm von Hörern seiner Vorlesung oder von Seminarteilnehmern zugingen. Ich kann hier nicht im Einzelnen darauf eingehen, doch bleibt es dem Leser natürlich unbenommen, an diesem Punkte den eigenen Gedanken nachzugehen...

Die tatsächliche, weitere Entwicklung der Spielsituation beschreibt WERTHEIMER dann wie folgt:

„Warum machst du denn nicht mehr mit?" sagte der ältere Junge mit scharfer, zorniger Stimme. „Warum machst du das ganze Spiel kaputt?" Er wollte weiterspielen, wollte gern gewinnen. ... B war der Spielverderber. ... Zur gleichen Zeit war es A nicht ganz wohl in seiner Haut, ... Nach einer Weile ... – ich wollte, Sie hätten ihn sehen können, wenn er immer wieder einen flüchtigen Blick auf B warf und sich wieder abwandte –, sagte er:" Es tut mir Leid"... Er hatte gemerkt, was in B vorging, wie die Lage für den anderen Jungen aussah.

Vielleicht hätte ein trauriger, stiller Blick von B geholfen, als B einmal für einen Augenblick seinen Kopf zu A hinwandte. A merkte, warum der kleinere Junge traurig war ... Zum ersten Mal fühlte A, dass diese Art zu spielen, seine listigen Angaben, für B wie gemeiner Betrug aussah... Und A fühlte, dass B irgendwie recht hatte. Nun sah er sich selbst in einem anderen Licht. Anzugeben, wie er es getan hatte, ohne B die geringste Möglichkeit zum Zurückgeben zu gewähren, war ... etwas anderes als Geschicklichkeit.

„So ein Spielen ist ja Unsinn" sagte er plötzlich. Es war jetzt nicht nur Unsinn für B, sondern auch Unsinn für ihn, Unsinn für das Spiel selbst... Dann änderte sich der Ausdruck seines Gesichts... und er sagte: „.... In Wirklichkeit bin ich doch gar nicht unfreundlich gegen dich..." Nach einer Weile erhellte sich sein Gesicht und er sagte: „Ich habe einen Gedanken – wir wollen mal so spielen: Wir wollen mal sehen, wie lange wir den Ball zwischen uns hin- und hergehen lassen können und zählen, wie oft er hin- und hergeht, ohne zu fallen. Auf wie viele Punkte wir es bringen? ... Wir wollen mit leichten Angaben anfangen, aber dann wollen wir sie immer schärfer machen..."

B stimmte fröhlich zu und sie begannen zu spielen. Der Charakter des Spiels war völlig verändert; sie machten Gemeinschaftsarbeit... A zeigte keine Neigung mehr, B zu überlisten, seine Schläge wurden zwar allmählich schwieriger, aber er rief dann: „Ein schärferer, kannst du den kriegen?"

Mehrere Tage später sah ich sie wieder spielen. B's Spiel war auffallend verbessert... Und A hatte, wie man an seinem späteren Verhalten sehen konnte, ... etwas entdeckt, etwas gewonnen, das weit über die Lösung eines kleinen Problems beim Federballspielen hinausging."

Inwiefern ist nun in diesem Beispiel Weisheit im Kindesalter realisiert? Verstehen wir Weisheit im eingangs definierten Sinne als Lebensklugheit, genauer als die Fähigkeit, in Fragen der praktischen Lebensführung zutreffend zu urteilen, so ist in dem zitierten Beispiel Weisheit insofern enthalten, als dem Jungen A eine richtige Beurteilung der Spielsituation im Ganzen gelingt. Die Erkenntnis, dass die Situation beim Spielen nach den herkömmlichen Regeln für beide Spieler unbefriedigend ist, bildet die Voraussetzung für den alsbald vollzogenen Einstellungswandel beider Spieler vom Ich zum Wir.

Dieser von ADLER und KÜNKEL geforderte Übergang von der Ich-Haftigkeit zur Wir-Haftigkeit beziehungsweise Sachlichkeit lässt sich nun mit WERTHEIMER gestaltpsychologisch präzise bestimmen als ein Problem der Zentrierung. Unter diesem Vorgang versteht WERTHEIMER „*die Art und Weise, wie man die Teile, die Einzelheiten einer Situation, ihre Bedeutung und Rolle als bestimmt im Blick auf einen Schwerpunkt ... erfasst*".[15]

An die Stelle der anfänglichen Fehlzentrierung der Spielsituation in den jeweiligen Bedürfnislagen der Spielerpersonen A und B tritt nach der im Denken von A vollzogenen Umzentrierung, also der Verlagerung des Erlebensschwerpunktes von der eigenen Person weg in die Person des Mitspielers, schließlich eine Sachzentrierung: Der Schwerpunkt der Betrachtung liegt jetzt im Spiel, mit der sich daraus ergebenden strukturellen Forderung der Chancengleichheit für beide Spieler! Im Verhalten zum Ausdruck gebracht wird der Abschluss des gesamten Zentrierungsprozesses dann durch die einvernehmlich vollzogene Änderung der Spielregeln.

Psychologische Bedingungen für die Verwirklichung von Weisheit im Kindesalter

Aus der Analyse unseres Beispiels lassen sich nun einige Schlussfolgerungen ableiten, welche die psychologischen Bedingungen der Möglichkeit und Wirklichkeit von Weisheit im Kindesalter generell betreffen.

Ich möchte im Folgenden vier Gesichtspunkte darstellen, die empirische Unterstützung durch weiterführende Untersuchungen sowohl in der Tradition der Gestaltpsychologie als auch durch Vertreter anderer Forschungsrichtungen in der Psychologie erfahren haben. Es sind dies die Leitgedanken:

- Dem Denken des Kindes Zeit geben.
- Handeln im entspannten Feld ermöglichen.
- Auf die Verbalisierung von Gefühlen achten.
- Personale Interaktion in Gruppen pflegen.

Dem Denken des Kindes Zeit geben

In der ausführlichen Darstellung und Kommentierung des Beispiels „Zwei Jungen spielen Federball", betont WERTHEIMER, dass der von ihm beschriebene Prozess keineswegs geradlinig und zügig abgelaufen sei. Besonders die entscheidende Phase der Umzentrierung habe viel Zeit gebraucht. In dieser Phase ereignete sich dasjenige, was in der Psychologie unter Denken, und zwar im Sinne des Nachdenkens über einen Sachverhalt, verstanden wird. Möglich wurde es auch gerade deswegen, weil beide Jungen nicht unter Zeitdruck standen. Gemäß einer grundlegenden Definition des Sprachpsychologen FRIEDRICH KAINZ ist unter einem solchen Denken „*das aktiv-spontane Herstellen und Erfassen von sachverhaltlichen Beziehungen zwischen Inhalten des Gegenstandsbewusstseins*" zu verstehen[16].

---

[15] ebd., S. 159
[16] FRIEDRICH KAINZ (1964): „Das Denken und die Sprache."
In: Handbuch der Psychologie, Bd. 1, 2. Halbband. Göttingen, S. 569

Demnach ist das Individuum im Denken gerichtet auf ein gegenständliches Etwas, das nicht einfach hinzunehmen, sondern logisch zu bewältigen ist. Dem Denken kommen also Intentionalität (Gerichtetsein auf etwas) und Tätigkeitscharakter als Wesensmerkmale zu. Weitere, von KAINZ bereits angesprochene und seither in der empirischen Forschung immer wieder bestätigte Wesensmerkmale des Denkens sind die Relationserfassung (die Erfassung sachverhaltlicher Beziehungen, zum Beispiel im Unterscheiden, Vergleichen, Zusammenfassen, Ordnen, Klassenbilden und Kombinieren) und die Unanschaulichkeit. Vorstellungsmaterialien spielen nur als Ausgangspunkte eine Rolle; konstitutiv für das Denken ist vielmehr die auf die Erfassung der Verhältnisse und Sinnbeziehungen der Wirklichkeit gerichtete Erkenntnisweise (vergleiche den Ausruf des Jungen A in dem WERTHEIMER-Beispiel: *„So zu spielen ist sinnlos!"*).

Dieses Denken führt im Ergebnis zu einer neuen Sichtweise der Ausgangssituation; es wird daher in der Kognitionspsychologie auch als weiterführendes, produktives Denken bezeichnet. WERTHEIMER bringt in seinem Hauptwerk außer dem besprochenen zahlreiche weitere Beispiele produktiver Denkprozesse bei Kindern im Vorschul- und im Grundschulalter. Er befindet sich da in Übereinstimmung mit Beobachtungen des Schweizer Kinderpsychologen JEAN PIAGET, der in seiner „Psychologie der Intelligenz" über Demonstrationen intelligenten Verhaltens bei Kindern der frühen und frühesten Kindheit berichtet, zum Beispiel über die sensumotorische Intelligenz in den ersten beiden Lebensjahren, das vorbegrifflich-symbolische Denken bei Vierjährigen und das anschauliche Denken bei Sechs- bis Siebenjährigen.[17]

Die Revision der Arbeit PIAGETs aus den 40er Jahren durch die Psychologen HANS ZUR OEVESTE (Hamburg) und EBERHARD SCHRÖDER (Potsdam) gegen Ende der 80er Jahre hat unsere Kenntnis der *„kognitiven Entwicklung im Vor- und Grundschulalter"*[18] und der Entwicklung *„vom konkreten zum formalen Denken"*[19] bei Kindern der Sekundarstufe wesentlich bereichert hinsichtlich der Vielfalt individueller Entwicklungsverläufe. Der von PIAGET vertretene Ansatz einer – weit in die frühe Kindheit zurückreichenden – Strukturtheorie der kognitiven Entwicklung und seine *„klinische Methode"* der Datenerhebung, die jedem Kind genug Zeit gibt, auch Umwege einzuschlagen und irrige Ansichten zu formulieren lässt sich indes auch heute noch *„prinzipiell empirisch rechtfertigen"*[20] und stellt *„ein nach Jahrzehnten immer noch ... produktives und progressives Forschungsprogramm"* dar[21].

Was aber heißt nun konkret, dem Kind beim Denken Zeit geben? In der klinischen Methode PIAGETs sah das so aus, dass der Untersucher dem Kind nicht nur geduldig zusah und zuhörte, sondern es auch durch behutsame, nicht lenkende

---

[17] JEAN PIAGET (1947): Psychologie der Intelligenz. Zürich
vgl. dazu im Einzelnen: Kap. 4 „Gewohnheit und sensu-motorische Intelligenz" und Kap. 5 „Die Entstehung des Denkens: Anschauung und Operationen", darin einschlägig: „Das vorbegriffliche symbolische Denken", S. 175-182 und „Das anschauliche Denken", S. 182-196
[18] HANS ZUR OEVESTE (1987): Kognitive Entwicklung im Vor- und Grundschulalter. Göttingen
[19] EBERHARD SCHRÖDER (1989): Vom konkreten zum formalen Denken. Bern
[20] HANS ZUR OEVESTE (1987): a.a.O., S. 134
[21] EBERHARD SCHRÖDER (1989): a.a.O., S. 17

Fragen in seinem Bemühen, sich mit dem Sachverhalt intensiv zu befassen, unterstützte. Ich habe in eigenen empirischen Untersuchungen[22] diese Anregung PIAGETs aufgegriffen, sie zu einer Methode der „strukturellen Hilfeleistung"[23] ausgebaut und gefunden, dass es vor allem folgende **Bausteine im Verhalten des Versuchsleiters** sind, die Kinder – und übrigens auch Studenten – veranlassen, sich die Zeit, die ihnen unlimitiert zur Verfügung gestellt wird, auch wirklich zu nehmen:

- **Aufmuntern** – Kinder mit Startschwierigkeiten ermutigen, überhaupt einen Anfang zu machen.

- **Erinnern** – voreilige Festlegungen im Denkprozess auflockern durch Wiederholung der Versuchsanweisung.[24]

- **Zusammenfassen** – erkennbare Teilschritte im Lösungsprozess verbalisieren.

- **Mut machen zum „lauten Denken"** – ermuntern, alles mitzuteilen, was einem beim „stillen Brüten" durch den Kopf geht.

- **Ermutigung zum prospektiven Denken** – wenn das Kind entmutigt aufgeben möchte, ihm vorschlagen, Pläne zu machen, wie es weitergehen könnte.[25]

Die hier thematisierte Dimension Zeit spielt für das Gelingen von Denkleistungen, zum Beispiel beim problemlösenden Denken, bei Schulkindern eine fundamentale Rolle. Dies habe ich in einer eigenen empirischen Studie über den Einfluss von Zeitdruck auf das Denken von Volksschülern feststellen können.[26]

Die Schüler in der Experimentalgruppe waren nur relativ mildem Zeitdruck ausgesetzt. Die Ankündigung in dieser Gruppe lautete: *„Beim Klingelzeichen am Ende der Stunde müssen wir fertig sein!"* Die Aufgabenlösungen unterschieden sich qualitativ von den zeitdruckfrei erbrachten Denkleistungen der Vergleichsgruppe: Es gab deutlich mehr Probierhandlungen, deutlich weniger „elegante" Lösungen mit sparsamem, effizienterem Materialeinsatz, mehr Äußerungen von Entmutigung und mehr Übertretungen der Versuchsanweisung.

---

[22] THEODOR BARTMANN (1988): „Informationsverarbeitung und Problemlösungsverhalten von Grundschulkindern." In: Gestalt Theory 10, S. 71-84
[23] Zum Begriff und zur Methode vgl. KATONA 1940, S. 93 f.
[24] Zur Problematik von Festlegungen im Problemlösungsprozess
(z.B. Klebenbleiben an einer einmal gelungenen Lösung; Einführen von Begrenzungen, die in der Instruktion nicht enthalten sind) vgl. auch
WOLFGANG METZGER (1986): Gestalt-Psychologie. Ausgewählte Werke aus den Jahren 1950-1982. Herausgegeben von MICHAEL STADLER und HEINRICH CRABUS. Frankfurt/Main: *„Der Kampf gegen die Festlegungen, die ... schöpferisches Vorgehen verhindern, ... kann durch nichts ersetzt werden."* (S. 533)
[25] Mit den letzten beiden Bausteinen greife ich eine Anregung des russischen Psychologen L.S. WYGOTSKI auf, der in kritischer Auseinandersetzung mit PIAGET auf die konstitutive Bedeutung des (inneren) Sprechens für den Denkakt hingewiesen und die *„Zone der nächsten Entwicklung"* in ihrer Schlüsselfunktion für das Gelingen des Abstraktionsprozesses im Denken des Kindes herausgearbeitet hat:
L.S. WYGOTSKI (1964): Denken und Sprechen. Berlin, S. 259f.
[26] THEODOR BARTMANN (1963): „Der Einfluss von Zeitdruck auf die Leistung und das Denkverhalten von Volksschülern." In: Psychologische Forschung 27, S. 1-61

Quantitativ unterschieden sich die Leistungen beider Versuchsgruppen übrigens nicht voneinander, das heißt die unter Zeitdruck stehenden Kinder entfalteten zwar größere Geschäftigkeit, erkennbar an Probierhandlungen, Materialeinsatz und Regelverstößen, brachten aber im gleichen Zeitraum (es stand jeweils eine Schulstunde zur Verfügung) nicht mehr Aufgabenlösungen zustande als ihre Kameraden, denen der Zeitverbrauch freigestellt war.

Nun ist mit der Forderung, Kindern zum Nachdenken Zeit zu geben, nur erst eine der vorhergehend genannten Bedingungen für die Verwirklichung von Weisheit im Kindesalter zur Sprache gekommen. Als nicht minder bedeutsame Bedingung hat sich jedoch auch das an zweiter Stelle erwähnte Kriterium „Handeln im entspannten Feld" in der psychologischen Forschung herausgestellt.

Handeln im entspannten Feld ermöglichen

Mit dem Begriff des psychologischen Feldes nehme ich eine Anregung des deutschen Gestaltpsychologen KURT LEWIN auf, eines WERTHEIMER-Schülers, der wegen seiner jüdischen Abstammung gezwungen war, 1934 zusammen mit seinem akademischen Lehrer in die USA auszuwandern und der dort als Sozialpsychologe zu internationaler Anerkennung gelangte. Den Feldbegriff hat LEWIN aus der Physik übernommen und ihn – mit EINSTEIN – definiert als *„eine Gesamtgleichheit gleichzeitig bestehender Tatsachen, die als gegenseitig voneinander abhängig begriffen werden"*[27]. Ein psychologisches Beispiel für eine solche Gesamtheit ist der Lebensraum des Kindes, den LEWIN auch als *„Gesamtsituation"*, gegeben zu einem bestimmten Zeitpunkt im Erleben des Kindes, charakterisiert.[28]

Zu den *„als gegenseitig voneinander abhängig"* zu verstehenden Teilen dieser Gesamtsituation *„Lebensraum"* gehören Freundschaften des Kindes, seine Ziele, Bedürfnisse, Ängste und Wunschvorstellungen, aber auch allgemeine Eigenschaften des gesamten Feldes, wie die soziale Atmosphäre und das Ausmaß an Bewegungsfreiheit.

Hilfreich für die Beantwortung unserer Frage nach den Realisierungsbedingungen kindlicher Weisheit ist hier nun die LEWINsche Kennzeichnung zweier qualitativ unterschiedener, psychologischer Gesamtsituationen, in denen das Handeln von Personen, insbesondere Kindern, durch grundlegend verschiedene, allgemeine Feldeigenschaften der Situation bestimmt wird: Die Konfliktsituation bei Einsatz der Erziehungsmittel Lohn und Strafe als Prototyp des *„gespannten"* Feldes und die Situation *„bei Interesse an der Sache"*[29] als Beispiel für das Handeln im *„entspannten"* Feld.

Lohn und Strafe kommen im Erziehungsprozess in der Regel dann zur Anwendung, wenn die Sache selbst für das Kind unattraktiv ist. Die Zielregion, zum Beispiel die Erledigung einer Schreib- oder Rechenaufgabe, besitzt in diesem Fall für das Kind *„negativen Aufforderungscharakter"*[30]. Es versucht, *„aus dem*

---

[27] KURT LEWIN (1964): Die psychologische Situation bei Lohn und Strafe. Darmstadt (Reprografischer Nachdruck der Ausgabe Leipzig 1931), S. 273
[28] ebd., S. 271
[29] ebd., S. 6
[30] ebd., S. 8

Felde zu gehen"[31], indem es – so LEWIN – tagträumt, die Aufgabenerledigung vortäuscht, um an die Belohnung zu kommen, oder physisch den Raum verlässt. Der Erzieher muss dann *„Barrieren"*[32] errichten, seien sie physischer Art, indem er die Tür verschließt oder moralischer Natur in der Form von Appellen und Ermahnungen, um zu erreichen, dass das Kind *„im Felde"* bleibt.

Die Situation nimmt im Erleben des Kindes Zwangscharakter an. Umgeben von den negativen Aufforderungscharakteren der ungeliebten Aufgabe, der angedrohten Strafe bei Nichterledigung und dem Eingeschlossensein durch Barrieren, gerät die Person des Kindes zunehmend unter psychischen Druck.

Demgegenüber ist das entscheidende Merkmal der Situation bei Interesse an der Sache der positive Aufforderungscharakter der Zielregion. Geht es zum Beispiel darum, einen Elternabend oder ein Klassenfest vorzubereiten, bekommen auch Rechen- und Schreibarbeiten positive Valenz, da sie von den Schülern im neuen, übergeordneten Erlebnis- und Sinnzusammenhang der Feier gesehen werden. An die Stelle des Aus-dem-Felde-Gehens tritt in einer solchen konfliktfreien, entspannten Situation die Tendenz, die Zielregion zu erreichen, auch wenn auf dem Wege dahin Widerstände und Schwierigkeiten zu überwinden sind. Gerade diese Zwischenregionen auf dem Wege zur Zielerreichung ermöglichen es den Kindern, individuelle, kreative Problemlösungen zu entwickeln und zu erproben. Die Durchlässigkeit der Teilregionen im entspannten Lernumfeld des Kindes beeinflusst auch die Durchlässigkeit der Subsysteme innerhalb der Schülerperson. Die Kommunikation zwischen zentralen Bereichen der Willensbildung und der Motivation und relativ peripheren Schichten wie Körpermotorik, Gestik und Sprachverhalten fällt wesentlich flüssiger und reversibler aus als in der gespannten Atmosphäre der Barrieren-Druck-Situation.

In diesem Hinweis auf die erhöhte Permeabilität psychischer Subsysteme beim Handeln im entspannten Feld scheint mir der wesentliche Beitrag der Feldtheorie KURT LEWINs zur Klärung unserer Frage nach den psychologischen Bedingungen für die Realisierung kindlicher Weisheit zu liegen. Er ergänzt den Beitrag WERTHEIMERs, der ja mit dem Stichwort produktives Denken die kognitive Dimension betont, um die motivationale Dimension der Bereitschaft des Kindes, sein Denken auf dem Wege zur Zielerreichung auch einzusetzen und im Denkhandeln in Verhalten umzusetzen.

Darüber hinaus wird gerade bei LEWIN die Rolle der Erziehung bei der Verwirklichung von Weisheit im Kindesalter deutlich:
Durch Veränderung des Aufforderungscharakters der Sache, indem zunächst unattraktive Aufgaben in einen neuen, für das Kind relevanten Erlebnis- und Sinnzusammenhang[33] gestellt werden, Kräfte im Kind freizusetzen, die zu einer von ihm selbst mitgestalteten Verbesserung seines Lebensraumes beitragen.

---

[31] ebd., S. 12
[32] ebd., S. 14
[33] Für Lernprozesse in solchen Erlebniszusammenhängen hat der amerikanische Psychologe C.R. ROGERS, der führende Vertreter der klientenzentrierten, nicht-direktiven Therapie in den USA, die Bezeichnung *„signifikantes Lernen"* (S. 156) vorgeschlagen, eine Bezeichnung, die mit der Einbeziehung der Sinn-Dimension das Weisheitsthema auch für die Lernpsychologie erschlossen hat.
C.R. ROGERS (1974): Lernen in Freiheit. München

Auf die Verbalisierung von Gefühlen achten

In engem Zusammenhang mit diesem motivationalen Aspekt unseres Themas steht nun die bereits in dem WERTHEIMER-Beispiel mit anklingende emotionale Komponente im Handlungsvollzug. Sie erinnern sich: Der Junge A wurde in seinem Bemühen, sich die Gesamtsituation zu verdeutlichen, gewahr, dass sein unterlegener und mutlos gewordener Mitspieler traurig war. Diese Wahrnehmung veranlasste ihn, die Spielsituation einmal mit den Augen seines Partners zu sehen, und diese Umzentrierung trug ihrerseits dazu bei, dass er Verständnis für B's Traurigkeit empfand und dies auch äußerte. Kinder erwerben diese Fähigkeit, sich in die Position des Anderen hineinzuversetzen, etwa in der Zeit des Übergangs vom Vorschulalter in die schulfähige Kindheit.[34]

Die Lockerung der engen Bindung der Wahrnehmung an die individuelle Bedürfnislage des Kindes erfolgt schrittweise. In Konfliktsituationen kann das soeben Erworbene leicht wieder verloren gehen. Es kann durch das Indienststellen der Wahrnehmung in den Antrieb zur Ich-Verteidigung überdeckt werden. Es bedarf dann unter Umständen der Hilfe des Erwachsenen, diese Fähigkeit wieder freizulegen. Dabei scheint es für viele Kinder notwendig zu sein, sich zunächst einmal über die eigenen Gefühle in einer Konfliktsituation klar zu werden.

Das hier angesprochene Prinzip des Erkennens und Reflektierens von Gefühlen halten die bekannten deutschen Erziehungspsychologen ANNE-MARIE und REINHARD TAUSCH[35] für das entscheidende Verhaltensprinzip nicht nur in der Begegnung zwischen Erwachsenen und Kindern, sondern überhaupt in der „Begegnung von Person zu Person" (so der Untertitel der jetzt in 11. Auflage erschienenen „Erziehungs-Psychologie").

Ein Beispiel für die Effektivität dieses Verhaltensprinzips entnehme ich dem Vorläufer der „Erziehungs-Psychologie", dem Buch „Kinderpsychotherapie in nicht-directivem Verfahren" desselben Autorenpaares[36]:

„*Neun Jungen aus dem 2. Schuljahr haben sich auf dem Nachhauseweg von der Schule gezankt und den Streit mit Schlägen ausgetragen. Der Anlass ist unbekannt. Ein Junge heult fassungslos, er hält seine Hand an seine gerötete linke Wange und schleift seinen Ranzen hinter sich her. Die anderen reden drohend weiter auf ihn ein. Er ... verteidigt sich mit weinerlich hervorstoßenden Worten. Da ballt sich der „Pulk" der acht anderen Jungen aufs Neue gegen ihn zusammen. Man geht in „Kampfstellung" gegen ihn und legt die Ranzen ab, um mehr Bewegungsfreiheit zu haben. Situation: Acht gegen einen stark mitgenommen, heulenden Jungen. Die Therapeutin hat dies im Vorübergehen beobachtet und tritt jetzt, da eine Auseinandersetzung droht, auf die ihr vollkommen fremden neun Jungen zu:*

Th.: „Ihr acht hier seid alle schrecklich wütend auf den einen hier und wollt es ihm zeigen. Ihr seid so böse auf ihn, dass Ihr alle acht den einen hier schlagen wollt, denn Ihr wollt ihm zeigen, wie wütend Ihr auf ihn seid."
Kind 1: „Ich bin gar nicht wütend auf ihn."
Kind 2: „Ich bin mit ihm gar nicht böse, mir hat er nichts getan."

---

[34] JEAN PIAGET (1947): a.a.O., S. 191
[35] ANNE-MARIE und REINHARD TAUSCH (1998). Erziehungs-Psychologie. Göttingen
[36] ANNE-MARIE und REINHARD TAUSCH (1956): Kinderpsychotherapie in nicht-directivem Verfahren. Göttingen, S. 104

Kind 3: „Mir auch nichts, ich habe mit ihm gar nichts zu tun."
Th. zu diesem Kindern gewandt: „... Dann ist es gar nicht so, dass Ihr alle acht auf den einen hier wütend seid?!"
Kind 4: „Doch, zu mir hat er altes Schwein, alte Sau und so was gesagt, und ich bin ganz wütend ... auf ihn!" Er senkt den Kopf zum Angriff und verkrampft sich in seiner Sprache.
Th.: „Du bist also schrecklich zornig auf ihn, weil er so was zu Dir gesagt hat, darum willst Du ihn schlagen."
Unterdessen hat sich im Weitergehen eine räumliche Trennung zwischen der Gruppe und dem einzelnen Jungen vollzogen, wobei die Therapeutin etwa in der Mitte ist. Allmählich zieht die Gruppe in einen Marktbudengang ab. Die Therapeutin wendet sich an den einzelnen Jungen, der immer noch weint.
Th.: „Du weinst, Du willst uns zeigen, wie sehr sie Dich geschlagen haben, und Du lässt Deine Mappe hinter Dir herschleifen, weil Du ganz kraftlos bist."
Der Junge weint noch immer, aber nicht mehr so stark. Plötzlich sondert sich ein Junge von der Gruppe ab, geht hinüber zu dem einzelnen, immer noch weinenden Jungen.
Kind X: „Komm, ich geh mit Dir." ...
Th.: „Ihr geht zusammen jetzt, Du wolltest nicht, dass er allein geht."
Kind X: „Ja, komm, gib mir Deine Mappe, ich trag sie Dir." ...
Beide gehen den Marktgang entlang in großer Entfernung von der Gruppe, die schon weit vorausgeeilt war."

In diesem Beispiel steckten die Kinder offenbar so tief in der Situation, dass es der Intervention eines über der Situation stehenden Erwachsenen bedarf, um sie vor dem Begehen einer Torheit zu bewahren. In der Fallbesprechung[37] räumen die Autoren ein, dass derselbe Effekt möglicherweise in kürzerer Zeit auch mit einer direkten Anweisung hätte erreicht werden können. Sie geben aber zu bedenken, dass die Kinder dann hinsichtlich selbstständiger Lebensführung nichts gelernt und bei nächster Gelegenheit und in Abwesenheit eines dazwischen tretenden Erwachsenen wahrscheinlich wieder die „Kampfsituation" bevorzugt hätten.

Der Faktor Zeit, dessen Bedeutsamkeit sich schon in den Überlegungen zum produktiven Denken herausstellte, spielt also auch in der uns hier beschäftigenden, emotionalen Dimension unseres Themas eine elementare Rolle. Gibt man Kindern diese Zeit und strukturiert die Zeit im Falle einer Konfliktsituation durch Reflektieren des Gefühlsanteils, so stärkt man die Fähigkeit von Kindern, *„in Dingen, die die Lebensführung betreffen, richtig zu urteilen"* – und damit *„lebensklug"* im Sinne unserer Eingangsdefinition von Weisheit zu handeln.

Empirische Belege für die konstruktiven Auswirkungen dieses einfühlenden Verstehens auf die seelische Funktionsfähigkeit und die Persönlichkeitsentwicklung insgesamt haben ANNE-MARIE und REINHARD TAUSCH in ihrem Hauptwerk „Erziehungs-Psychologie" aus zahlreichen Untersuchungen in über 30-jähriger Forschung zusammengetragen.[38]

---

[37] ebd., S. 106
[38] ANNE-MARIE und REINHARD TAUSCH (1998), a.a.O., S. 178-213

Personale Interaktionen in Gruppen pflegen

Der Umstand, dass in dem soeben diskutierten Beispiel insgesamt neun Jungen involviert sind, erinnert an das vierte und letzte der von mir genannten Kriterien, an denen die Realisierung von Weisheit im Kindesalter zu erkennen ist.

Seit ALFRED ADLER der sozialen Beschaffenheit des menschlichen Seelenlebens in seiner grundlegenden Veröffentlichung „Menschenkenntnis" ein eigenes Kapitel widmete[39] und darin auf die konstitutive Rolle des Gemeinschaftsgefühls verwies, und seit KURT LEWIN die soziale Atmosphäre in kleinen Gruppen als empirisch nachweisbare und experimentell kontrollierbare, allgemeine Feldeigenschaft von Gesamtsituationen systematisch erforscht hat,[40] ist in der psychologischen Forschung bis in die Gegenwart hinein die Erkenntnis virulent geblieben: Psychologie ist immer auch Sozialpsychologie!

Speziell im Blick auf die Weisheitsthematik scheinen mir die Untersuchungen LEWINs von 1953 über die Wirkung der durch einen bestimmten Führungsstil erzeugten sozialen Atmosphäre auf das Gruppenleben von Kindern wegweisend zu sein.

Zusammen mit seinen Mitarbeitern LIPPITT und WHITE an der Forschungsstelle der Kinderfürsorge von Iowa, USA ging LEWIN der Frage nach, wie eine experimentell geschaffene demokratische, autokratische sowie eine Laisser-faire-Atmosphäre die Gruppendynamik zehn- bis elfjähriger Kinder (Jungen und Mädchen) in kleinen Gruppen von je fünf Mitgliedern beeinflussen würde. Jeder Gruppe wurden außer einem Studenten, der den Führungsstil zu praktizieren hatte, jeweils fünf Beobachter zugeordnet, die die Organisation der Gruppe in Untergruppen sowie Arbeits- und soziale Kontakte der Kinder untereinander von Minute zu Minute protokollarisch festzuhalten hatten. Der Arbeitsauftrag für jede Gruppe bestand in der Herstellung von Masken. Es fanden elf Gruppenzusammenkünfte statt. Die demokratische Gruppe traf sich jeweils zwei Tage vor der autokratischen; sie wählte ihre Betätigung frei (also ob zum Beispiel in der Sitzung mit Tonerde, Gips oder Pappmaché gearbeitet werden sollte). Die autokratische Gruppe wurde danach entsprechend angewiesen, so dass die Tätigkeiten der Gruppen vergleichbar waren.

Kennzeichnend für den demokratischen Führungsstil waren folgende Merkmale: Alle Maßnahmen waren Sache einer durch den Führer moderierten Gruppenentscheidung. Bei der ersten Zusammenkunft gab der Führer einen Überblick über die Phasen des gesamten Vorhabens sowie über verschiedene technische Verfahren, zwischen denen ausgewählt werden konnte. Jedes Gruppenmitglied konnte mit jedem anderen nach freier Wahl zusammenarbeiten. Der Führer äußerte begründetes Lob und begründete Kritik.

In der autoritär geführten Gruppe wurde wie folgt verfahren: Jede Entscheidung über Maßnahmen traf der Gruppenführer. Die Vorgehensweise wurde für jeden einzelnen Arbeitsabschnitt vom Gruppenführer festgelegt. Dieser bestimmte auch, was jedes Mitglied tun und mit wem es erforderlichenfalls zusammenarbeiten sollte. Er kritisierte und lobte die Tätigkeit des Einzelnen, ohne sachliche Gründe anzugeben.

---

[39] ALFRED ADLER (1966), a.a.O., S. 36-42
[40] KURT LEWIN (1953): Die Lösung sozialer Konflikte. Bad Nauheim, S. 112-127

In der Laisser-faire-Gruppe beschränkte der Führer sich auf die physische Anwesenheit, stellte das Material zur Verfügung und beantwortete Fragen nach technischen Details.[41]

Aus der Fülle der von LEWIN in der Auswertung dieser Experimente mitgeteilten Befunde kann ich hier nur auf die folgenden, für unsere Fragestellung besonders relevanten, eingehen:

- In den autokratisch geführten Gruppen wurde etwa dreißigmal soviel feindseliges Verhalten der Kinder gegeneinander festgestellt wie in den demokratischen Gruppen.

- In den autokratischen Gruppen hatte eine ich-bestimmte, hochgradig persönliche Arbeitshaltung gegenüber einer Haltung der Zusammenarbeit das Übergewicht. Dies zeigte sich im Verhältnis von wir-bestimmten zu ich-bezogenen Äußerungen der Kinder. In den Demokratie-Gruppen kamen wir-bestimmte Äußerungen doppelt so oft vor wie in autokratischen Gruppen.

- Diesem Unterschied entsprach die Art der Untergruppenbildung zwischen den Kindern. Wenn die Arbeit das Zusammenwirken mehrerer Gruppenmitglieder erforderte, musste der Führer in den Autokratiegruppen die Kinder anweisen, sich zusammenzutun. In den Demokratiegruppen kamen die Kinder spontan in Untergruppen zusammen, und diese hielten ungefähr doppelt so lange zusammen wie in den Autokratiegruppen.

- Auch im Arbeitsergebnis – den hergestellten Masken – zeigte sich ein bemerkenswerter Unterschied zwischen den Gruppen: Die Masken der Kinder in den Autokratiegruppen unterschieden sich kaum voneinander, während in den Demokratiegruppen die Masken jeweils etwas von der Individualität der Kinder erkennen ließen.

- Nur in den autokratisch geführten Gruppen wurde das Vorhandensein eines Prügelknaben beobachtet: Bei Unstimmigkeiten zwischen Führer und Gruppe taten sich in den Autokratiegruppen die Kinder nicht gegen ihren Führer zusammen, sondern gegen eines der Kinder *„und behandelten es so schlecht, dass es nicht mehr in den Club kam"*.[42]

Fasst man diese Befunde zusammen im Blick auf die Frage, was die Kinder hinsichtlich ihrer Fähigkeit, ihren Lebensraum zutreffend zu beurteilen und selbstständig zu gestalten, in diesem Gruppenexperiment gelernt haben, so ist festzustellen:

In demokratischer Gruppenatmosphäre urteilen und handeln Kinder in Dingen, die ihre Lebensführung betreffen, sehr viel kompetenter als in autoritär geführten Gruppen. Dass sie hierbei gleichwohl auf die Hilfe von Erwachsenen angewiesen sind, geht aus dem Vergleich der bisher berücksichtigten Gruppen mit den im Laisser-faire-Stil geführten hervor. Trotz der ihnen gewährten Freiheit in den Arbeitsbedingungen und in der Gruppenorganisation äußerten die Kinder dieser

---

[41] R. LIPPITT, und R. WHITE (1943): "The 'social climate' of children's groups." In: BARKER, KOUNIN und WRIGHT (Hg.): Child behavior and development. New York
[42] KURT LEWIN (1953), a.a.O., S. 123

Gruppen sich in der Schlussbefragung weitgehend unzufrieden mit ihrer Situation, weil viele von ihnen die Erfahrung gemacht hatten, dass sie sich gegenseitig bei der Verwirklichung ihrer Pläne behinderten und infolgedessen nur geringe Arbeitsfortschritte erzielten.

Eben dieser Erfahrungsbericht hat die zeitgenössischen Erziehungspsychologen ANNE-MARIE und REINHARD TAUSCH veranlasst, in ihre Weiterentwicklung des LEWINschen demokratischen Stils zum sozial-integrativen Erziehungsstil das Prinzip der Begrenzung aufzunehmen. Am Beginn einer von Erwachsenen geleiteten Begegnung von Kindern in Gruppen werden Vereinbarungen über Regeln des Zusammenlebens getroffen, die jedem Kind innerhalb der für alle geltenden Einschränkungen einen Raum freier Bewegung gewährleisten.[43]

Schlussbetrachtung

Zum Abschluss meiner Überlegungen zu einer Psychologie der Weisheit im Kindesalter will ich versuchen, die hier beschriebenen Befunde dem kürzlich publizierten Weisheitskonzept eines führenden deutschen Entwicklungspsychologen zuzuordnen. Ich beziehe mich auf das von PAUL BALTES und seinen Mitarbeitern am Max-Planck-Institut für Bildungsforschung, Berlin, betreute Forschungsprogramm „Weisheit und Weisheitsentwicklung".

BALTES bezeichnet mit Weisheit *„das hochentwickelte Wissens- und Urteilssystem"*, das für die Bearbeitung grundlegender Lebensfragen von essentieller Bedeutung ist. Es stellt Fakten und Strategien für die Entscheidungsfindung in wichtigen aber ungewissen Fragen der Lebensführung und Lebensdeutung bereit...[44] Auch hier geht es – wie in der eingangs des Artikels zu Grunde gelegten Definition von BIRREN und FISHER – im Wesentlichen um die Kompetenz in Fragen der Lebensführung, angereichert freilich um einige Merkmale, die sich auch mir im Laufe der Auseinandersetzung mit dem Thema als bedeutsam herausgestellt haben.

BALTES hebt hervor, dass innerhalb der von ihm und seinen Mitarbeitern berücksichtigten Altersspanne zwischen 25 und 75 Jahren auch ältere Erwachsene (in der Altersgruppe 55-75 Jahre) weisheitsbezogenes Wissen weiterentwickeln und ausbauen. Mein Anliegen ist es, in diesem Artikel zu zeigen, dass Voraussetzungen und grundlegende Merkmale dieses Expertenwissens bereits im Kindesalter erworben werden.

Zusammenfassend gesehen sind es die folgenden, im Verlauf des Artikels zur Sprache gekommenen Einstellungen und Fähigkeiten der sich entwickelnden, kindlichen Persönlichkeit, die meines Erachtens den Rang von *„Strategien für die Entscheidungsfindung in wichtigen Fragen der Lebensführung"*[45] beanspruchen können:

---

[43] ANNE-MARIE und REINHARD TAUSCH (1998), S. 247 f.
[44] PAUL B. BALTES, J. SMITH (1990): „Weisheit und Weisheitsentwicklung." In: Zeitschrift für Entwicklungspsychologie und Pädagogische Psychologie 22, S. 95
[45] PAUL B. BALTES, J. SMITH (1990), a.a.O., S. 95

- Der Einstellungswandel von der vorwiegend bedürfnisbezogenen zur sachlichen Wahrnehmung einer Situation.
- Die Fähigkeit zum produktiven, weiterführenden Denken in einer Konfliktsituation.
- Die Bereitschaft, in „Situationen bei Interesse" (LEWIN) das Denken in Handeln umzusetzen.
- Die Fähigkeit, über die Reflektierung von Gefühlen Selbstständigkeit in der Lebensführung zu erlangen.
- Die Fähigkeit, soziale Kompetenz in Gruppen einzubringen und sie dort weiterzuentwickeln.

Als Fazit ergibt sich für mich die Erkenntnis, dass wir Erwachsenen das Kind nicht nur als lernendes – und insofern programmierenden Einflüssen der Umwelt ausgesetztes – Wesen sehen, sondern das Kind als Denker[46] ernst nehmen sollten. Mit dieser Einstellung werden wir Weisheit im Kindesalter erleben und sie im Expertenwissen für Grundfragen der gesamten Lebensführung verankern können.

---

[46] Zum Begriff vgl. S. MEADOWS (1993): The child as thinker. London, S. 333f.

IV.

Programmierung und christlicher Glaube

Professor Dr. Hans-Theo Wrege, Kiel

Indoktrinierung contra christlicher Glaube:
Gott der Geschichte – Gott der Überraschungen

Korrespondenzadresse:

Dachsbau 13
24837 Schleswig

Professor Dr. Hans-Theo Wrege, Kiel

geb. 1934, verheiratet, drei Kinder

        Studium der Evangelischen Theologie und Philosophie in Bethel, Wien, Heidelberg und Göttingen

        beide theologischen Examina

1964   Promotion

1976   Habilitation

        Pfarrer und hauptamtlicher Mentor in der Vikar-Ausbildung der Evangelischen Landeskirche Schleswig-Holstein

        Professor an der Pädagogischen Hochschule Kiel und an der Erziehungswissenschaftlichen Fakultät der Universität Kiel

        Direktor der Abteilung für Evangelische Theologie und ihre Didaktik

Indoktrinierung contra christlicher Glaube: Gott der Geschichte – Gott der Überraschungen

Zusammenfassung Deutsch

Ausgehend von der gegenwärtigen Forschung, werfen wir einen kurzen Blick auf PAULUS, der mit seinen Briefen ein unentbehrlicher Anreger des oekumenischen Dialogs ist. Gerade im aktuellen PAULUS-Dialog zeichnet sich eine Art empirischer Wende ab. PAULUS wird nicht mehr nur auf der Ebene seiner Einzelbegriffe, sondern verstärkt als christliche Persönlichkeit durch seine Wirkungsgeschichte verstanden.

Zu diesem Wende-Zusammenhang möchte ich ein Beispiel aus jüngster Vergangenheit berichten: Im Herbst 1971 kam die SED-Führung auf die Idee, einen gewaltigen Gebäudekomplex zu errichtet, gedacht als Gedenkstätte zur historischen Legitimation des Staates DDR auf dem Schlachtberg bei Bad Frankenhausen. In diesem Gebäude sollte der Künstler WERNER TÜBKE ein entsprechend großformatiges Gemälde präsentieren. Dieses sollte den Triumph der Staatsideologie feiern und dementsprechend im Stil des Staates gemalt werden.

Doch im Laufe seiner Arbeit vollzog sich mit dem Künstler eine grundsätzliche Wende, und was als Tempel des indoktrinierten Atheismus geplant war, wurde ein gewaltiges Panorama biblischer Zusammenhänge und Symbole.

Indoctrination versus Christian Faith: God of History -- God of Surprises

Abstract   English

Beginning with current research, we will look at PAUL, an indispensable encourager of ecumenical dialogue. Somewhat of an empirical turning-point is taking place in the current dialogue about PAUL. PAUL is being considered not only on the level of his individual concepts, but also increasingly as a Christian personality through the historical consequences of his ministry.

In relation to this turning-point, I want to cite a recent example: In the fall of 1971 the SED-leadership wanted to erect a huge building complex which was designed to be a memorial of the acknowledgement of the legitimacy of the DDR on the battlefield near Bad Frankenhausen. The artist WERNER TÜBKE was supposed to produce an appropriately large painting for this building. This painting was to celebrate the triumph of the country's ideology, and of course was to be painted in the appropriate socialist style.

However in the middle of his work, the artist experienced a fundamental turnabout. What was to be a temple of indoctrinated atheism became a massive panorama of biblical associations and symbols.

Dieser Artikel möchte das Wirken Gottes an zwei Stellen kenntlich machen. Stellen, an denen die Gegenwart Gottes zunächst tief verborgen erscheinen mag, um dann um so deutlicher hervorzutreten. Der Gott der Geschichte, er ist ein Gott der Überraschungen.

Ausgehend von meiner Bezugswissenschaft, der PAULUS-Forschung, werfen wir zunächst einen kurzen Blick in das Neue Testament. Nach wie vor ist PAULUS mit seinen Briefen ein unentbehrlicher Anreger des oekumenischen Dialogs. Gerade die aktuellen gemeinsamen Bemühungen des Lutherischen Weltbundes und der römischen Kurie um ein angemessenes Verständnis der Tiefe und Tragweite des Begriffs Rechtfertigung zeigen, wie unentbehrlich die zentralen paulinische Einzelbegriffe für alle Kirchen und Theologien sind.

Auf dem Hintergrund des gegenwärtigen PAULUS-Dialoges zeichnet sich immer mehr ab, dass die Arbeit an diesen paulinischen Einzelbegriffen nicht als Selbstzweck für sich betrieben werden sollte, sondern dass Einzelbegriffe von sich aus auf die Einbringung in ein größeres Ganzes, zumindest aber in größere Zusammenhänge, drängen.

Ein zunehmendes Bemühen wird deutlich, PAULUS nicht nur auf der Ebene seiner Einzelbegriffe, sondern eben insgesamt auf der Ebene seines missionarischen Wirkens zu verstehen. In den bislang rein begriffsgeschichtlichen PAULUS-Untersuchungen ging es um wirkungsgeschichtliche Fragestellungen. Nun zeichnet sich im PAULUS-Dialog eine Art empirischer Wende ab, er wird vermehrt als christliche Persönlichkeit verstanden.

Meine folgenden Ausführungen möchte ich in das Licht dieser paulinischen Grundaussage rücken: *„Das Gesetz aber ist dazwischen hineingekommen, damit die Sünde mächtiger würde. Wo aber die Sünde mächtig geworden ist, da ist doch die Gnade noch viel mächtiger geworden, damit, wie die Sünde geherrscht hat zum Tode, so auch die Gnade herrsche durch die Gerechtigkeit zum ewigen Leben durch Jesus Christus, unsern Herrn."*[1]

Diese für PAULUS so charakteristische Zuspitzung ist erwachsen aus der großen kritischen Bilanz, die der Apostel im Römer- und Galaterbrief gegenüber dem Gesetz zieht.

In diesem Wende-Zusammenhang möchte ich von einer Begebenheit erzählen, die in jüngster Vergangenheit quasi vor unserer Haustür geschah: Im Herbst des Jahres 1971 kam von der SED-Führung des damaligen Verwaltungsbezirkes Halle die Idee, auf dem Schlachtberg bei Bad Frankenhausen, dem Ort der letzten Entscheidungsschlacht im mitteldeutschen Bauernkrieg von 1525, ein Panorama zu

---

[1] DIE BIBEL: Römer Kapitel 5 Verse 20-21

errichten. Nachdem das Reformationsjubiläum von 1967 die Aufmerksamkeit naturgemäß auf die Reformation und MARTIN LUTHER gerichtet hatte, konzentrierte sich die DDR-Historiographie nun, Anfang der 70er Jahre, im Blick auf das 1975 bevorstehende Bauernkriegsgedenkjahr vornehmlich auf THOMAS MÜNTZER und den Bauernkrieg (Abb.1).

Ein gewaltiger Gebäudekomplex sollte errichtet werden, riesengroß und weithin sichtbar im ganzen Umfeld, gedacht als Gedenkstätte zur historischen Legitimation des Staates DDR. In diesem Gebäude sollte ein entsprechend großformatiges Gemälde präsentiert werden. Dieses sollte den Triumph der Staatsideologie feiern und dementsprechend im Stil des Staates gemalt werden.

Für diesen Auftrag wurde ein fähiger Großkünstler gesucht, der sich nicht vor riesigen weißen Flächen fürchtete. Im April 1975 fiel die Entscheidung für ein Gemälde zum Thema „Frühbürgerliche Revolution in Deutschland" und – was wenigstens genauso bedeutsam war – die Entscheidung für den Leipziger Maler Professor WERNER TÜBKE[2]. Dieser sagte zu, ließ sich aber von vornherein freie Gestaltungsmöglichkeit zusichern, und er wollte den Auftrag allein erteilt bekommen. Seinen Standpunkt formulierte er wenige Tage später noch einmal in aller

Abb.1: THOMAS MÜNTZER,
eine zentrale Figur in dem Panoramagemälde
„Frühbürgerliche Revolution in Deutschland"

Klarheit in einem Brief an den Kulturminister: *„Die beiden wichtigsten Punkte scheinen mir zu sein, dass das Vorhaben nicht museal-didaktisch-illustrativ geplant wird, so dass die Orientierung in Richtung hochqualifizierte Malerei als Medium geht. Dies der erste Hauptpunkt. Zweitens kann meiner Ansicht nach die Konzeption nur eine solche sein: Künstlerische Bewältigung der frühbürgerlichen Revolution in Deutschland unter besonderer Berücksichtigung der Geschehnisse in Frankenhausen."* Und in den beigefügten Bedingungen unterstreicht er noch

---

[2] WERNER TÜBKE, geb. 1929 in Schönebeck/Elbe, 1946-47 Malerlehre; parallel Besuch der Meisterschule für das deutsche Handwerk in Magdeburg, 1948 Abitur, anschl. Studium an der Hochschule für Grafik und Buchkunst Leipzig, Studium der Kunsterziehung und Psychologie an der Universität Greifswald, 1952-54 Wissenschaftlicher Mitarbeiter am Zentralhaus für Laienkunst in Leipzig, seit 1954 freischaffend als Maler und Grafiker, 1964 Dozent an der Hochschule für Grafik und Buchkunst Leipzig, 1972 Ernennung zum ordentlichen Professor und Übernahme des Lehrstuhles für Malerei, 1973-76 Rektor der Hochschule für Grafik und Buchkunst Leipzig, 1976-87 Arbeit am Monumentalbild „Frühbürgerliche Revolution in Deutschland" für das Panorama Museum bei Bad Frankenhausen, 1993-96 Arbeit am Altarretabel für St. Salvatoris in Clausthal-Zellerfeld

einmal: „... *wird mir freie Hand gelassen für die Ausführung, es redet niemand rein. Das Projekt wird von vornherein so angelegt, dass es hochqualifizierte Malerei wird, persönliche Malerei von mir mit allen Möglichkeiten der Überhöhung etc.; es wird nicht pädagogisch als Illustration von Geschichte konzipiert."*[3]

Er begann seine Arbeit, indem er zeitgenössische Quellen und Bilder des Zeitalters studierte, das er ins Bild setzen sollte. Zunächst fast unbemerkt von den staatlichen Aufpassern und Zuträgern vollzog sich dabei ein Lernprozess beim Künstler. Sein Auftraggeber hatte sich in der vordergründigsten Weise auf ein Realitätsverständnis festgelegt, nach dem nur das als wirklich anzuerkennen ist, was man messen und wägen kann. Aber der Maler stieß in seiner Vorbereitungsphase auf etwas ganz anderes.

Er lernte nämlich, dass zur Realität der Menschen des darzustellenden Zeitalters auch ihre Hoffnungen gehören, ebenso wie ihre Ängste. Und er lernte, darauf zu achten, wie sich diese Hoffnungen und Ängste in den visionären Bildern dieser Epoche ausdrücken. So erschloss sich ihm ein persönlicher Zugang zu den Visionen der Bibel (vgl. Abb.2). – Und dies zu einer Zeit, in der die wissenschaftliche Exegese sich der Entmythologisierung hingab.

Abb. 2: Apokalyptische Vision in WERNER TÜBKEs Panoramagemälde „Frühbürgerliche Revolution in Deutschland"

Im gleichen Zusammenhang eröffnete sich dem Maler ein verstehender Zugang zu den zeitgenössischen Sprichworten und nicht zuletzt zu den entsprechenden Stilelementen der alten Meister ALBRECHT DÜRER, LUCAS CRANACH, MARTIN SCHONGAUER, insbesondere auch zu HIERONYMUS BOSCH. – Und dies zu einer Zeit, in der sich die Darstellende Kunst der DDR im Gegenstandslosen ergeht.

---

[3] WERNER TÜBKE (1975), zitiert nach www.panorama-museum.de (vom 8.3.2002)

Ein hochrangiger Kunstprofessor wurde vom Staat auf den Künstler angesetzt, als sich das Ausmaß der Neuorientierung des Malers abzeichnete. Aber TÜBKE ließ sich auf keinerlei ideologische Reglementierung ein, stattdessen verteidigte er die „*Intimität der künstlerischen Produktion*". Sichtlich irritiert berichteten die Zuträger, der Künstler habe zweimal in der Diskussion die Religion in positiven Zusammenhängen erwähnt. Trotzdem kam es nicht zum großen Konflikt, denn der Staat konnte sich nach der Erstellung des großen Denkmalkomplexes keine weitere Kulturruine leisten – es gab schon so viele.

WERNER TÜBKES Stellung möchte ich in Anlehnung an eine Formulierung von PAUL TILLICH so beschreiben: Er ist klug genug, die Staatsideologie eben unter den Bedingungen der Staatsideologie zu unterlaufen. Dem Künstler war es gelungen, ein Formklima zu finden, das den Geist jener Umbruchszeit von Reformation und Bauernkrieg, „*die Lebens- und Denkbilder der Menschen damals*" überzeugend anschaulich macht, so der Gutachter KARL MAX KOBER.[4] TÜBKE selbst meint rückblickend: „*Unter ständiger Berücksichtigung historischer Tatbestände, Zusammenhänge und grundsätzlicher Gliederung überließ ich mich ... Visionen des Augenblicks, ich hatte ja Geschichtseindrücke die Menge gespeichert und durfte, musste ganz persönlich arbeiten.*"[5] Persönliches also – nur eingekleidet in alte Gewänder.

Das Resultat im Format 14 mal 123 Meter, erscheint folgerichtig halb als Großes Welttheater à la CALDERÓN und HOFMANNSTHAL, halb als intim-nächtliches, mittelalterliches Mysterienspiel, ist ikonographisch zuvörderst dem Bildfundus der frühneuzeitlichen Kunst verpflichtet, doch im interpretatorischen Aussagewert ambivalent, subjektiv, offen (vgl. den Ausschnitt Abb.3). Geschichte spiegelt sich hier als in sich kreisende, ewige Wiederkehr, vorgestellt „*im Gewand des 16. Jahrhunderts wie eine Shakespeare-Aufführung, doch gleich dieser offen für alle Epochen.*"[6]

Nach dem Abschluss der zehnjährigen Arbeit war der Staat nun gezwungen, das Gebäude mit Besuchern zu füllen. Natürlich war man auf das Echo gespannt. Ein Besucherfragebogen wurde erstellt und zeigte eine zwiespältige Resonanz. Einerseits wurde das enorme Ausmaß des Bildes bestaunt, andererseits kam immer wieder zum Ausdruck, dass das Gemälde unverständlich sei.

Dies veranlasste einen Kunstprofessor sinngemäß zu der Bemerkung: Wir haben die Religion aus den Schulen und der Gesellschaft vertrieben, nun dürfen wir uns nicht wundern, wenn die Menschen die religionsgeschichtlich geprägten Inhalte dieses Bildes nicht mehr verstehen können.

Mit erstaunlicher Konsequenz und Durchsetzungskraft hatte der Maler am Ende sein Ziel erreicht, die Chance dieses einmaligen Auftrages rigoros für sich zu nutzen, ein einzigartiges Kunstwerk zu schaffen, das meilenweit von der sozialistischen Grundidee abwich. Dank dem Künstler ist letztlich ein Kunstmuseum besonderer Art entstanden, in dessen Zentrum ein Bildwerk steht, das trotz vergleichbarer Dimensionen und der Grundform der Rotunde mit einem traditionellen Panorama tatsächlich nichts mehr zu tun hat, das sich genauso aber

---

[4] KARL MAX KOBER (1987) zitiert nach www.panorama-museum.de (vom 8.3.2002)
[5] WENER TÜBKE (1985), Internationales Panorama Kolloquium in Luzern. In: Zeitschrift für Schweizerische Archäologie und Kunstgeschichte 4/85
[6] KARL MAX KOBER (1987) a.a.O.

Abb.3: Ausschnitt aus dem Gemälde im Panorama-Museum, Am Schlachtberg 9, 06567 Bad Frankenhausen – weitere Informationen unter Telefon 034671-61920 oder im Internet unter www.panorama-museum.de.
Abdruck der Abb.1-3 mit freundlicher Genehmigung des Panorama-Museums.

auch von jeder noch so differenzierten Illustration eines wie auch immer vorgegebenen wissenschaftlich-theoretischen Geschichtskonzeptes entfernt hat.[7]

Halten wir also fest: Was da als Tempel des indoktrinierten Atheismus geplant war, hat sich zu einem Haus entwickelt, in dem viele biblische Zusammenhänge und Symbole anschaulich gemacht werden können. Was aber die grundsätzliche Wendung im Leben des Künstlers angeht: Er hat nach der politischen Wende in Clausthal-Zellerfeld ein Altarbild gemalt, das den gekreuzigten CHRISTUS als Mitte des Gotteshauses sichtbar und begreiflich macht.

Gehen wir gedanklich noch einmal zu PAULUS zurück. Die großartige Doppelperspektive des oben zitierten PAULUSwortes geht natürlich in der eben skizzierten Begebenheit nicht auf. Sie bedarf viel mehr noch einer meditativen Vertiefung im persönlichen Bereich. Hierzu möchte ich zwei Metaphern verwenden, nämlich die Begriffe Bruchstück und Mosaikstein.

Sinnbildlich verstanden lässt sich aus den Bruchstücken und Mosaiksteinen unserer Biographie ein Gesamtbild zusammenfügen, das durchaus bösartigen, nämlich gnadenlosen Charakter hat. Da paradieren dann unsere Fehler und Schwächen zusammen mit all den merkwürdigen Angewohnheiten, deren Gefangene wir im Laufe der Zeit geworden sind. Das ist dann nur noch eine Karikatur von uns, mit der schwer umzugehen ist. Einerseits macht sie uns erkennbar, andererseits verletzt und verwundet sie uns.

Aber es gibt eine Hand, die aus den Bruchstücken und Mosaiksteinen unseres Lebens keine Karikatur zusammensetzen will, sondern ein Bild entwirft, das die Erinnerung an unseren Schöpfer wach hält – ein Bild im Lichte der Erfurcht vor dem Leben, der Ehrfurcht vor unserem Leben.

Nach Paulus ist es eine Funktion des Gesetzes, dass es uns gnadenlos an den Pranger stellt, indem es uns an den hehren Maßstäben misst, die wir zwar gerne vertreten aber eigentlich viel zu wenig verwirklichen. Genau hier greift das tröstliche Perspektivwort des PAULUS, von dem wir ausgegangen sind: wo das Gesetz die Übertretung groß macht, gerade da tritt das Übermaß der Gnade auf den Plan.

---

[7] GERD LINDNER, in Auszügen zitiert nach www.panorama-museum.de (vom 8.3.2002)

PROFESSOREN *forum*

Professor Dr. Andreas Solymosi, Berlin

Bericht über die
Professoren-Initiative in Berlin
als Modell für die Forumsarbeit

Korrespondenzadresse:

Schlossweg 1
16727 Schwante
solymosi@tfh-berlin.de

Professor Dr. Andreas Solymosi, Berlin

geb. 1947 in Budapest, verheiratet, vier Kinder

1966	Abitur in Budapest
1966-71	Studium der Mathematik an der Leningrader Staatlichen Universität. Schwerpunkt: Programmiersprachen, Compiler Diplom mit Auszeichnung
1972-76	Systemsoftware-Entwicklung bei der Siemens AG in München
1976-78	Promotion an der Technischen Fakultät der Universität Erlangen
1978-79	Studium der Informatik mit DAAD-Stipendium an der Stanford University, Kalifornien
1980-88	Mitarbeit bei der christlichen Studentenbewegung Campus für Christus: Beratung, Schulung, Projektleitung im Medienbereich
seit 1983	ausschließlich deutsche Staatsbürgerschaft
seit 1989	Professor für Informatik an der TU Berlin

Forschungs- und Lehrinteressen:
OOP (Objektorientierte Programmierung), Software Engineering (insbesondere OOSE), Programmierung in C# mit .NET, Java, Eiffel, Ada, C++, Object Pascal, Didaktik der Programmierung, Datenbankbasierte Frameworktechnologie

Veröffentlichungen:
zahlreiche Bücher und Artikel aus dem Bereich der Forschungsinteressen

„In den letzten fünfzehn Jahren hat die Informatik nur einen Teil meiner Aktivitäten bestimmt: Als Katholik war ich bei der weltweiten christlichen überkonfessionellen Studentenbewegung Campus für Christus in leitender Stellung engagiert. Hier erwarb ich nützliche Fähigkeiten in Bereichen, die meine akademische Ausbildung vermissen ließ – ‚Wie man mit Menschen umgeht'. Beispielsweise entwickelte ich und halte auch heute noch Seminare über Themen wie Rhetorik, Diskussionsleitung, Effektives Studieren, usw."

Ich suche als Professor ein Forum, wo ich unter meinesgleichen bin, mich auch einmal ungeschützt äußern kann und auf Verständnis zählen kann. Ich bin schon in zu vielen Gremien involviert, die einen primär öffentlichen Charakter haben – wo ich als Person nicht vorkomme.

Diese Aussage von Professor STEFAN BUSCH steht stellvertretend für den Wunsch vieler Professoren nach einer persönlichen Begegnungsebene. Fragen des professoralen Daseins, der Forschung und der Lehre können nur in einem geschützten Rahmen diskutiert werden.

Aus diesem Grund entstand 1999 die Berliner Initiative. Durch die Veröffentlichung des ersten Berichtsbandes „Pluralismus und Ethos"[1] inspiriert, bildete sich ein bundesweites Kontaktnetz von Professoren. Unter der Koordination von Professor Dr. ANDREAS SOLYMOSI wurden Professoren aus dem Raum Berlin und Potsdam zu einem ersten Treffen auf lokaler Ebene eingeladen.

Die interessierten Professoren beschlossen zunächst, im Semesterturnus jeweils von einem der Kollegen einen Vortrag aus seinem Fachgebiet mit Bezug zur christlichen Weltsicht zu hören und anschließend interdisziplinär darüber zu diskutieren.

Den ersten Vortrag hielt Professor Dr. SOLYMOSI selbst: „Der Faktor Mensch im Software Engineering"[2]. Er beschrieb darin die Komplexität der Informatik, die schneller expandiert als unsere Fähigkeit, sie zu bewältigen.

Im anschließenden Gespräch stimmten die Kollegen darin überein, dass Teamarbeit bei der Erstellung marktfähiger Programme unverzichtbar ist. Hier spielen auf einmal die menschlichen Elemente wie Teamfähigkeit, Respekt vor der Persönlichkeit und der Aufgabe des Anderen sowie Versöhnungsbereitschaft eine wichtigere Rolle als die rein wissenschaftlichen Elemente. Sie sind die eigentlichen Erfolgsfaktoren. Unter diesen Gesichtspunkten hat Informatik sehr viel zu tun mit Glauben, Werten und Mitmenschlichkeit.

Dieser Zusammenhang von Forschung und Lehre mit Spiritualität und Sinn stiftenden Werten war für viele Kollegen neu. Ihn aufzuzeigen ist eines der Grundanliegen des PROFESSORENforums. Im Wettbewerb mit anderen Denkansätzen will es die Rationalität und Relevanz des christlichen Denkens aufzeigen.

---

[1] E. BECKERS, P. HÄGELE, H.-J. HAHN, R. ORTNER (Hg.) (1999): Pluralismus und Ethos der Wissenschaft. 1. Symposium des Professorenforums. Gießen
[2] ANDREAS SOLYMOSI (1999): „Der Faktor Mensch im Software Engineering."
In: www.tfh-berlin.de/~solymosi/privat/christen/Semitnt.html (vom 8.3.2002)

Der Ökonom Prof. Dr. HAELING VON LANZENAUER referierte beim nächsten Treffen zu dem Thema: „Können wir von Nordamerika lernen? Erfahrungen und Einsichten aus 25 Jahren Hochschullehrertätigkeit auf dem nordamerikanischen Kontinent." – „*Durch Ihren Vortrag habe ich mehr über das nordamerikanische Ausbildungssystem begriffen als durch alles, was ich sonst darüber gehört habe*", brachte Professor Dr.-Ing. KLEINSCHRODT in der anschließenden Aussprache dem Referenten dankbar zum Ausdruck.

Wieder kam es zu angeregten Diskussionen, die den geplanten örtlichen und zeitlichen Rahmen sprengten. So wurde das Gespräch im informelleren Rahmen in einer nahe gelegenen Gaststätte fortgesetzt. Tiefere, persönliche Gespräche fanden statt, wie sie sonst im Hochschulalltag kaum möglich sind.

Diese Gesprächsebene will die Berliner Initiative unbedingt weiter beibehalten. So kommt es auch zwischen den Vorträgen, die bisher im Semesterturnus stattfanden, immer wieder zu persönlichen Begegnungen.

Ein weiterer Vortrag stand unter dem Thema „Vom Grund des Grundgesetzes". Der Theologe Professor Dr. GENEST nahm Bezug auf die *„Verantwortung vor Gott und den Menschen"* in der Präambel des Grundgesetztes. Ein Kerngedanke des Vortrags war, dass die Menschenwürde als Wert nicht erworben, sondern vorgegeben sei. *„Würde ist, was über jeden Preis erhaben ist."* (KANT) Sie versteht sich nicht von selbst und ist in der Welt nicht vorfindlich. NIETZSCHE hatte sie sogar als *„Irrtum"* bezeichnet. In dieser Unantastbarkeit ist sie menschlichem Zugriff entzogen und bildet damit den Grund der Menschenrechte. In ihrer Unverfügbarkeit verweist sie indirekt auf den Schöpfer, den Gott der Bibel.

Diese Verknüpfung von Grundgesetz und Demokratie mit jüdisch-christlicher Weltsicht beschäftigt nicht nur die Berliner Professoren. Sie beschäftigt Professoren in ganz Deutschland und ist auch Inhalt des fünften Symposiums des PROFESSORENforums in Frankfurt am Main: „Erreicht oder reicht uns die Demokratie?" Es findet am 12. und 13. April 2002 statt.

Während dieses spezielle Thema auf überregionaler Ebene in breiterer Öffentlichkeit diskutiert wird, plant die lokale Berliner Gruppe ihr nächstes Semestertreffen. Ziel der Berliner Initiative ist es, Synergien zu nutzen und christliche Verantwortung als Professoren in Hochschule und Gesellschaft zu reflektieren und wahrzunehmen.

PROFESSORENforum

Die Initiative versteht sich als offene, interkonfessionelle und fachübergreifende Begegnungsebene.

Durch das Kontaktnetz des PROFESSORENforums können Professoren von den Erfahrungen anderer Kollegen profitieren und ihre christliche Verantwortung an der Hochschule besser wahrnehmen.

Initiativen wie in Berlin können – in örtlich angepasster Form – an allen Universitäten und Hochschulen begonnen werden und sich untereinander vernetzen.

Anfragen richten Sie bitte an den
Koordinator für Deutschland, HANS-JOACHIM HAHN
oder für Berlin an Professor Dr. ANDREAS SOLYMOSI, Tel: 030-45042556;
solymosi@tfh-berlin.de

PROFESSOREN forum

Kontaktadresse

PROFESSOREN forum
Koordination: Hans-Joachim Hahn
                Bermoll
                35614 Aßlar

Telefon: 06446 - 92 049   oder   0641 - 97 518-60
Fax: 06446 - 92 059   oder   0641 - 97 518-40
E-Mail: HJHahn@Professorenforum.de

Von dem, was man heute an den Universitäten denkt, hängt ab, was morgen auf den Plätzen und Straßen gelebt wird.
Ortega y Gasset

Für weitere Informationen bitte diese Seite heraustrennen oder kopieren und einsenden an:

PROFESSORENforum, Koordination: Hans-Joachim Hahn
Bermoll
35614 Aßlar

❏ Ich bin interessiert am PROFESSORENforum und möchte weitere Informationen.

❏ Ich bin interessiert an weiteren Veröffentlichungen des PROFESSORENforums.

❏ Ich bin interessiert an Informationen über weitere Veranstaltungen.

❏ Ich unterstütze das Anliegen des PROFESSORENforums und werde Mitglied des Förderkreises.
Den ersten Jahresbeitrag in Höhe von 28,00 Euro habe ich auf das unten stehende Konto überwiesen.

❏ Bitte nehmen Sie mich in Ihr Kontaktnetz auf.

Name:
Adresse: ❏ Universitätsanschrift oder ❏ Privatadresse
Straße:
PLZ, Ort:
Telefon: E-Mail:
Titel: Universität:
Fachbereich:
Beruf:

Förderkreisbeiträge und Spenden an:
Campus für Christus, Konto 501 688 08 bei Volksbank Gießen, BLZ 513 900 00
Bitte unbedingt vermerken: *Professorenforum*

Die Folgebeiträge meiner Mitgliedschaft im Förderkreis PROFESSORENforum sollen zu Beginn jeden Jahres von meinem Konto:
bei   BLZ   eingezogen werden.

Die Mitgliedschaft im Förderkreis kann jederzeit zum Ende eines Jahres gekündigt werden.
Ort/Datum:

Unterschrift:

Pluralismus und Ethos der Wissenschaft
1. Symposium des Professorenforums 28./29. März 1998 in Frankfurt/Main

Herausgegeben von: Eberhard Beckers, Prof. Dr. Peter C. Hägele, Hans-Joachim Hahn, Prof. Dr. Reinhold Ortner

Die Universität als „geistige Schmiede" der Nation?
Der Professor als „Motor und Gewissen der Universität"?
In diesem ersten Band der Reihe „Pluralismus und Ethos" äußern sich sechzehn Professoren aus unterschiedlichen Fachbereichen zu Aspekten der Pluralität und wissenschaftlicher Ethik in der Hochschule an der Schwelle zum dritten Jahrtausend. Die ursprüngliche Akademie-Idee, respektvoller Umgang mit gegensätzlichen Positionen, wird neu aufgegriffen.

ISBN 3-88404-300-5

Sie erhalten das Buch in jeder Buchhandlung oder direkt beim:

Verlag des PROFESSORENforums, Am unteren Rain 2, 35394 Gießen

Hochschulbildung im Aus?

2. Symposium des Professorenforums 20./21. März 1999 in Frankfurt/Main
Herausgegeben von: Eberhard Beckers, Prof. Stefan Busch,
Hans-Joachim Hahn, Prof. Dr. Peter Sahm

Ist unsere Hochschulbildung noch zu retten?
In diesem zweiten Band der Reihe „Pluralismus und Ethos" nehmen zehn Professoren aus unterschiedlichen Fachbereichen zu weltanschaulichen Prämissen Stellung, deren Folgen unsere Hochschulbildung heute prägen.

ISBN 3-88404-301-3
Sie erhalten das Buch in jeder Buchhandlung oder direkt beim:
Verlag des PROFESSORENforums, Am unteren Rain 2, 35394 Gießen